Zu diesem Buch

Das Wochenende hat in unserer modernen Gesellschaft eine enorme Bedeutung – eine gigantische Freizeitindustrie profitiert von dieser Entwicklung. Und zuweilen artet der Umgang mit der «freien» Zeit in regelrechte Arbeit aus.

Wie diese Situation entstehen konnte, wie unsere Vorfahren, auch in anderen Kulturen, Arbeit, Spiel und Spaß, das heißt ihre Zeit eingeteilt haben und wie uns vor lauter (Freizeit-)Aktivitäten die Fähigkeit zur Muße abhanden zu kommen droht, beschreibt der Autor in seinem erhellenden, vergnüglichen Essay.

Witold Rybczynski, 1943 in Edinburgh geboren und in der Nähe von London und in Kanada groß geworden, hat an der McGill-Universität von Montreal Architektur studiert. Dort ist er heute Professor für Architektur. Für *The Atlantic* und *New York Times Magazine* schreibt er regelmäßig Essays, außerdem hat er mehrere Bücher veröffentlicht. Er lebt mit seiner Frau bei Montreal.

Witold Rybczynski

Am Freitag fängt das Leben an

Eine kleine Geschichte der Freizeit

Deutsch von Reiner Stach

rororo
Rowohlt

Die Originalausgabe erschien 1991 unter dem Titel
«Waiting for the Weekend» bei Viking Penguin / Verlagsgruppe
Penguin Books USA Inc., New York.

Deutsche Erstausgabe
Lektorat Heike Wilhelmi
Veröffentlicht im Rowohlt Taschenbuch Verlag GmbH,
Reinbek bei Hamburg, Juli 1993

Umschlaggestaltung Susanne Müller
(Gemälde «Ein Sonntagnachmittag auf der Île de la Grande Jatte»
von Georges Seurat, 1885. Chicago, Art Institute,
Helen Birch Bartlett Memorial Collection)
Satz Iridium (Linotronic 500)
Gesamtherstellung Clausen & Bosse, Leck
Printed in Germany
1290-ISBN 3 499 19389 2

Für Shirley Hallam

Es sind die glücklichen Tage, die uns weise machen.
John Masefield

Inhalt

1

Freizeit

Bevor ich mich heute morgen zur Arbeit an meinen Schreibtisch setzte, hörte ich wieder einmal Vivaldis *Vier Jahreszeiten*. Ich habe dieses Werk schon so oft gehört, daß die geordnete Abfolge der Noten mir wenig Neues bietet, doch der melodiöse Wechselgesang der Violinen berührt mich noch immer. Es gehört zu den Geheimnissen der Musik, daß wiederholtes Hören das Vergnügen nicht mindert, sondern steigert.

Ganz sicher würden mir die vier Konzerte auch dann Genuß bereiten, wenn sie nur mit *Opus 8* überschrieben wären (dessen erster Teil sie in Wahrheit sind), doch wie die meisten Hörer fesseln mich die Bilder, die der poetische Titel suggeriert. Mein Vater, der Musiker ist, mißbilligt meine Bewunderung für dieses populäre Werk – ich glaube, er hält es für rührselig –, doch mir gefällt der anschauliche Charakter der Stücke. Und was das Thema betrifft, so hat sich Vivaldi darüber eindeutig geäußert: Als die Konzerte 1725 veröffentlicht wurden, legte er der Partitur den Text von vier Sonetten bei – die möglicherweise aus seiner eigenen Feder stammten – und ordnete sie der Musik mit Hilfe von Buchstaben zu. Diese Sonette stellen die wechselnden Wetterverhältnisse der vier Jahreszeiten anschaulich dar, und sie zeichnen die Natur als Hintergrund verschiedener ländlicher Szenen: ein Ziegenhirt und sein bellender Hund, Bauern beim Erntedankfest, ein Jäger, der beim ersten Licht des Tages aufbricht, und schließlich die Behaglichkeit eines Kaminfeuers im Winter. Die Partitur wiederum bildet diese Szenen ab, und häufig in nachahmender Weise: Die Solovioline übernimmt den Part des schlendernden Hirten, die Viola den seines bellenden Hundes; und auch die Stimmen des Stieglitz, der Turteltaube und des Kuckucks werden mit musikalischen Mitteln hervorgebracht.

Antonio Vivaldi stammte aus Venedig, wo er in einem Waisenhaus für Mädchen einen Chor leitete. Obwohl er Geistlicher war, komponierte er neben Kirchenmusik auch weltliche Musik – insgesamt mehr als vierzig Opern –, und sein Ruf als Geiger und Komponist verbreitete sich über ganz Norditalien, wo er seiner roten Haare wegen als *il Prete Rosso*, der rote Priester, bekannt war. Schließlich jubelte man ihm in allen musikalischen Hochburgen Europas zu.* Es verwundert daher nicht, daß sich *Die vier Jahreszeiten* unmittelbar nach ihrem Erscheinen großer Popularität erfreuten. In gewisser Hinsicht war das Werk die Verherrlichung ländlicher Idylle durch einen Stadtmenschen – was insofern anrührt, als der Komponist kränklich und häufig ans Haus gefesselt war –, und in zeitgemäßer Weise spiegelte sich darin die Idealisierung der Natur wider, welche die Künstler des 18. Jahrhunderts mit Eifer betrieben. Doch um diese Musik zu schätzen, brauchte man kein Künstler zu sein; ihre Popularität rührte wesentlich von der Vertrautheit ihres Gegenstands.

Im 18. Jahrhundert hatte der Wechsel der Jahreszeiten beträchtlichen Einfluß auf das Alltagsleben, und für den größten Teil von Vivaldis ursprünglichem Publikum waren *Die vier Jahreszeiten* die lebendige Beschreibung einer Wirklichkeit, die sie unmittelbar wiederzuerkennen vermochten. Zu verschiedenen Zeiten des Jahres kamen unterschiedliche Lebensmittel auf den Tisch, man trug verschiedene Kleidung, gönnte sich verschiedene Arten von Unterhaltung, erledigte verschiedene Arbeiten in der Landwirtschaft und bewohnte sogar verschiedene Teile des Hauses. So wurden zum Beispiel in italienischen Landhäu-

* Vivaldis Ruhm war von kurzer Dauer, und nach seinem Tod wurden er und seine Musik vergessen. Erst um die Mitte des 19. Jahrhunderts begann man, seine Musik wieder zur Kenntnis zu nehmen, und dann dauerte es noch mehr als hundert Jahre, ehe sie erneut in einer breiten Öffentlichkeit Anklang fand. In meiner Ausgabe der *Encyclopaedia Britannica* von 1949 findet sich noch kein separater Eintrag zu Vivaldi.

sern die Räume auf der Sonnenseite im Winter bewohnt, wohingegen man die nach Norden gelegenen Räume während der heißen Sommermonate bezog. Die unterschiedliche Länge der Sommer- und Wintertage beeinflußte auch in einer Stadt wie Venedig das Verhalten der Menschen. Im Sommer saß man auf der Terrasse vor dem Café Florian, während im Winter die frühe Abenddämmerung die Leute nach Hause trieb. Nicht zuletzt veränderte sich auch der häusliche Komfort je nach Jahreszeit: Nach einem kalten, feuchten Winter, den man zwischen den steinernen Wänden einer schlecht beheizten Wohnung verbracht hatte, war der Frühling um so willkommener.

Der Komfort meines eigenen Zuhauses ist von der Jahreszeit weitgehend unbeeinflußt – dafür sorgen elektrisches Licht, leistungsstarke Heizung und ordentliche Isolierung. Anders als meine Nachbarn bin ich kein Landwirt, und daher beeinflußt das Wetter auch nicht meinen Lebensunterhalt. Dennoch, das Arbeiten im Garten, das Sammeln von Feuerholz für den Winter, das Zusammenrechen von Blättern, das Ausführen des Hundes und selbst das Frühstücken auf der Veranda haben meinen Sinn für die unterschiedlichen Jahreszeiten mehr geschärft, als dies in der Stadt der Fall war. Den Zipfel einer grauen Wolke, den man zwischen hohen Stadtgebäuden flüchtig zu sehen bekam, während man die Straße entlangeilte, konnte man ignorieren; auf dem flachen Land dagegen kann sich ein bedrohlicher Wolkenhimmel auf meinen ganzen Tagesablauf auswirken. Ein Unwetter schien in der Stadt immer woanders stattzufinden; hier jedoch rütteln Donnerschläge unerbittlich an meinem Haus, und Blitze sind manchmal so nah, daß man sie riechen kann. Dies ist der Grund dafür, warum die vertraute Musik der *Vier Jahreszeiten*, die ich in dieser Aufnahme seit über zwanzig Jahren kenne, in meinem eigenen Leben seit kurzem einen neuen Widerhall findet.

Wahrscheinlich gibt es eine ganze Reihe von Gründen für diese verspätete Würdigung. Ich wuchs in kleineren und größeren Städten auf, wo mir die jahreszeitlichen Veränderungen weniger ins Auge fielen. Aus kindlicher Unbekümmertheit verhielt ich mich gleichgültig gegenüber den Elementen: Ich spielte im Schnee, bis die Finger in den durchnäßten Fausthandschuhen allmählich starr wurden, und am Golf von Maine planschte ich glücklich an einem kalten Strand herum, trotz fröstelnder Haut und klappernder Zähne. Natürlich erinnere ich mich an die verschiedenen jährlich wiederkehrenden Aktivitäten – Schwimmen im Sommer, Skifahren im Winter, Gartenarbeit mit meinem Vater im Frühling, Footballspielen im Herbst –, doch all dies fand statt in einem unbestimmten Kontinuum wechselnder Wetterverhältnisse, um die ich mir, wie die meisten Kinder, wenig Gedanken machte.

Die Abfolge der Jahreszeiten selbst hinterließ kaum Spuren in meinem Bewußtsein. Lebhafter ist meine Erinnerung an das rhythmische Zeitmaß der Woche – Tage zu Hause, Tage in der Schule. Wahrscheinlich ist mir dieser regelmäßige Wechsel im Gedächtnis haftengeblieben, weil ich nur ungern zur Schule ging. Meine früheste Erinnerung – aber vielleicht ist es auch nur die Erinnerung an etwas, was man mir später erzählte, an eine häufig wiederholte Familiengeschichte – handelt davon, daß ich in eine Londoner Klosterschule gebracht wurde und unter Tränen sofort wieder zu meinem Vater zurücklief, der unten auf der Straße soeben davonfahren wollte. Eine entsprechende Erinnerung blieb mir von den Sonntagen – nicht etwa, wie ich mit meinen Eltern zur Kirche ging, sondern wie ich zum Pub an der Ecke geschickt wurde, um mir dort meinen wöchentlichen Extragenuß zu holen: eine exotische Flasche importierter Coca-Cola. Die Struktur der schweren, gekerbten Glasflasche und der Geruch nach Eichenfässern und Bier sind mir noch immer gegenwärtig.

Für die längste Zeit meiner Kindheit war die Schule für mich Zwang. Als ich elf Jahre alt war, lebten wir in Kanada, und ich wurde in ein Internat in Montreal geschickt. Wir wohnten nahe der Stadt, so daß ich jeden Freitagabend nach Hause zurückkehren konnte. Ich hing sehr an meinen Eltern, und am Sonntagnachmittag kam es unweigerlich zu einem tränenreichen Abschied. Welche Rührung, welches Elend! Als hätte man mich als jungen Kabinensteward auf eine dreijährige Reise mit einem Segelschiff geschickt – und nicht als Schüler auf die dreißig Meilen entfernte Grade-School, und das auch nur für fünf Tage. Doch für jemanden, dessen Horizont sich nur bis zum nächsten Freitagabend erstreckte, waren fünf Tage eine Ewigkeit.

Im Jahr darauf wurde ich zum Pendler. Die Woche über stand ich um sechs Uhr auf und fuhr mit dem Rad zum Bahnhof; im Winter gab es eine von Eltern organisierte Fahrgemeinschaft. Die Fahrt mit der Bahn dauerte ungefähr eine Stunde. Ich mochte Züge – sie hatten noch Dampfloks und richtige Schaffner mit dunkelblauen Uniformen und tief herabhängenden Ledertaschen –, und die Fahrtzeit verging recht vergnüglich. Wir waren zu mehreren, die dieselbe Schule besuchten; wir saßen beieinander, machten unsere Hausaufgaben, lasen, stritten – und vervollkommneten unsere jesuitische Gewandtheit im Diskutieren. Auch viele Kartenspiele erlernte ich. Dennoch freute ich mich aufs Wochenende. Dort mußte ich noch einige Hausaufgaben zu Ende bringen und hatte auch im Haushalt zu tun (nicht viel nach meiner Erinnerung), doch ich konnte ausschlafen und mit meinen Freunden spielen, konnte Ausflüge in die nähere Umgebung machen oder einfach in meinem Zimmer bleiben und lesen. Zwei Tage lang gehörte meine Zeit mir.

Nach meinem dritten Jahr an der High-School bekam ich einen Sommerjob bei einer lokalen Wochenzeitung. Ich bediente in der Druckerei eine Maschine, die von Fotografien und Illustrationen Gravüren aus Kunststoff herstellte; diese wurden dann auf hölzerne Druckstöcke geklebt und in die Druckform eingepaßt. Da ich damit nicht ausgelastet war, erlernte ich auch die Bedienung einer furchterregenden, guillotineähnlichen Papierschneidemaschine. Gelegentlich durfte ich die bleiernen Setzmaschinenzeilen ordnen, die von einer ratternden Linotype ausgespuckt wurden. Einmal in der Woche wurde die große Zylinderpresse in Gang gesetzt, die ganz am hinteren Ende der Druckerei stand, und abwechselnd fütterten wir die lärmende Maschine mit Zeitungspapier. Unangenehm war diese Tätigkeit nicht, denn die Vielseitigkeit der zugewiesenen Aufgaben minderte die Monotonie derjenigen Arbeiten, die wirklich langweilig waren und sich ständig wiederholten. Doch wenn ich am Freitag meine Zeitkarte in die Stechuhr schob, genoß ich den abschließenden Glockenton, der das Signal war für zwei Tage Freiheit.

Als ich zum College wechselte, hoffte ich, als Student werde ich persönliche Unabhängigkeit genießen – «Die besten Jahre deines Lebens», wie die Erwachsenen mir versicherten; doch daraus wurde lange nichts. Ich war mit einem rigiden und ziemlich vollen Stundenplan konfrontiert, der mir tagsüber kaum freie Zeit ließ. Als Architekturstudent war man verpflichtet, zwei Jahre lang Maschinenbau zu studieren; ich schlug mich mit Chemie, Physik und Algebra herum – alles Fächer, für die ich aufgrund meiner humanistischen Ausbildung nur schlecht gerüstet war und die mich infolgedessen nicht im geringsten zu fesseln vermochten. Daß die Klassen groß und anonym waren, machte es auch nicht besser; mein unreifes Gesicht war einfach eines von vielen in einer Schar mehr oder weniger interessierter Erstsemester (im Maschinenbau überwiegend Männer), die pflichteifrig auf ihren Klemmbrettern kritzelten.

Natürlich gab es nicht nur Arbeit. Ich schloß mich einem Schützenverein an, doch die anfängliche Faszination – ich hatte noch nie ein Gewehr besessen – verflog schnell, und ich hatte bald genug von dem lauten und düsteren Schießstand. Ich wurde Mitglied einer Theatergruppe und war mit Begeisterung zunächst als Inspizient, später als Bühnenbildner tätig. In meiner gesamten freien Zeit lungerte ich nun im Kellerbüro des Players Club herum, nahm an Proben teil oder war in das kreative Chaos einer Bühnenproduktion verstrickt. Das Theater befreite mich aus der intellektuellen Ödnis der Fakultät für Maschinenbau, es machte mich mit Fernando Arrabal und Dylan Thomas bekannt, aber es führte mich auch in die Gesellschaft von Schauspielern ein und verschaffte mir so die Gelegenheit, Mädchen kennenzulernen. Da ich eine Jungenschule besucht hatte und täglich nach Hause gefahren war, waren meine Erfahrungen mit dem anderen Geschlecht spärlich; um so denkwürdiger war meine Einführung in jene höchst bedeutende universitäre Institution: den Samstagabend. Ich mußte lernen, wie man mit jemandem «geht» – ungeschriebene Gesetze, die damals, in den frühen sechziger Jahren, den fruchtlosen Versuch der Gesellschaft darstellten, die Libido von Jugendlichen unter Kontrolle zu halten. Es gab besondere Rituale, die man einzuhalten hatte: der besorgte Anruf während der Woche, die förmliche Kleiderordnung, das sittsame Händchenhalten und die vorsichtige Annäherung beim Schmusen.

Die wichtigste Konvention bei jeder Verabredung war das Vorspiel des Miteinanderausgehens – gewöhnlich zu einer Party oder ins Kino. Ich entwickelte eine Vorliebe für Jazz und verbrachte an den Wochenenden meine Abende in Clubs und Bars, wo die amerikanischen Stars gastierten: Bill Evans, Charles Mingus, Thelonius Monk sowie der überragende Schlagzeuger Max Roach. Mein Interesse an diesem letzteren war teilweise «beruflich» bedingt, denn auch ich spielte Schlagzeug. Meine beiden Zimmergenossen waren Musiker, und so spielten wir an Wochenenden zusammen, manchmal bei Jam Sessions, gelegentlich auch gegen Gage. An zwei Tagen der Woche verwandelte ich mich des Nachts in einen *hipster**. Es waren die frühen Sechziger, doch obwohl wir uns Bärte wachsen ließen und Sonnenbrillen trugen, verstanden wir uns keineswegs als Beatniks. Wir trugen konservative Dreiteiler und tranken Scotch on the rocks, genau wie die Musiker, die wir bewunderten. Unsere Musik nahmen wir ernster als unser Studium.

Mein Doppelleben ging zu Ende, als ich die Universität verließ und eine Stellung annahm – als Mitarbeiter eines Architekten, nicht als Schlagzeuger, denn meine Bühnenkarriere war zu diesem Zeitpunkt ins Stocken geraten. Doch wie ich bereits von meinen Erfahrungen aus den Sommerferien wußte, bedeutete das Arbeiten in einem Büro die Fortsetzung des gewohnten Fünf-und-zwei-Tage-Rhythmus. Bekräftigt wurde er jetzt überdies durch die vertraglichen Verpflichtungen, die ich gegenüber meinem Arbeitgeber hatte. Ich hatte Freude an meinem Beruf, und oft blickte ich vergnügt hinab auf die Masse von Büroangestellten, die am Ende jedes Arbeitstages pünktlich um fünf Uhr aus

* Jemand, der vom Jazz besessen ist (A. d. Ü.).

dem Haus strömten. Meine Mitarbeiter und ich blieben häufig länger, um die zahlreichen Termine einzuhalten, die typisch sind für die Arbeit von Architekten. Doch waren wir wirklich so verschieden von denen da unten? Wir hätten es nur ungern zugegeben, aber auch wir freuten uns aufs Wochenende.

Was das Bemessen von Zeit betrifft, so ist zwischen der Epoche Vivaldis und meiner eigenen Zeit ein Wandel eingetreten: von der ländlichen zur industriellen, von der natürlichen zur künstlichen Zeit. Ich könnte mein Leben nicht in vier Konzerten beschreiben, dafür jedoch in wiederkehrenden Variationen, in Wochenendvariationen: die sorgenfreien und ausgelassenen Wochenenden des Schuljungen zu Hause; aufregender dann die Wochenenden am College, der Jazz und das süße Umhertasten jugendlicher Schwärmerei; die Wochenendnächte des jungen Mannes, in denen getrunken und geredet wurde und in denen sich Einsamkeit und Liebesaffären abwechselten.

Da ich meine Freizeit individuell genoß, stellte ich mir vor, daß ich auch individuell über sie bestimmte; doch ganz so war es nicht. Zwar machte ich, was ich (meiner Ansicht nach) wollte, doch keinesfalls machte ich es, *wann* ich es wollte. Pflichtgemäß richtete ich meine Vergnügungen so ein, daß sie im Gleichtakt waren mit den ordentlich festgesetzten wöchentlichen Pausen, die mir gewährt wurden. Nicht, daß ich das als Bürde empfunden hätte. Es geschah so automatisch und schien so normal, daß ich auf die Existenz des Wochenendes keinen weiteren Gedanken verschwendete – so war eben das Leben.

Das ist nun zwanzig Jahre her. Mittlerweile hat die Dominanz des Wochenendes eher zugenommen, und es bestimmt unser Verhalten in noch höherem Maße. Am Montagmorgen erzählen wir von unseren Wochenenderlebnissen und bemitleiden uns gegenseitig angesichts der Arbeitswoche, die vor uns liegt. Am Dienstag wird das Wochenende allmählich zu einer Erinnerung. Der Mittwoch ist genau das, was sein Name besagt – ein Hiatus. Am Donnerstag beginnen wir, das Wochenende zu erwarten. Unruhig lauschen wir den Prophezeiungen der Wetterberichte – wird es ausreichend Schnee geben zum Skifahren oder schönes Wetter für den Strand? –, während wir sorgenvoll unsere Vorbereitungen für das Wochenende treffen. «Gott sei Dank, es ist Freitag» – diese Floskel aus den Sechzigern signalisiert schließlich das Ende der Woche oder vielmehr den Beginn des Wochenendes. Ein anderes Vorzeichen – zumindest in Kalifornien – ist der *Jeans Friday*, an dem man in zahlreichen Büros die gewöhnliche Kleiderordnung aufhebt und die Angestellten sich anziehen, wie es ihnen gefällt. Auf Hawaii gibt es den *Aloha Friday*, an dem man farbenfroh bedruckte Hemden trägt.

Als im Englischen das Wort *weekend* aufkam, wurde es zunächst – und grammatisch korrekt – *week-end* geschrieben; irgendwann hat es dann seinen Bindestrich verloren und war nicht mehr das bloße Ende der Woche, sondern gelangte zu einer eigenständigen und souveränen Existenz. «Ein schönes Wochenende» wünschen wir einander, selten jedoch «eine schöne Woche». Während einst die Woche aus Wochentagen und Sonntag bestand, umfaßt sie heute die Wochentage und das Wochenende. Fragt man die Leute, welcher der erste Tag der Woche sei, so werden sie antworten: «Montag natürlich»; vor fünfzig Jahren wäre es der Sonntag gewesen. Der Sonntag – einst der Tag der Ruhe – ist nur mehr einer von zwei Tagen, die häufig von emsiger Aktivität geprägt sind. Obwohl wir auch weiterhin die traditionellen kirchlichen und staatlichen Feiertage begehen, machen diese mittlerweile nur noch einen Bruchteil derjenigen Tage aus, an denen wir nicht arbeiten; sie werden in den Schatten gestellt von 104 profanen Wochenendtagen – und noch mehr, wenn man die «langen» Wochenenden mitzählt.

Wahrscheinlich kam das lange Wochenende zunächst zufällig zustande, indem ein öffentlicher Feiertag, der auf einen Freitag oder einen Montag fiel, das Wochenende glücklicherweise um einen Tag verlängerte. Zu einem der ersten langen Wochenenden, mit dem man fest rechnen konnte, kam es in Kanada und in den Vereinigten Staaten, als der erste Montag im September – der *Labor Day* (Tag der Arbeit) – zum gesetzlichen Feiertag erklärt wurde. Es folgten der *Columbus Day* und kürzlich der *Mar-*

tin Luther King Day, in Kanada das Erntedankfest.* Das Erntedankfest in den Vereinigten Staaten wurde auf einen Donnerstag gelegt, was für viele Leute ein viertägiges Wochenende bedeutet. Und selbst bei den traditionellen Nationalfeiertagen, die nicht auf einen Montag fallen – wie zum Beispiel der Unabhängigkeitstag und der *Canada Day* –, ist es nicht unüblich, daß Arbeitgeber trotz der offiziellen Feierlichkeiten den Tag verschieben, um ihn zu einem Anhängsel des Wochenendes zu machen.

Diese sanktionierten langen Wochenenden scheinen unseren Appetit geweckt zu haben – mit dem Ergebnis, daß sich nun auch individuell verlängerte Wochenenden stark vermehrten. Überraschenderweise geschah dies auf Kosten der traditionellen Ferien. Viele Familien haben sich dazu entschlossen, auf ihren zwei- bis dreiwöchigen Urlaub zu verzichten – oder ihn wenigstens zu reduzieren –, und hängen statt dessen das ganze Jahr über einzelne Tage an ihre Wochenenden. Auch noch in anderer Weise hat sich das Wochenende ausgedehnt: Zumindest im Sommer ist es üblich geworden, daß Ämter und Büros bereits am frühen Freitagnachmittag schließen. Dieses penetrante Wochenende scheint die Woche Stück für Stück auffressen zu wollen.

Diese neue Zeitstruktur ist insofern von Bedeutung, als sie nicht nur Einfluß darauf hat, *wann* wir uns erholen, sondern auch, *wie* wir uns erholen. Für die meisten von uns bekommt das Leben am Wochenende einen anderen Rhythmus: Wir schlafen länger, mähen den Rasen und waschen das Auto. Wir gehen ins Kino, besonders wenn es heiß ist. (An den sechzehn Wochenenden zwischen Mitte Mai und *Labor Day* lassen die Studios in Hollywood gewöhnlich ihre Sommerhits vom Stapel – 1990 drängelten sich in dieser Zeit fünfzig Filme um die Vorherrschaft an der Kinokasse.) Doch ist das Wochenende nicht nur eine Gelegenheit zum Faulenzen. Es gibt Wochenendmärkte, die man besucht, Wochenendrabatte, die man sich zunutze macht, und

* *Thanksgiving Day* in Kanada ist der 9. Oktober; fällt dieser Tag auf ein Wochenende, so ist auch der folgende Montag arbeitsfrei. Die übrigen erwähnten Feiertage fallen auf einen Montag (A. d. Ü.).

Wochenendkleidung, die man dabei trägt. Und es sind Wochenendkoffer zu packen, denn Wochenende bedeutet nicht nur Einkaufen und Erholen, es bedeutet auch Reisen. Das können weite Reisen sein, doch häufiger führen sie den Stadtbewohner in die nähere Umgebung der Städte, zum Ferienhaus oder zur Skihütte. Es gibt ganze Dörfer und Kleinstädte, deren wirtschaftliche Existenz auf diese allwöchentliche Völkerwanderung ausgerichtet ist; und es gibt zahlreiche Industriezweige, die auf den Handel angewiesen sind, der durch jene zweitägige Pause erst hervorgerufen wird, so zum Beispiel Heimwerkermärkte, Bootsbauer und Hersteller von Sportartikeln.

Das Wochenende ist die Zeit der körperlichen Betätigung und des Spiels. Einige dieser Freizeitbeschäftigungen, wie etwa Tennis, haben eine lange Geschichte und sind zu neuer Popularität gelangt; andere, wie zum Beipiel das Kanufahren im Wildwasser, das Windsurfen oder das Drachenfliegen, sind neueren Datums. Die meisten dieser sportlichen Betätigungen unterscheiden sich von denen des 19. Jahrhunderts – etwa Krocket oder Golf – durch ihre relative Schwierigkeit und sogar Gefährlichkeit. Diese regelmäßigen Ausbrüche physischer Aktivität haben jedoch ihre ganz eigenen Auswirkungen: Sportärzte berichten von einer wachsenden Zahl von «Montagsverletzungen», wenn Wochenendathleten sich von ihren überstrapazierten Tennisarmen, Jogging-Knien und den beim Skifahren verstauchten Knöcheln erholen. Aufgeschürfte Ellenbogen und abblätternde, sonnenverbrannte Nasen gehören genauso zum Wochenende wie das Ferienhaus am See und der sonntägliche Brunch.

Und natürlich die Sonntagszeitung. Die erste Sonntagszeitung überhaupt war der Londoner *Observer*, der ab 1791 erschien und schon bald zahlreiche Konkurrenten hatte. Das erste amerikanische Sonntagsblatt erschien 1796 in Baltimore, doch schon nach der ersten Ausgabe war es am Ende – die religiösen Traditionen, die dem sonntäglichen Zeitungsverkauf entgegenstanden, erwiesen sich als zu stark. In der Zeit nach dem Bürgerkrieg änderte sich diese Haltung, und es erschienen Sonntagsausgaben von Tageszeitungen; im Jahr 1900 gab es davon insgesamt 639. Die gegenwärtige Form des Sonntagsblatts geht auf Joseph Pulitzer zurück, dessen grelle *Sunday World* erstmals farbige Comics und eine Farbbeilage brachte, außerdem Buchbesprechungen, Artikel über exotische Reisen, Groschenromane, Seiten für die Frau und für die Jüngeren sowie eine wissenschaftliche Kolumne – für jeden in der Familie etwas. Die *Sunday World* war ein Riesenerfolg (die Werbung von großen Kaufhäusern machte sie zu einem einträglichen Geschäft), und die Auflage war enorm – mehr als das Fünffache der wochentäglichen Verkaufsziffer. Pulitzer hatte begriffen, was die Leser wollten: an Werktagen die Nachrichten, am Sonntag Muße.

Nach dem *Oxford English Dictionary* bedeutet der Begriff Muße *(leisure)* «Zeit, die man nach Belieben verbringen kann». «Freie» Zeit also. Doch in einer seiner beliebten Kolumnen in den *Illustrated London News* – einer Sonntagszeitung – hat G. K. Chesterton darauf hingewiesen, daß man Muße nicht mit Freiheit verwechseln sollte. Anders, als die meisten erwarten würden, garantiert Muße keineswegs das Vorhandensein von Freiheit. Nach Chesterton rührt diese Verwirrung daher, daß man mit den Begriff «Muße» drei verschiedene Dinge benennt: «Erstens die Möglichkeit, etwas Bestimmtes zu tun. Zweitens die Möglichkeit, zu tun, was man will. Und drittens – das vielleicht Seltenste und Kostbarste – die Möglichkeit, nichts zu tun.» Das erstere ist, wie Chesterton einräumt, die am meisten verbreitete Form der Muße und zugleich diejenige, die in letzter Zeit – gemeint ist die Zeit um die Jahrhundertwende – den deutlichsten quantitativen Zuwachs erfuhr. Die zweite Form – die Freiheit, die eigene freie Zeit nach Belieben zu gestalten – war vergleichsweise begrenzt und blieb tendenziell Künstlern und anderen kreativen Menschen vorbehalten. Die dritte Form jedoch war offenbar diejenige, die Chesterton am höchsten schätzte, weil sie den Müßiggang gestattete – und dies war in seinen Augen die eigentliche, echte Muße.

Vielleicht muß man so wohlbeleibt sein wie Chesterton – seine Biographin Maisie Ward schätzte ihn auf fast 140 Kilo –, um derart vom Müßiggang zu schwärmen. Wahrscheinlicher aber lockte ihn die Untätigkeit gerade darum, weil er alles andere als faul war: Seine Bibliographie verzeichnet mehr als einhundert veröffentlichte Bücher – Essays, Gedichte, Biographien, Romane und Kurzgeschichten. Außerdem war er Herausgeber von Zeitschriften, und auch als Vortragsredner und Sprecher beim Rundfunk war er recht beliebt. Obwohl er es fertigbrachte, dies alles in einem relativ kurzen Leben unterzubringen – er starb mit 62 Jahren –, war es doch, wie seine körperliche Statur vermuten läßt, ein Leben voller materieller Genüsse und erstaunlicherweise ohne jede Hektik. Vielleicht kein Leben der Muße, doch eines von gemächlicher Gangart.

Daß die moderne Gesellschaft zahlreiche Gelegenheiten zur Muße gibt, daß sie jedoch «den Zugang zu gewissen Dingen immer leichter und zu anderen Dingen unmöglich macht» – diese Beobachtung Chestertons ist auch heute noch zutreffend. Will man zum Beispiel Tennis oder Golf spielen, so stehen dafür Plätze in Hülle und Fülle zur Verfügung. Wer Lust auf ein Video hat, kann auf zahllose Videoshops, Leihbibliotheken und Versandgeschäfte zurückgreifen. Schmetterlingskundler dagegen haben es schwer, ein Stück unberührter Natur zu finden, um ihrem Hobby nachzugehen. Wer sich in seiner Freizeit als Maurer betätigt und nicht – wie Winston Churchill – über einen Landsitz verfügt, dürfte in seiner unmittelbaren Nachbarschaft wohl kaum auf eine entsprechende Gelegenheit stoßen.* Da ist es dann besser, sich auf Golf zu verlegen.

Wenn jemand aus Mangel an Alternativen oder aufgrund von sozialem Druck dazu gezwungen ist, nachmittags Golf zu spielen, während er sich lieber einem einsamen Hobby widmen würde, dann – so Chesterton – unterscheidet er sich gar nicht so sehr von dem Sklaven, der vielleicht einige Stunden Ruhe hatte, während

* Churchill war ein geschickter und sehr fleißiger Maurer. In Chartwell baute er zwei Ferienhäuschen, ein kleines Theater und mehrere Mauern. In einem seiner Briefe heißt es: «Ich habe einen herrlichen Monat mit dem Bau eines Ferienhauses und dem Diktieren eines Buchs verbracht: jeden Tag 200 Ziegelsteine und 2000 Wörter.»

sein Aufseher schlief, der jedoch jederzeit zur Arbeit bereit zu sein hatte. Von keinem von beiden kann man behaupten, daß er frei über seine Mußestunden verfügt. Sie haben Freizeit, aber keine Freiheit. Und um diesen Vergleich noch weiterzutreiben: Sind wir zu Sklaven des Wochenendes geworden?

Auf den ersten Blick scheint dies eine sonderbare Frage, ist es doch zweifellos unsere Arbeit, die uns versklavt, und nicht die Erholung. Leute, die von ihrer Arbeit besessen sind, bezeichnen wir als *workaholics*, doch für jemanden, der vom Spiel besessen ist, haben wir kein solches Wort – leider. Ich habe zahlreiche Bekannte, für die ihre Wochenendaktivitäten wichtiger zu sein scheinen als ihre Werktagsexistenz und die sich verhalten, als sei die Woche nichts als eine ärgerliche Störung ihres eigentlichen Lebens jenseits des Stundenplans. Manchmal habe ich den Eindruck, um diese Wochenendsegler, -bergsteiger und -reiterinnen wirklich kennenzulernen, müßte ich sie auf ihren Ausflügen und Streifzügen begleiten – ich müßte sie sozusagen in ihrer natürlichen Umgebung beobachten. Doch hätte ich dann tatsächlich eine andere Person vor mir, oder wäre es dieselbe Person, beherrscht von anderen Konventionen des Verhaltens und der Kleidung?

Alte Fotografien von Skifahrern finde ich immer wieder bezaubernd: Man sieht darauf Gruppen von Leuten, die offenbar Straßenkleidung tragen, mit schlichten, gekrümmten Holzbrettern, die an robuste Wanderstiefel geschnallt sind. Das Gebaren dieser Männer und Frauen ist munter und ungekünstelt. Heutzutage putzt sich jeder Anfänger mit hautengem Spandex heraus, als sei er ein Weltklassefahrer, und selbst der Skilanglauf, eine wahrlich unkomplizierte Freizeitbeschäftigung, ist bereits infiziert von der ständigen Sorge um korrekte Kleidung, authentische Terminologie und Ausrüstung auf neuestem Stand. Darin spiegelt sich die Bedeutung von Status und Konsum, aber auch eine gegenüber früheren Zeiten gewandelte Haltung zum Spiel. Bei den meisten der im Freien ausgeübten Sportarten hat man früher einfach improvisiert; heute betreibt man sie mit großer Ernsthaftigkeit. Mit dem Begriff *professional* unterschied man einst diejenigen, die für bestimmte Darbietungen bezahlt wurden, von den eigentlichen Sportlern; heute wird dieses Wort zunehmend für jeden verwendet, der sich auf hohem Leistungsniveau befindet. Ausrüstung von «Profi-Qualität» ist für jeden erhältlich – und wird auch von allen begehrt. Der schöne Begriff «Amateur» hingegen – der dem Wortsinn nach eigentlich den «Liebhaber» meint – wurde in seiner Bedeutung entwertet und bezeichnet heute den blutigen Anfänger oder jemanden, dem ein bestimmtes Können fehlt. «Bloß ein Amateur», sagen wir; und im Gegensatz zu früher ist das kein Kompliment.

Der Mangel an Unbekümmertheit in unseren Spielen, das Gefühl der Verpflichtung, alles richtig zu machen, und schließlich die Betonung des Protokolls und der Etikette bedeuten tatsächlich so etwa wie Sklaverei. Früher «spielten» die Leute Tennis; heute «arbeiten» sie an ihrer Rückhand. Man kann sich unschwer vorstellen, was Chesterton zu solcher Aufopferung gesagt hätte, denn das war genau die Art von sportlichem Fleiß, die er so häufig verspottete. «Wenn etwas überhaupt wert ist, getan zu werden», schrieb er einmal, «dann ist es auch wert, schlecht getan zu werden.»

Chesterton vertrat die traditionelle Auffassung, daß Muße etwas anderes ist als jene Art von Erholung, die charakteristisch ist für das moderne Wochenende. Seine eigenen Freizeitbeschäftigungen bestanden aus einer eklektischen Mischung von Altmodischem mit Bohemienhaftem – Zeichnen, Waffen sammeln und das Spiel mit Pappfiguren in seinem Spielzeugtheater. Die Stunden der Muße boten Gelegenheit zu ganz persönlichen, charakteristischen Betätigungen und nicht zu verordneter Unterhaltung; sie dienten eher privaten Träumereien als dem öffentlichen Schauspiel. Beim Sport ging es um die Liebe zum Spiel, nicht ums Gewinnen und nicht einmal darum, besonders gut zu spielen. Vor allem sollte die Freizeit frei von den Fesseln der Konvention bleiben, frei vom Zwang zur Umtriebigkeit, frei für die «edle Gewohnheit des Nichtstuns». Das ist nun nicht gerade eine Beschreibung des modernen Wochenendes.

Was bedeutet der Zyklus von Werktagen und Wochenende? Ist er nichts als ein weiteres Symptom für die Standardisierung und Bürokratisierung des Alltags, vor der Sozialkritiker wie Lewis Mumford und Jacques Ellul warnten? Ist das Wochenende nur der gerissene Marketing-Trick einer materialistischen Kultur, ein Kunstgriff, um den Konsum zu steigern? Ist es ein trügerisches Placebo, das der Langeweile und der Belanglosigkeit der Arbeit entgegenwirken soll?

Oder leben wir in der verheißenen Freizeitgesellschaft? Sollte dies der Fall sein, so ist sie wohl kaum das, was man sich einst erhofft hatte. Bis in die dreißiger Jahre war eine ständige Verringerung der wöchentlichen Arbeitsstunden zu beobachten – erst 60, dann 50, dann 45 Stunden. Alles sprach dafür, daß dieser Trend sich fortsetzen würde und daß die Arbeitstage immer kürzer werden würden. Diese Tendenz sowie die umfassende Automatisierung würden zu einem Zustand führen, den man sich als «allgemeine Muße» vorzustellen begann. Nicht jeder war der Auffassung, daß dies eine gute Sache sei; es wurde viel darüber spekuliert, was die Leute mit ihrer neu erlangten Freiheit eigentlich anfangen würden, und einige Psychologen äußerten die Sorge, allgemeine Muße werde in Wahrheit allgemeine Langeweile bedeuten. Keineswegs, entgegneten die Optimisten; vielmehr werde sie die Chance zur Erschließung der eigenen Fähigkeiten bieten, zur Weiterbildung der Erwachsenen und zu einer Blütezeit der Künste. Die Aussichten auf kreative Entspanntheit in einer Gesellschaft, die die Arbeit mit Erfolg glorifiziert hatte, beurteilten jedoch andere weit weniger zuversichtlich; sie argumentierten, daß zum Beispiel den Amerikanern die intellektuelle Reife und die inneren Ressourcen fehlten, um ein Leben ohne Arbeit bewältigen zu können.

Zu einer allgemeinen Muße ist es nicht gekommen, oder zumindest nicht in der Form, wie man es erwartet hatte. Zum einen scheint sich der Arbeitstag bei etwa acht Stunden stabilisiert zu haben. Andererseits hat die Automatisierung zwar, wie vorhergesagt, die Zahl der Arbeitsplätze in gewissen Industriezweigen vermindert; doch die Beschäftigung hat insgesamt nicht ab-, sondern zugenommen – wenn auch nicht unbedingt die Zahl der gutbezahlten Jobs. Auch Frauen gehören jetzt zum Potential der Arbeitskräfte, mit dem Ergebnis, daß nicht weniger, sondern mehr Menschen arbeiten. Da auch die Hausarbeit nach wie vor erledigt werden muß, könnte man folgern, daß es in zahlreichen Familien tatsächlich weniger Muße gibt als zuvor.

Mag es auch keinen Zuwachs an freier Zeit geben, so hat doch die Entwicklung des Wochenendes zweifellos zu einer Umverteilung der Freizeit geführt, die sich für viele Menschen als Verkürzung der Arbeitswoche ausgewirkt hat. Diese Umverteilung, verbunden mit einer Erhöhung des verfügbaren Einkommens, hat zahlreiche unerwartete Möglichkeiten der Erholung eröffnet – von denen einige kreativ sind, andere nicht –, und dies nicht nur in jährlichen Abständen im Urlaub, sondern das ganze Jahr über, an jedem Wochenende.

All dies hat die überkommene Beziehung zwischen Arbeit und Muße in Frage gestellt, eine Beziehung, der gegenüber sich unsere Kultur stets ambivalent verhalten hat. Im großen und ganzen gibt es zwei entgegengesetzte Denkschulen. Auf der einen Seite finden wir das Ideal einer Gesellschaft, die sich zunehmend von Arbeit befreit – ein Ideal, das von so grundverschiedenen Denkern wie Karl Marx und dem katholischen Philosophen Josef Pieper vertreten wird. Diese Idee folgt der aristotelischen Auffassung, daß das Glück der Endzweck des Lebens sei und daß Muße, im Unterschied zu Zeitvertreib und Unterhaltung, derjenige Zustand sei, der notwendig ist, um Glück zu erlangen. «Es ist die allgemeine Auffassung, daß Glückseligkeit auf Muße beruht», schreibt Aristoteles in seiner *Nikomachischen Ethik*, «denn wir betätigen uns, um Muße zu haben, so wie wir Krieg führen, um in Frieden zu leben.» Der Titel eines Hits von Lover Boy im Jahr 1982 hat es lakonischer formuliert: «Wir arbeiten fürs Wochenende.»

Im Gegensatz dazu steht die modernere («protestantische») Arbeitsethik, die Arbeit um ihrer selbst willen schätzt und die deren Einschränkung – oder schlimmer noch deren Aufhebung – als unvorstellbare Entwürdigung des menschlichen Lebens sieht. «Für Arbeit gibt es keinen Ersatz, es sei denn andere ernsthafte Arbeit», schrieb Lewis Mumford, der sinnvolle Arbeit für die höchste Form menschlicher Aktivität hielt und der einmal so weit ging, die Abschaffung der Arbeit mit einer unheilvollen «Endlösung» zu vergleichen. Nach dieser Auffassung sollte jede Arbeit das Entgelt ihrer selbst sein – sei es Fabrikarbeit, Hausarbeit oder irgendeine planende Tätigkeit. Muße wird mit Müßiggang gleichgesetzt und ist verdächtig. Muße ohne jede Plackerei, oder abgelöst von ihr, ist das Böse schlechthin. Das Wochenende ist nicht Freizeit, sondern Pausenzeit – eine Unterbrechung.

Doch ich will nicht zuviel vorwegnehmen. Zunächst möchte ich näher auf ein Problem eingehen, das einiges Licht auf die Beziehung zwischen Arbeit und Muße werfen wird: Wie kam es eigentlich dazu, daß wir eine derart strenge Aufteilung unseres alltäglichen Lebens in fünf Tage der Arbeit und zwei Tage des Vergnügens vornahmen, und wie konnte das Wochenende zur wichtigsten zeitlichen Institution der Moderne werden? Und in welcher Weise hat diese allgemeingültige Struktur wiederum die Art und die Gewohnheiten unserer Muße beeinflußt – sei es nun Golfspielen, Mauern oder einfach nur Tagträumen?

2

Woche für Woche

Wenn wir Musik hören, am Strand liegen oder in irgendeine lustvolle Betätigung vertieft sind, haben wir manchmal das Gefühl, daß uns die Zeit entglitten ist. «Wenn's einem gutgeht, vergeht die Zeit im Fluge», heißt es, womit die Sorglosigkeit und Spontaneität des Spiels hervorgehoben ist. Von daher hat es etwas Ironisches, daß unsere hauptsächliche Gelegenheit zur Muße – das Wochenende – ein unmittelbares Resultat der mechanischen Zeitmessung ist.

Das Zählen der Tage in Gruppen zu je sieben scheint heute völlig natürlich; man vergißt daher leicht, daß dies eine ungewöhnliche Methode ist, die Zeit zu unterteilen. Der Tag umfaßt den Zeitabschnitt zwischen Sonnenauf- und -untergang; der 24-Stunden-Tag ist die Dauer von je einem Tagesanbruch bis zum nächsten. Der Monat mißt die Zeit – oder er hat sie einmal gemessen –, die der Mond benötigt, um zu- und wieder abzunehmen. Und das Jahr umfaßt den vollen Kreislauf der Jahreszeiten. Was aber mißt die Woche? Überhaupt nichts; jedenfalls nichts Sichtbares. Es gibt keine Naturerscheinung, die alle sieben Tage eintritt – nichts passiert in dieser Zeit mit der Sonne, dem Mond oder den Sternen. Die Woche ist ein künstliches, von Menschen geschaffenes Intervall.

Im großen und ganzen ist unser Kalender eine ziemlich flexible Angelegenheit und voll von Inkonsequenzen. Weil die Länge des Tages mit der Jahreszeit variiert und auch die Dauer des Monats schwankend ist, sind Anpassungen erforderlich: So fügen wir alle vier Jahre dem Februar einen Tag hinzu, und alle 400 Jahre verlängern wir das Säkularjahr um einen Tag. Die Woche hingegen ist genau sieben Tage lang – jetzt und für alle Zeiten. Man sagt, das Jahr habe 52 Wochen, doch ist dies lediglich ein Näherungswert, denn die Woche entsteht weder aus einer Unterteilung des Monats noch des Jahres. Die Woche trotzt dem Kalender und marschiert unablässig und unbeschadet durch die Zeit, ohne Rücksicht auf die Jahreszeiten. Der britische Gelehrte F. H. Colson, der 1926 eine faszinierende Monographie zu diesem Thema verfaßte, hat die Woche als «Störenfried» bezeichnet. Dieser Störenfried tauchte relativ spät auf. In den Kalender, der schließlich zum definitiven Kalender der westlichen Welt werden sollte, wurde die Woche als abschließender Baustein eingefügt, und zwar im antiken Rom im zweiten oder dritten Jahrhundert vor unserer Zeitrechnung. Doch auch in einer ganzen Reihe älterer Zivilisationen taucht die Woche in verschiedener Gestalt auf – nicht in jedem Fall als fortlaufendes Zeitmaß und auch nicht immer sieben Tage lang.

Der älteste Kalender ist der ägyptische; rechnet man die Kopten, Parsen und Iraner mit ein, die bestimmte Variationen des ägyptischen Kalenders übernahmen, so war er insgesamt 5000 Jahre in Gebrauch. Die Ägypter unterteilten das Jahr in drei Jahreszeiten – Flut, Saatzeit und Ernte –, worin sich die alljährlichen Phasen ihrer agrarischen Nilgesellschaft spiegelten. Außerdem gliederten sie das Jahr in zehn, später zwölf Monate. Tag und Nacht hatten je zwölf Stunden; am Tag wurden sie mit Sonnenuhren gemessen, bei Nacht wurden sie aufgrund der Bewegung von 36 verschiedenen Sternen errechnet. Die Sterne, die man jeweils zur Zeitmessung benutzte, wechselten alle zehn Tage, und infolgedessen wurde der 30tägige bürgerliche Monat in drei Abschnitte von jeweils zehn Tagen unterteilt, sogenannte Dekaden, die dem zunehmenden, vollen und abnehmenden Mond grob entsprachen. Man ist versucht, diese zehntägigen Intervalle als «Wochen» zu bezeichnen; unglücklicherweise gibt es jedoch kaum Hinweise auf ihre gesellschaftlichen oder religiösen Funktionen, so daß es sich vielleicht lediglich um astronomische Hilfsmittel handelte.

Auch die mesopotamischen Kalender der Sumerer, Babylonier und Assyrer unterteilten das Jahr in zwölf Monate. Diese umfaßten 29 Tage und wurden durch einen besonderen Tag – den *Shabattu*, der den Vollmond anzeigte – wiederum halbiert. Dadurch entstand ein Zeitintervall von 14 Tagen. Um das siebte Jahrhundert v. Chr. erlangten auch der 7., 21. und 28. Tag des Monats besondere Bedeutung, und an diesen Tagen waren zahlreiche öffentliche Tätigkeiten untersagt.

Angesichts dieses Siebentageschemas haben einige Gelehrte die zwischen den Feiertagen liegenden Abschnitte als «Mondwochen» bezeichnet. Tatsächlich jedoch hatte der mesopotamische Monat manchmal 29, manchmal 30 Tage, und auf jeden der siebentägigen Abschnitte folgte eine Unterbrechung von ein oder zwei Tagen, wodurch sie – anders als die wirkliche Woche – unzusammenhängend blieben. Immerhin weist der Gedanke eines relativ kurzen Zeitabschnitts, auf den regelmäßig ein oder zwei Tage der Muße folgen, eine bemerkenswerte Ähnlichkeit auf.

Wie die Ägypter unterteilten auch die Athener den Monat in drei Abschnitte von jeweils etwa zehn Tagen. Der erste dieser Abschnitte hieß «zunehmender Mond», der letzte «abnehmender Mond», der mittlere Abschnitt trug keinen Namen. Die Tage innerhalb jeder Dekade waren numeriert; sie hießen zum Beispiel «der zweite Tag des zunehmenden Mondes» oder «der vierte Tag der mittleren Periode». Die Tage der dritten Dekade wurden allerdings rückwärts gezählt, wodurch jeweils angezeigt wurde, wie viele Tage noch übrig waren bis zum Ende des Monats – üblicherweise der Termin, an dem Schulden beglichen und Rechnungen bezahlt wurden. Anders als die Woche maß jedoch die Dekade nicht den Zeitraum zwischen öffentlichen Feiertagen, denn diese wurden gemäß einem anderen Kalender festgesetzt.

Der Kalender der Römischen Republik sah innerhalb jedes Monats, der entweder 30 oder 31 Tage lang war, drei spezielle Tage zur Unterteilung vor. Der erste Tag im Monat hieß «die Kalendes», der fünfte (oder siebte in einem der vier längeren Monate) «die Nones», der 13. (bzw. 15.) Tag hieß «die Iden». Diese drei «Markierungstage» waren besondere Tage für bedeutsame öffentliche Ereignisse, an denen religiöse Zeremonien abgehalten wurden, während bestimmte Tätigkeiten untersagt waren. Obwohl die Zeitabschnitte von recht unterschiedlicher Dauer waren – drei, sieben und sechzehn Tage im kurzen Monat –, erfüllten sie eine ähnliche Funktion wie die Woche.

Zwei andere recht gut bekannte Kalender aus alter Zeit sind die der Chinesen und der Maya. Der chinesische Kalender umfaßte einen Zyklus von Tagen mit jeweils eigenen Namen; dieser Zyklus mit seinem durch das ganze Jahr immer wiederkehrenden Ablauf war zwar der Woche ähnlich, jedoch weitaus länger als diese: nicht sieben, sondern 60 Tage. Der öffentliche Kalender der Maya wies eine Abfolge von 13tägigen Abschnitten auf, welche die dreizehn Götter ihrer oberen Welt repräsentierten. Diese Abschnitte wurden innerhalb eines vollen Zyklus zwanzigmal durchlaufen (die Maya waren von der Zahl Zwanzig geradezu besessen und hatten auch ein mathematisches System, das auf der Zwanzig beruhte). Offenbar hatte dieses 13tägige Intervall – in gewissem Sinne eine Woche – keinerlei weltliche Funktion, sondern wurde vor allem zu religiösen und zeremoniellen Zwecken gebraucht.

Das verbreitete Grundmerkmal der antiken Kalender war die Berücksichtigung der Zu- und Abnahme des Mondes. Um den Mond zu beobachten, bedurfte es keiner raffinierten Instrumente, und es war auch kein mathematisches oder astronomisches Wissen erforderlich, um zu bemerken, daß die Mondphasen – von der Ankunft des neuen Mondes bis zum Verschwinden des alten – von regelmäßiger Natur waren. So hält man beispielsweise die römischen «Markierungstage» für lunaren Ursprungs, da sie mit dem ersten Erscheinen des Neumonds, mit dem ersten Viertel sowie mit dem Vollmond hätten zusammenfallen können. Die 29- und 30tägigen lunaren *Mon*ate wurden dann zur Grundlage des sogenannten Mondjahres, das die Babylonier benutzten. Der lunare Monat beherrscht noch immer den jüdischen und den islamischen Kalender sowie die Verteilung der Hindu-Festtage.

Der Mondzyklus war einprägsam, da er relativ kurz war – für

einen Umlauf benötigt der Mond etwa 29½ Tage –, und daher war er für die Zeitmessung geeigneter als die jährliche Bewegung der Sonne oder der Wechsel der Jahreszeiten. Das 354tägige Mondjahr brachte jedoch ein Problem mit sich. Auf ihrer Umlaufbahn um die Sonne benötigt die Erde 365 Tage für eine vollständige Umrundung, oder anders gesagt: Es dauert 365 Tage (ein «Sonnenjahr»), ehe der Zyklus der vier Jahreszeiten abgeschlossen ist. Dies bedeutet, daß zwischen dem Mondjahr und dem Sonnenjahr eine Differenz von annähernd elf Tagen besteht. Infolgedessen wandert ein Kalender, der auf den Mondphasen beruht, allmählich rückwärts durch das ganze Jahr – das heißt relativ zu den Jahreszeiten –, eine Bewegung, die erst nach 32½ Jahren wieder von vorn beginnt. Das hatte praktisch zur Folge, daß es keine hinreichende Übereinstimmung zwischen Monat und Jahreszeit gab – manchmal fiel der Dezember in den Winter, manchmal in den Sommer. Um die lunaren Monate im Gleichschritt mit den Jahreszeiten zu halten, war es notwendig, am Ende jeden Jahres einige Tage hinzuzufügen – so machten es die Ägypter, die Griechen und die Römer.

Julius Cäsar war es, der im Jahr 46 v. Chr. mit Hilfe des griechischen Astronomen Sosigenes eine völlige Neuordnung des römischen Kalenders durchführte. Der Julianische Kalender basierte auf dem Sonnenjahr, und obwohl er die überlieferten Namen der zwölf Monate weiter verwendete, waren dies von nun an keine lunaren Monate mehr; vielmehr variierten sie in der Länge, so daß sie zusammen 365 Tage ergaben. Da das Sonnenjahr tatsächlich noch um sechs Stunden länger ist, wurde in jedem vierten Jahr, dem «Schaltjahr», ein zusätzlicher Tag angefügt. Eine verbliebene geringfügige Ungenauigkeit wurde im 16. Jahrhundert von Papst Gregor XIII. bereinigt; insgesamt jedoch hat sich der Julianische Kalender als bemerkenswert dauerhaft erwiesen.*

* Der Gregorianische Kalender wurde 1582 zunächst von römisch-katholischen Ländern übernommen und verbreitete sich schließlich auch über das protestantische Nordeuropa. Großbritannien, eine Inselfestung wie

Überraschenderweise gab es im Julianischen Kalender nichts, das einer Woche vergleichbar gewesen wäre. Da die Julianischen Monate von unterschiedlicher Länge waren – 28, 30 und 31 Tage –, konnte man sie auch nicht ordentlich in Dekaden unterteilen (wie den 30tägigen bürgerlichen Monat der Ägypter). Und so kam es, daß innerhalb von etwa 200 Jahren fast alle römischen Bürger mit der Siebentagewoche vertraut waren. Was war geschehen?

Zunächst einmal kam die Sieben in der antiken Welt schon recht häufig vor: die sieben Namen Gottes, die sieben Säulen der Weisheit, die Siebenschläfer von Ephesus, die Sieben gegen Theben, die Sieben Weisen von Griechenland und die Sieben Weltwunder. Es gab einen Zyklus römischer Erzählungen über die Sieben weisen Meister, der sich auch im Griechischen, im Arabischen und im Sanskrit findet. Und natürlich war die Hauptstadt des Reichs auf sieben Hügeln erbaut.

Die Sieben als magische Zahl erschien zuerst bei den Babyloniern, in deren Kalender sie bereits im dritten Jahrtausend v. Chr. eine bedeutende Rolle spielte.* Unter anderem war diese Faszination mathematisch begründet, denn sieben ist eine Primzahl. Ein weiterer Grund war astronomischer Natur: Es gab sieben Himmelskörper, deren Bewegung man am Firmament verfolgen konnte – die «sieben Umherschweifenden»**, die «sieben Wandelsterne», die Planeten also. Dazu zählten – in der üblichen Reihenfolge ihrer abnehmenden Entfernung von der Erde – Saturn, Jupiter, Mars, die Sonne, Merkur, Venus sowie der Mond, den man in der Antike ebenfalls für einen Planeten hielt. Unklar ist, ob die sieben Planeten des Altertums den Glau-

immer, behauptete sich noch bis 1752. In Japan wurde der Kalender 1873 eingeführt, in China 1912, in Rußland erst 1918.

* Kulte um die magische Zahl Sieben wurden praktisch auf dem ganzen Erdball gefunden, einschließlich Indien und China. In einigen Gegenden wie etwa in Afrika und im Pazifik hat man sie auf islamische oder europäische Einflüsse zurückgeführt; daß sie indessen auch bei zahlreichen amerikanischen Indianerstämmen vorkommen, ist nicht so einfach zu erklären.

** *plánētes* bedeutet im Griechischen «die Umherschweifenden» (A. d. Ü.).

ben an die magische Zahl initiierten oder lediglich bestärkten. Jedenfalls wurden die sieben Himmelskörper – während sich Astronomie und Astrologie von Babylonien nach Griechenland, Ägypten und Rom ausbreiteten – allmählich mit den obersten Göttern des Pantheons identifiziert.

Die Astrologie behauptete, die Bewegungen der Planeten repräsentierten die Aktivitäten der Götter selbst, und jedes irdische Ereignis sei beeinflußt von der Position der Sterne und anderer Himmelskörper. Einzelne Planeten wurden mit Metallen, Farben und Tieren identifiziert. So wurde zum Beispiel die Sonne mit Gold in Zusammenhang gebracht, mit der Farbe Gelb, dem Hahn (der bei Tagesanbruch kräht), dem Löwen (wegen seiner gelbbraunen Farbe) und mit bestimmten Gewürzen wie etwa Nelke und Zimt. Jede der sieben Altersstufen des Menschen (Säuglingsalter, Kindheit, Adoleszenz, Jugend, Mannesalter, frühes und hohes Alter) wurde von einem der Planeten beherrscht. Es überrascht daher nicht, daß in ähnlicher Weise auch jeder einzelne Tag unter dem Einfluß eines jeweils anderen planetarischen Gottes stand – und da es sieben Planeten gab, entstand daraus ein Zyklus von sieben Tagen. Jedenfalls nehmen wir das an; denn von den ersten Manifestationen der späteren «planetarischen Woche» gibt es keinerlei Überlieferung.

Die tatsächliche Abfolge der Tage innerhalb der planetarischen Woche folgte jedoch nicht der gewöhnlichen Ordnung der Planeten. Die erste Stunde des ersten Tages wurde Saturn zugeschrieben, der damit auch diesen Tag beherrschte; für die zweite Stunde war Jupiter zuständig, für die dritte Mars usw. Mit der achten Stunde begann diese Reihe von vorn. Indem man dieses Verfahren fortsetzte, ergab sich, daß die 25. Stunde – das heißt die erste Stunde des folgenden Tages – der Sonne gehörte, die damit den zweiten Tag regierte. Auf diese Weise ergab sich eine planetarische Woche, die folgendermaßen aussah:

Dies Saturni (Saturn)
Dies Solis (Sonne)
Dies Lunae (Mond)

Dies Martis (Mars)
Dies Mercurii (Merkur)
Dies Iovis (Jupiter)
Dies Veneris (Venus)

Die Juden freilich hatten bereits eine Siebentagewoche, die auf die Heilighaltung des Sabbats ausgerichtet war. Es ist möglich – wenngleich unter vielen Gelehrten umstritten –, daß die Juden diese Art der Zeitrechnung während ihres Exils im sechsten Jahrhundert v. Chr. von den Babyloniern übernahmen und dabei den babylonischen *Shabattu* zu ihrem Sabbat machten – ein Tag religiösen Brauchtums, an dem jegliche Arbeit untersagt ist. Vielleicht wurden sie auch einfach nur beeinflußt vom babylonischen Glauben an die magische Zahl Sieben. Auf jeden Fall ist die Übereinstimmung zwischen dem babylonischen Verfahren, den lunaren Monat siebentageweise zu unterteilen, und der jüdischen Feier des Sabbats in siebentägigem Rhythmus sicherlich nicht zufällig.

Es deutet einiges darauf hin, daß zur Zeit der Wiederherstellung von Juda (538 v. Chr.) die Feier des Sabbats bereits eine fest verankerte Institution war. Diese Übernahme eines fortlaufenden siebentägigen Zyklus ist ungewöhnlich, und der genaue Grund dafür, warum die Juden diesen Mechanismus entwickelten, bleibt unklar. Dem Alten Testament zufolge war der Sabbat *ihr* Tag, der ihnen – und *nur* ihnen – von Jehova verliehen wurde. Seine völlige Einzigartigkeit mußte den exilierten Juden zweifellos gefallen, bot er doch eine Möglichkeit, sich von den babylonischen Heiden abzugrenzen, von denen sie umgeben waren. Den Sabbat alle sieben Tage stattfinden zu lassen, und zwar ungeachtet der Jahreszeit, war eine durchschlagende Idee, denn damit durchkreuzte er alle anderen existierenden Kalender.

Religiöse Sekten führen häufig ein zeitliches Unterscheidungsmerkmal ein, um ihre zerbrechlichen Identitäten zu festigen und sich von anderen Glaubensrichtungen abzusetzen. So wählten zum Beispiel die frühen Christen bewußt nicht den Sabbat, sondern einen anderen Tag zu ihrem wöchentlichen Feiertag.

Ebenso machte es Mohammed, der den Freitag zum Festtag des Islam bestimmte; tatsächlich betrachten Muslims den Samstag und Sonntag sogar als Unglückstage. Ähnlich die Adventisten: Nachdem die von ihnen für den 22. Oktober 1844 vorhergesagte Wiederkunft Christi ausblieb, beschlossen sie, künftig anstatt des Sonntags den Samstag heilig zu halten. Die Quäker betonten ihre Eigenständigkeit, indem sie die planetarischen Namen der Tage durch Zahlen ersetzten: erster Tag, zweiter Tag usw.

Die Exklusivität des jüdischen Glaubens schloß eine weitere Verbreitung des Sabbats aus, und für Jahrhunderte blieb die Siebentagewoche eine ausschließlich jüdische Einrichtung – oder jedenfalls beinahe. Die Juden waren innerhalb des Römischen Reichs eine kleine, jedoch einflußreiche Minderheit, und daß sie den Sabbat heilig hielten, ließ die abergläubischen Römer nicht unbeeindruckt. Einiges spricht dafür, daß sowohl die Griechen als auch die Römer den jüdischen Festtag irgendwann mit dem Unglücksplaneten Saturn in Verbindung brachten – und dies bestätigte in ihren Augen nur, daß es klug war, an diesem Tag so wenig wie irgend möglich zu unternehmen. Jedenfalls war es in Städten mit einer großen Zahl von jüdischen Geschäftsleuten und Ladeninhabern für alle übrigen das beste, wenn sie denselben Feiertag einhielten.

Die Beziehung zwischen der planetarischen und der jüdischen Woche haben die Historiker bislang nicht völlig enträtselt. Die jüdische Woche hat offenkundig mit der planetarischen Woche zu tun, aber in welcher Weise? In der planetarischen Woche ist jeder Tag einer anderen Gottheit geweiht, und damit wird ihm eine gewisse Bedeutung zugemessen; für die Juden war die Woche an sich nur der Zeitraum zwischen zwei Sabbattagen. Sonntag, Montag und Dienstag bezeichneten sie als die Tage «nach Sabbat»; Mittwoch, Donnerstag und Freitag waren die Tage «davor». Im modernen jüdischen Kalender werden den Wochentagen nicht Namen, sondern Zahlen zugewiesen (erster, zweiter, dritter usw.). Wenn der Sabbat nicht die planetarische Woche inspiriert hat – vielleicht war es dann umgekehrt? Es gibt eine Theorie, die besagt, die Juden hätten nach ihrem Exodus die planetarische Woche umgestaltet, und zwar so, daß sie mit dem Tag der Sonne anstatt mit dem Tag des Saturns begann. Auf diese Weise hätten sie ihren Haß gegen die ägyptischen Unterdrücker zum Ausdruck gebracht. Als sie dann den Sabbat übernahmen – den siebten Tag –, ergab es sich, daß er auf den Tag des Saturns fiel.

Auch der geographische und zeitliche Ursprung der planetarischen Woche liegt im dunkeln. Der römische Historiker Cassius Dio Cocceianus (ca. 155–235 n. Chr.) war der Auffassung, die planetarische Woche sei in Ägypten ersonnen worden, doch moderne Gelehrte bestreiten dies. Mit größerer Wahrscheinlichkeit war sie ein hellenistischer Brauch, der nach Rom einsickerte. Cassius behauptete, die planetarische Woche sei eine relativ neue Erfindung. Einiges spricht jedoch dafür, daß sie bereits zur Zeit des Augustus in Gebrauch war – also 200 Jahre zuvor –, und möglicherweise liegt ihr Ursprung noch früher, wenn auch wahrscheinlich nicht sehr viel früher. Sicher ist, daß nicht lange vor Cassius die Gewohnheit, die Zeit in Zyklen zu je sieben Tagen zu messen, bereits überall im Römischen Reich etwas ganz Alltägliches war.

Spannender als der Ursprung der Siebentagewoche ist die Frage, auf welche Weise sie sich verbreitet hat. Innerhalb relativ kurzer Zeit drang der «Störenfried» in den Julianischen Kalender ein und wurde in fast ganz Europa geläufig. Als Ausgangspunkt könnte man sich einen staatlichen Erlaß vorstellen; oder man würde erwarten, daß die Woche Gegenstand gelehrter Forschungen und Diskussionen war, ähnlich der astronomischen Zeitmessung. Doch weder für das eine noch für das andere gibt es irgendwelche Indizien. «Es herrscht hier völliges Stillschweigen», schreibt F. H. Colson, «keine offizielle Bestätigung, nicht einmal Kenntnisnahme der planetarischen Woche; und das bei einer Angelegenheit, bei der Schweigen Nichtexistenz bedeutet.»

Die planetarische Woche traf mit keinerlei herkömmlichem Ritus oder mit irgendwelchen offiziellen Feiern zusammen – jedenfalls galt dies für die Mehrzahl der römischen Bürger. Es gab

Ausnahmen, doch waren diese nicht besonders zahlreich. Die frühen Christen übernahmen den jüdischen Brauch, sich alle sieben Tage zu versammeln; dazu wählten sie den Tag nach Sabbat, wahrscheinlich um der Wiederauferstehung Christi zu gedenken, die sich an jenem Tag abgespielt haben soll. In der planetarischen Woche entsprach dies dem Tag der Sonne. Auch eine andere Religion feierte diesen Tag: der Mithraskult. Diese persische Glaubensrichtung war im ersten Jahrhundert n. Chr. nach Rom gelangt; sie brachte es zu breiter Popularität – insbesondere beim einfachen Volk – und wurde schließlich sogar durch Kaiser Konstantin gefördert. Für die Anhänger des Mithraskults war die magische Zahl Sieben von Bedeutung; es überrascht daher nicht, daß auch sie jeden siebten Tag feierten. Da Mithras der Gott des Lichts war, wurde er natürlich innerhalb der planetarischen Woche mit dem Tag der Sonne identifiziert.

Der Tatsache, daß diese religiösen Gruppierungen im Römischen Reich präsent waren, als die planetarische Woche sich verbreitete, sollte man allerdings auch nicht zuviel Gewicht beilegen. Die Juden beispielsweise waren keineswegs das Objekt allgemeiner Bewunderung, und die Christen ebensowenig. Zwar spielte die christliche Kirche tatsächlich eine Rolle bei der Verbreitung der Siebentagewoche und bei der Einhaltung des Sonntags, doch erst zu einer viel späteren Zeit. Im zweiten Jahrhundert n. Chr., als die planetarische Woche eingeführt wurde, waren die Christen eine winzige, verfolgte Minderheit.

Etwas schlüssigere Indizien liefert der Mithraskult. Dieser war insbesondere unter Soldaten populär, und möglicherweise hat das die Verbreitung der planetarischen Woche über das ganze Reich gefördert. Es ist jedoch ebensogut möglich, daß sich die Anhänger des Mithraskults einfach einem bereits verbreiteten Brauch anpaßten. Daß der Einfluß irgendeiner dieser religiösen Minoritäten hätte stark genug sein können, um die allgemeine Übernahme der Woche zu erklären, ist unwahrscheinlich.

Angesichts des Fehlens jeglicher schriftlicher Überlieferung hat es den Anschein, als sei die Woche vom einfachen Volk eingeführt und auf mündlichem Wege verbreitet worden. Da sie darüber nichts Schriftliches hinterließen, können wir über ihre Motive nur spekulieren. Gewöhnliche Leute verfügten über keine genaue Kenntnis der Astrologie. Colson ist der Ansicht, daß ihr Glaube an den Einfluß der Sterne dennoch recht stark gewesen sein muß. Möglicherweise hat sich die planetarische Woche, in der die Tage unter dem Bann mitfühlender oder übelwollender Gottheiten stehen, als eine Art von Aberglauben entwickelt, ähnlich dem Glauben an das Unglück, das an schwarzen Katzen oder an der Zahl Dreizehn haftet. Daß es auch in der Woche abergläubische Zwischentöne gibt, wird deutlich in jenem alten Kinderreim:

Monday's child is fair of face,
Tuesday's child is full of grace,
Wednesday's child is full of woe,
Thursday's child has far to go,
Friday's child is loving and giving,
Saturday's child has to work for a living,
But a child that's born on the Sabbath day
Is fair and wise and good and gay.

Das Montagskind hat ein hübsches Gesicht,
Das Dienstagskind ist voller Liebreiz,
Das Mittwochskind ist voller Sorgen,
Das Donnerstagskind hat einen weiten Weg,
Das Freitagskind ist liebevoll und freigebig,
Das Samstagskind muß sehen, wie es durchkommt,
Doch das Kind, das am Sonntag geboren ist,
Ist hübsch und klug und gut und fröhlich.

Im Montagskind spiegelt sich die Schönheit des Mondes; das liebevolle Freitagskind steht unter dem Einfluß von Venus, der Göttin der Liebe; und das unglückliche Samstagskind fällt unter den Einfluß des Saturns, des dunkelsten und langsamsten aller Planeten.

Charakteristisch für den Aberglauben ist eine Logik von gewissem Reiz – und häufiger noch der nicht weniger reizvolle *Mangel* an Logik. Es ist durchaus sinnvoll, nicht unter Leitern hindurchzugehen, aber wieso soll man Risse im Fußweg meiden? Schwarze Katzen sehen tatsächlich unheilvoll aus – aber Krähen doch schließlich auch. Ein Hufeisen an der Wand muß U-förmig aussehen, um das Glück anzuziehen; wird es verkehrt herum befestigt, läuft das Glück davon. Das *klingt* logisch, aber wieso ein Hufeisen und nicht irgendein anderer zufällig gefundener Gegenstand? Dreizehn ist eine Unglückszahl, elf dagegen nicht. Man wirft Salz über die Schulter, nicht Zucker, und man wirft es über die linke Schulter, nicht über die rechte. Es ist durchaus möglich, den Ursprung einiger derartiger Praktiken aufzudekken, doch für den Glauben selbst ist dieses Wissen ohne Belang: Nicht das Verstehen, sondern das Akzeptieren ist das Entscheidende beim Aberglauben.

Ich würde vermuten, daß die planetarische Woche mit derselben Art von Leichtgläubigkeit aufgenommen wurde. Die Menschen, die die Woche übernahmen, grübelten wohl kaum darüber nach, warum sie sieben und nicht acht Tage hatte und warum diese nach den Planeten und nicht nach anderen Arten von Gottheiten oder nach einer anderen Gruppe astrologischer Sternzeichen benannt werden sollten. Der Aberglaube erwächst aus tagtäglicher Praxis und nicht aus gelehrten Forschungen. Er wird nicht in der Schule, sondern auf den Knien des Großvaters oder durch Spielkameraden vermittelt. Und die Tatsache, daß er nicht von außen aufgedrängt wird, sondern sich eher aus einer allgemeinen Übereinkunft entwickelt, macht ihn um so dauerhafter.

Anders jedoch als die meisten abergläubischen Praktiken entstand die planetarische Woche keinesfalls aus einer lokalen Überlieferung. Für die Leute, die sie so schnell übernahmen, war sie etwas Neues. Doch der Gedanke, jeweils etwa fünf bis zehn Tage zu Bündeln zusammenzufassen – die Daniel Boorstin recht hübsch als Tagessträuße bezeichnet hat –, war, wie wir bereits gesehen haben, nicht ganz so neu. Die Dekade bezeugt das Bedürfnis nach einem Zeitintervall, das kürzer sein sollte als der lunare Monat. Auch das Einhalten regelmäßig wiederkehrender arbeitsfreier Tage war in vielen Gesellschaften üblich. In den meisten Fällen entsprach dies einem praktischen Bedürfnis nach kürzeren, regelmäßigen Unterbrechungen – sei es zu religiösen oder zu sozialen Zwecken.

Es gibt keinerlei historische Belege dafür, daß die planetarische Woche, die zuerst in Griechenland und in Rom in Gebrauch war, mit einem Feiertag begann oder endete. Eine derartige Struktur findet sich jedoch in einem anderen Teil der Welt, wo die planetarische Woche ebenfalls zu einer verbreiteten Institution wurde. Im frühen vierten Jahrhundert n. Chr. gelangte die planetarische Woche auf den indischen Subkontinent, offenbar aus griechischen Quellen entlehnt. Jedoch erschien hier die Woche nicht als integraler Bestandteil eines importierten Systems der Zeitrechnung. Die Kalender der Hindus (wie bei den Griechen gab es mehrere) waren – und sind – komplizierte Überlagerungen hellenistischer, babylonischer und chinesischer Einflüsse mit einheimischen Praktiken. Von einem bestimmten Zeitpunkt an begannen die Hindus, den ersten Tag der Woche, den *Adivara*, als einen Tag zu betrachten, an dem man besser keine neuen Unternehmungen beginnen sollte. Wie die Namen der anderen Tage entsprach auch das sanskritische *Adivara* einem der planetarischen Götter, und zwar demjenigen, an den die Hindus allmorgendlich ihr Gebet richteten: dem Sonnengott. Daß die Hindus lange vor ihrem Kontakt mit christlichen Missionaren und britischen Kolonisatoren den Sonntag zum Tag der Ruhe bestimmt haben sollten, ist ein merkwürdiges Zusammentreffen.

Etwa zur selben Zeit, da die Woche nach Indien gelangte, führte Kaiser Konstantin die planetarische Woche offiziell ein; er bestimmte den Tag der Sonne zum Feiertag und zum ersten Tag der Woche, womit er den früheren Brauch modifizierte, der die planetarische Woche mit dem Tag des Saturns beginnen ließ. Später gab es Versuche, die Woche von ihren heidnisch-planetarischen Ursprüngen abzulösen, indem man die planetarischen Namen der Tage durch Zahlen ersetzte; im Portugiesischen, im Griechischen und in slawischen Sprachen finden sich diese numerierten Tage noch heute. Die Italiener, Franzosen und Spanier hingegen behaupteten standhaft die ursprünglichen römischen Namen der Wochentage – außer dem Samstag, der als Sabbat bezeichnet wurde. Engländer, Deutsche und Holländer behielten die planetarischen Namen bei, doch sie ersetzten einige der römischen Götter durch entsprechende eigene Gottheiten. Anstelle von Mars, Merkur, Jupiter und Venus verwendeten sie die germanischen Götter Ziu (Tyr), Donar (Thor), Wodan (Odin) und Freyja. Die folgende Übersicht veranschaulicht die Unterschiede zwischen den romanischen und den nordeuropäischen Sprachen:

Latein	*Italienisch*	*Französisch*	*Englisch*	*Holländisch*
Dies Solis	domenica	dimanche	Sunday	Zondag
Dies Lunae	lunedì	lundi	Monday	Maandag
Dies Martis	martedì	mardi	Tuesday	Dinsdag
Dies Mercurii	mercoledì	mercredi	Wednesday	Woensdag
Dies Iovis	giovedì	jeudi	Thursday	Dondersdag
Dies Veneris	venerdì	vendredi	Friday	Vrejdag
Dies Saturni	sabato	samedi	Saturday	Zaterdag

Selbst für den christlichen Sabbat existieren verschiedene Namen. Im Englischen, Holländischen, Deutschen sowie in den skandinavischen Sprachen ist es beim planetarischen «Sonn-Tag» geblieben. Dagegen finden sich im Italienischen, Französischen, Spanischen sowie im Gälischen Variationen des lateinischen *dominica* (der Tag des Herrn). Ebenso verhält es sich im Neugriechischen, wo der Begriff in übersetzter Form erscheint. Hingegen folgt der Sonntag im Russischen, Tschechischen und Polnischen keiner dieser beiden Konventionen; hier ist er der «Nicht-Werktag».

Es gibt nur eine einzige europäische Sprache mit einer vollständigen Abfolge planetarischer Namen, die mit der römischen übereinstimmt: das Walisische. In allen übrigen finden sich Mischungen aus planetarischen Namen (die in einigen Fällen direkt auf die lateinische Wurzel zurückgehen, in anderen Fällen nicht), religiösen Verweisen, Zahlen und weltlichen Bestimmungen. So wurden zum Beispiel in Deutschland die Namen germanischer Götter verwendet, mit Ausnahme des Mittwochs und des Samstags; letzterer bedeutete ursprünglich «Vorabend des Sonntags». In den skandinavischen Sprachen, die in diesem Punkt sonst dem Englischen ähneln, ist der Samstag nicht der Tag des Saturn, sondern der «Waschtag». Im Gälischen tragen einige Tage planetarische Namen; der Freitag jedoch wird «das große Fasten» genannt. Selbst wenn die Tage numeriert sind, gibt es noch Unterschiede. Im Polnischen und Russischen ist der Montag der «erste Tag», weswegen der Sonntag – wie im judaischen Kalender – die Woche beschließt. Im Portugiesischen, wo ebenfalls Zahlen anstelle von Namen verwendet werden, wird der Montag als «zweiter Tag» bezeichnet; ebenso im Neugriechischen. Diese bunte Vielfalt läßt erkennen, daß die Bedeutung, die den einzelnen Tagen beigelegt wurde, nicht durchweg planetarisch war – mag die planetarische Siebentagewoche auch universelle Gültigkeit erlangt haben. Die Wurzeln des englischen Begriffs *week* (wicu, wike, wyke, wek, wok) reichen denn auch weiter zurück als die planetarische Woche.

Diese Mannigfaltigkeit der Bedeutungen ist eine weitere Erklärung für die Volkstümlichkeit der Woche: Sie bedeutete vieles für viele und manchmal auch vieles für dieselben Menschen. Sie war von magischer *und* praktischer Natur. Anfangs ein Aberglaube, überlebte sie als soziale Konvention – genauso, wie wir dabei geblieben sind, die rechte (das heißt die «richtige») Hand zu geben, weil es einer Geste bedurfte, um freundliche Gefühle gegenüber einem Fremden zum Ausdruck zu bringen. Die Woche war eine kurze Zeiteinheit, mit der einfache Leute ihr Leben strukturieren konnten, ihre Arbeit wie ihre Muße. Gleichzeitig lieferte die Woche ein einfaches und einprägsames Verfahren, mit dem man die alltäglichen Aktivitäten zu übernatürlichen Dingen in Beziehung setzen konnte: durch das Befolgen eines unmittelbar auf Jahve zurückgehenden Gebots, das Gedenken an die Auferstehung Christi, die Wahrnehmung des Einflusses einer planetarischen Gottheit – oder, um sicherzugehen, durch all dies zusammen.

Daß die Woche derart anpassungsfähig war, hat ihre weltweite Verbreitung zweifellos gefördert. Für Konstantin, der die Woche für das gesamte Römische Reich in Kraft setzte, war sie eine christliche Institution (oder eine Institution des Mithraskults, wie manche behaupten). Für die Hindus war sie eine planetarische Konzeption, die sie auf ihren ganz anders gearteten, aber anpassungsfähigen Kalender übertrugen. Im frühen siebten Jahrhundert erhielt die Woche noch eine weitere religiöse Legitimation, und zwar durch den Propheten Mohammed. Dieser führte einen Mondkalender ein, der sowohl vom christlichen als auch vom traditionellen arabischen Kalender völlig verschieden war. Dennoch hielt Mohammed an der Siebentagewoche fest, wobei er allerdings den Feiertag von Sonntag auf Freitag verlegte.

Die letzte bedeutende Zivilisation, die auf diesen Zug aufsprang, war China, wo die Woche als eine Folge der Revolution von 1911 auftauchte. Für die Chinesen war der westliche Kalender eine von zahlreichen «modernisierenden» Reformen, wobei die Woche pragmatisch und in recht merkwürdiger Form übernommen wurde: Die Wochentage trugen keine Namen, sondern waren numeriert; der siebte Tag war öffentlicher Feiertag und hieß in Kanton «Tag der Sonne». Wahrscheinlich war dies eine Sache der Konvention, nicht der religiösen Überzeugung, obgleich einige der politischen Führer in Missionsschulen erzogen worden waren und getaufte Christen waren, wie zum Beispiel Sun Yat-sen, der erste (provisorische) Präsident der neuen Republik.

In einer anderen, früheren Revolution lief es für die Woche weniger glatt. Die Französische Revolution schuf einen völlig veränderten Kalender, dessen Zweck es war, Monate, Wochen und Tage von ihren christlichen Assoziationen abzulösen und gleichzeitig die Zeitmessung zu rationalisieren, das heißt zu dezimalisieren. Zunächst einmal wurde mit dem republikanischen Kalender die Zählung der Jahre «Anno Domini» abgeschafft; künftige Zeitangaben waren von der Ausrufung der Republik an zu rechnen – also von 1792 an, dem Jahr eins. Das Sonnenjahr wurde beibehalten, und der zusätzliche Tag des Schaltjahres wurde einer Revolutionsfeier gewidmet, wobei die vierjährige Periode nun *Franciade* hieß. Auch die Monate wurden neu benannt. Mit dieser Aufgabe betraute man den Dichter Philippe-François-Nazaire Fabre d'Églantine, der ein Schema ausbrütete, das gleichsam zwölf Jahreszeiten darstellte: So hießen zum Beispiel die Wintermonate *nivôse* (Schneemond), *pluviôse* (Regenmond) und *ventôse* (Windmond).* Zwar gab es auch weiterhin zwölf Monate, doch waren diese, wie im bürgerlichen ägyptischen Kalender, sämtlich 30 Tage lang. Die fünf restlichen Tage waren für öffentliche Feierlichkeiten am Ende des Jahres bestimmt.

Unter diesem System erging es der Woche schlecht – sie wurde völlig abgeschafft. Statt dessen wurde jetzt jeder Monat in drei zehntägige Abschnitte unterteilt. Die Tage dieser als *décade* bezeichneten revolutionären Woche erhielten numerische Bezeichnungen: *primidi, duodi, tridi* usw. Der zehnte Tag – *décadi* – war Feiertag.

«Will man die christliche Religion zerstören, so muß man zuerst den christlichen Sonntag zerstören», schrieb Voltaire, und genau dies sollte die profane Woche bewirken. Da die überwältigende Mehrheit der Bauern bei ihrem Glauben blieb, kann man sich denken, daß auch weiterhin der Tag des Herrn gefeiert und die Tage zu je sieben gezählt wurden – wenn auch insgeheim. Das gleiche dürfte für den jüdischen Sabbat gegolten haben, zumal die «allgemeinen» Menschenrechte der Revolution sich keineswegs auf die Juden erstreckten. Doch selbst unter ausgewiesenen *sans-culottes* kann die neue Woche nicht besonders populär gewesen sein; sie nahm ihnen sechzehn staatliche Feiertage, und dafür boten die fünf Festtage am Ende des Jahres keinen ausreichenden Ersatz. Jedenfalls hielt sich die zehntägige Woche nur bis ins Jahr XIV, dann ließ Bonaparte den traditionellen Gregorianischen Kalender in Frankreich wiederaufleben.

* Charakteristisch für Frankreich, daß damit natürlich das Wetter in Paris gemeint war.

Die französischen Revolutionäre unterschätzten bei weitem das Beharrungsvermögen der Woche. Sie hatten ein völlig falsches Bild von den religiösen Empfindungen der Mehrzahl der Bevölkerung, für die die Siebentagewoche vom christlichen Glauben nicht zu trennen war. Aber sie begriffen auch nicht, daß die Woche eine tief verankerte soziale Konvention war. Das einfache Volk war willens, sich mit Zehnstundentagen und Stunden zu je hundert Minuten abzufinden, besaßen doch ohnehin die wenigsten von ihnen eine Uhr. Die Dekade jedoch war mechanisch und ohne Glanz; nichts hatte sie vom Geheimnis und von der individuellen Vielfalt der planetarischen Woche. Die neue Woche gründete in einer intellektuellen Idee und hatte keinerlei kulturelle Wurzeln, und selbst wenn die Jakobiner überlebt hätten, ist es unwahrscheinlich, daß es bei der Dekade geblieben wäre.

Der jüngste Versuch, die Siebentagewoche abzuschaffen, wurde in der Sowjetunion unternommen. Im November 1929 nahm das Stalin-Regime eine völlige Neuordung des sowjetischen Kalenders vor. In vielem ähnelte das neue Schema dem republikanischen Kalender in Frankreich: Es sah zwölf Monate zu je 30 Tagen vor, wobei die zusätzlichen Tage staatliche Feiertage sein sollten. Anders als die Franzosen behielten jedoch die Bolschewiken die traditionellen Namen der Monate bei, denn das eigentliche Ziel der Reform war die Woche selbst. Künftig sollten Fabriken kontinuierlich arbeiten, ohne jede Unterbrechung. Es würde keinen generellen Ruhetag mehr geben – im Grunde genommen überhaupt keine Woche mehr. Vier Tage lang sollte in gestaffelten Schichten gearbeitet werden, jeden fünften Tag hatten die Arbeiter frei. Die Zahl der jährlichen arbeitsfreien Tage wurde dadurch von 52 auf 72 gesteigert.

Die Viertageschicht war vielleicht weniger belastend als die Sechstageschicht aus zaristischen Zeiten, doch sie blieb unpopulär. Da jeder nach einem anderen Zeitplan arbeitete, konnten Familien und Freunde nur selten einen gemeinsamen freien Tag genießen. Aufseher und Betriebsleiter waren dazu gezwungen, an vielen ihrer freien Tage zu arbeiten, damit die Konferenzen der leitenden Funktionäre und der Ausschüsse überhaupt stattfinden konnten. Schulen, Banken und Verwaltungsbüros wurden allmählich desorganisiert, denn niemals waren alle Mitglieder ihrer Belegschaft zur selben Zeit anwesend. Maschinen und technische Anlagen wurden vernachlässigt, da niemand sich für ihre Bedienung verantwortlich fühlte. Und natürlich waren auch die tief religiösen Bauern und die große Minorität der städtischen Juden gegen die Abschaffung der Woche.

Der erklärte Zweck des neuen Kalenders war es, die industrielle und landwirtschaftliche Produktion zu steigern. Nach nicht einmal drei Jahren wurde jedoch klar, daß die Viertageschicht den entgegengesetzten Effekt hatte; daraufhin wurde die Fünftagewoche widerrufen. Nun wurde jeder Monat in fünf Wochen zu je sechs Tagen unterteilt, wobei jeder sechste Tag öffentlicher Feiertag war. Diese Einteilung blieb neun Jahre lang in Kraft, dann wurde auch sie abgeschafft. Im Juni 1940 kehrte die Sowjetunion zum Gregorianischen Kalender und zur Siebentagewoche zurück. Von offizieller Seite wurde dafür als Grund genannt, daß eine längere Woche eine Verbesserung im Produktionsbereich und eine Reduzierung der Belegschaften ermöglichen würde. Inoffiziell mußten sich die Bolschewiken ihren Mißerfolg eingestehen; ihre Kampagne zur Abschaffung der traditionellen Woche, der Hauptstütze der russisch-orthodoxen Kirche, war fehlgeschlagen.

Gegenüber derartigen behördlichen Anfechtungen hat sich die Woche als bemerkenswert widerstandsfähig gezeigt – kein Wunder, wenn man daran glaubt, daß sie von Gott angeordnet wurde. Oder locken uns noch immer die magischen Eigenschaften der Zahl Sieben, die in unserem kollektiven Unbewußten auch weiterhin ihren Widerhall findet? Es gibt sieben Todsünden und sieben Weltmeere; und noch immer kennen wir Schneewittchen und die sieben Zwerge, den Siebenschläfer, die Siebenmeilenstiefel, die Siebensachen, den siebenten Himmel – und wir trinken 7-Up. Es gibt auch eine ungewöhnliche Zahl von Filmen, in deren Titel die Zahl Sieben auftaucht, so zum Beispiel *Siebenmal lockt das Weib*, *Das verflixte siebte Jahr*, *Das siebte Siegel* und *Die sieben Samurai* mit ihrem amerikanischen Gegenstück, *Die glorreichen Sieben*. Die beharrliche Wiederkehr der Sieben im Bereich der Populärkultur deutet darauf hin, daß der Glaube an ihre magischen Kräfte fortbesteht.*

Möglicherweise gibt es dafür noch eine andere Erklärung. Einer der Rhythmen, auf den die moderne Biologie gestoßen ist, verläuft in einer Periode von ungefähr sieben Tagen. Dieser sogenannte Circaseptan-Rhytmus wurde bei mehreren Funktionen des menschlichen Körpers entdeckt: Herzfrequenz, Blutdruck, orale Temperatur, pH-Wert des Blutes, Kalziumgehalt des Urins und Cortisolmenge in der Nebennierenrinde. Letzte Klarheit herrscht darüber noch nicht, doch es ist sicherlich im Bereich des Möglichen, daß die Siebentagewoche der instinktive Versuch einer sozialen Zeitrechnung ist, die mehr oder weniger den inneren, biologischen Schwankungen entspricht.

Die Wurzeln der Woche reichen tief – zu tief, um sie ganz und gar zu verstehen. Ein Hauch von Geheimnis umgibt sie, und vielleicht gehört auch dies zu ihrer Anziehungskraft. Sie ist ein Brauch, der über Jahrhunderte herausdestilliert wurde, geprägt und ausgeformt durch tagtägliche Praxis und gemeinsamen Glauben. Vor allem war dies ein *Volks*glaube, der ohne behördliche Billigung zu Einfluß kam, und dies ist wohl der wichtigste Grund dafür, warum sich die Woche als derart unverwüstlich erwiesen hat. Die Woche war weniger ein Störenfried als vielmehr ein unangemeldeter Gast, den man durch die Hintertür hereinließ und der schließlich ein Freund der Familie wurde. Ein nützlicher Freund – denn abgesehen von allem anderen strukturierte der Siebentagezyklus den monotonen Rhythmus der alltäglichen Aktivitäten auf recht praktische Weise: Es gab jetzt nicht nur einen Tag für den Gottesdienst, sondern ebenso zum Brot-

* Nirgendwo ist dieser Glaube derart weit getrieben worden wie bei den Ismailiten, einer islamischen Sekte, deren Mitglieder auch als «Siebener-Schiiten» bekannt wurden. Sie glauben an sieben historische Zyklen, an sieben Hauptpropheten und an die Ankunft des unbekannten siebten Imam.

backen, zum Waschen, für den Hausputz, für den Gang zum Markt – und zum Ausruhen. Sicherlich ist diese universelle Eigenschaft stets einer der Gründe für die Attraktivität der Woche gewesen – und vielleicht auch für die des Wochenendes? «Einmal wöchentlich» ist eine der gebräuchlichsten Zeitangaben. Weder ist die planetarische Woche der große Chronometer der Himmelsbewegungen, noch lassen sich an ihr die jahreszeitlichen Veränderungen ablesen. Sie ist zugleich einfacher und tiefsinniger: ein Maß des gewöhnlichen, alltäglichen Lebens.

3

Ein Tag von Bedeutung

Die Ursprünge des Sabbats reichen weit zurück, mindestens bis in die Zeit Moses. Dem Buch *Exodus* zufolge befahl das vierte Gebot den Juden: «Sechs Tage darfst du schaffen und jede Arbeit tun. Der siebte Tag ist ein Ruhetag, dem Herrn, deinem Gott, geweiht. An ihm darfst du keine Arbeit tun.» Auch die Christen haben während der vergangenen 1600 Jahre von jeweils sieben Tagen einen als arbeitsfrei bestimmt. Einen Tag mit ähnlicher Funktion gibt es in moslemischen Gesellschaften. Zwar ist der Ruhetag ganz offensichtlich religiösen Ursprungs; doch die Tatsache, daß auch Hindus, Buddhisten, Taoisten und Marxisten dieses Schema übernommen haben, läßt erkennen, daß die wöchentliche Pause auch noch anderen Momenten der menschlichen Natur entgegenkommt.

Die Griechen der Antike feierten zwar nicht den Sonntag, doch es gab bei ihnen zahlreiche regelmäßige Festtage, die Plato als Atempausen bezeichnete; er behauptete, die Götter selbst hätten diese Tage festgesetzt – aus Mitleid mit der geplagten Menschheit. Die Römer hielten es damit ähnlich. «An den geheiligten Festtagen laßt jeden Streit enden», schrieb Cicero, «und die Sklaven sollen sich ihrer bei verminderter Arbeit erfreuen; denn zu diesem Zweck wurden sie zu gewissen Zeiten festgesetzt.» Ganz gleich, ob man nun daran glaubt, daß Sonntage (bzw. Samstage oder Freitage) durch göttliche Intervention verfügt wurden – die meisten würden wohl zustimmen, daß das unterscheidende Merkmal des allwöchentlichen Festtags darin besteht, daß er, wie jeder andere Feiertag auch, ein Tag ohne Arbeit ist.

Das klingt selbstverständlich. Schließlich beherrscht Arbeit die Welt. Die Arbeit «errichtet eine künstliche Welt, die von der Sterblichkeit der sie Bewohnenden in gewissem Maße unabhängig ist und so ihrem flüchtigen Dasein so etwas wie Bestand und Dauer entgegenhält», heißt es bei Hannah Arendt. Arbeit ist tägliche Routine; Ruhe ist eine zeitweilige Unterbrechung der Arbeit. Außerdem erscheint der Werktag als das Übergeordnete – nicht nur deshalb, weil er den Kalender zahlenmäßig beherrscht, sondern auch, weil erst Arbeit Ruhe ermöglicht, und nicht umgekehrt. Materiell gesehen ist der wöchentliche Ruhetag ein Luxus, der mit der bereits geleisteten Arbeit bezahlt wird. Die Art und Weise, wie wir den Ruhetag als eine Belohnung dafür empfinden, daß wir gearbeitet haben, bekräftigt noch diesen Status. «Den Sonntag hab ich mir verdient», sagen wir am Ende einer harten Woche.

Noch niemals hat es eine menschliche Gesellschaft gegeben, die nicht die Notwendigkeit regelmäßiger arbeitsfreier Tage eingesehen hätte, wenn auch einige versuchten, sie auf ein Minimum zu reduzieren. Bei diesen Spielverderbern handelte es sich meist um Herrschaftssysteme, welche die Arbeit verherrlichten und ihren Bürgern die «unproduktive» Zeit fern der Arbeit mißgönnten. Der protestantischen Gesellschaft im England des 16. Jahrhunderts gefiel die hohe Zahl der traditionell arbeitsfreien Tage ganz und gar nicht: Über 200 Sonn- und Feiertage gab es. Das zweite Gebetbuch der anglikanischen Kirche, das 1552 vom englischen Parlament gebilligt wurde, reduzierte diese Zahl auf 79. Die *décade* des französischen Revolutionskalenders verminderte die Anzahl der Sonntage auf 36; die sonstigen 90 arbeitsfreien Tage und die 38 Namenstage wurden ebenfalls drastisch eingeschränkt. Auch die Bolschewiken verringerten einschneidend die Zahl der öffentlichen Feiertage, und mit der Einführung der gestaffelten Freischichten wiesen sie dem wöchentlichen Ruhetag eine nur mehr untergeordnete Bedeutung zu. Das wahrscheinlich extremste Beispiel einer Gesellschaft ohne Muße war Kambodscha in den späten siebziger Jahren, als die Roten Khmer das ganze Land in ein Arbeitslager verwandelten und angeblich nur noch jeden zehnten Tag als Ruhetag duldeten – für die ewig notleidende Bevölkerung von Kambodscha tatsächlich nur eine Atempause.

Die Gesellschaften des Altertums waren großzügiger. Bei den Ägyptern war an insgesamt etwa 70 Tagen im Jahr jede Arbeit untersagt, im Durchschnitt also an jedem fünften Tag. Die Athener feierten jährlich 50 bis 60 Festtage, doch in einigen wohlhabenden griechischen Stadtstaaten war diese Zahl mehr als dreimal so hoch. Bei den Römern gab es zur Zeit des Augustus (27 v. Chr. – 14 n. Chr.) jährlich 66 arbeitsfreie Tage, doch bis zum 4. Jahrhundert erhöhte sich diese Zahl auf 175. Im zaristischen Rußland gab es weit mehr als 100 religiöse Feiertage im Jahr, und in einigen Teilen Galiziens, wo religiöse Festtage sowohl nach dem griechischen als auch nach dem römischen Kalender begangen wurden, ist für das Jahr 1909 eine Zahl von mehr als 200 arbeitsfreien Tagen überliefert. In sogenannten primitiven Gesellschaften ist die Zahl der Ruhetage unterschiedlich hoch. Zur Zeit vor der amerikanischen Kolonisierung war auf Hawaii die Arbeit an mehr als 70 Tagen verboten. Die Hopi-Indianer im Südwesten der USA behielten mehr als die Hälfte des Jahres der Muße vor. Ähnliche Zahlen notierte ein Reisender im Äthiopien des frühen 19. Jahrhunderts. In Aschanti im heutigen Ghana gab es nahezu 200 Feiertage.

Die meisten Nordamerikaner genießen jährlich etwa 130 arbeitsfreie Tage – 52 Wochenenden, elf oder zwölf öffentliche Feiertage und etwa zwei Wochen Urlaub. Historisch entspricht das etwa dem Durchschnitt. In der Volksrepublik China, wo der Samstag noch immer Arbeitstag ist und wo es lediglich sieben öffentliche Feiertage gibt, ist demgegenüber die Zahl der Ruhetage weitaus niedriger: weniger als 70.

Wer den Ruhetag für eine Belohnung erfolgreicher Arbeit hält, könnte darauf verweisen, daß China viel ärmer als die Vereinigten Staaten ist und sich daher auch weniger arbeitsfreie Tage «leisten» kann. Auch die allmähliche Zunahme der jährlichen Feiertage im antiken Griechenland und im Römischen Reich deutet darauf hin, daß gestiegener Wohlstand mehr Freizeit ermöglicht. Doch wenn arbeitsfreie Tage ein Ergebnis von Wohlstand wären, warum hatte dann der Arbeiter im industrialisierten Viktorianischen England weitaus weniger Ruhetage als sein Vorgänger im nicht so wohlhabenden Mittelalter? Um die Jahrhundertwende waren die Vereinigten Staaten ein weitaus reicheres Land als das benachbarte Mexiko; warum hatten dann die Amerikaner weniger als die Hälfte an freien Tagen wie die Mexikaner, die jedes Jahr 131 öffentliche Feiertage begingen? Wäre Muße tatsächlich an Wohlstand gebunden, dann müßte man die größte Zahl von Ruhetagen in Japan erwarten, das eine weltweite ökonomische Vormachtstellung erlangt hat. Davon kann jedoch keine Rede sein. Eine neuere Untersuchung ist zu dem Ergebnis gelangt, daß der durchschnittliche Sommerurlaub der Einwohner von Tokio 5,2 Tage beträgt, verglichen mit zwölf Tagen bei den New Yorkern.

Natürlich könnte man auch das Gegenteil vertreten: daß nämlich bestimmte Gesellschaften gerade darum prosperieren, *weil* ihre Bürger länger arbeiten. Diese These dürfte denn auch hinter der verbreiteten Annahme stecken, der wirtschaftliche Erfolg der Japaner hänge mit ihrer Vorliebe für harte Arbeit zusammen und die Armut in den meisten südamerikanischen Staaten sei im wesentlichen die Folge von langen Siestas, vielen Feiertagen und einem allgemeinen Hang zum Festgelage. Zwar ist es richtig, daß es in Brasilien und in Kolumbien zahlreiche öffentliche Feiertage gibt (21 bzw. 17 Tage), aber in Japan und Israel ist das nicht anders (19 bzw. 15 Tage). Niemand würde doch ernsthaft behaupten, der französische Lebensstandard sei darum niedriger als der amerikanische, weil in Frankreich die Familien zwei- oder dreimal so lange Urlaub machen wie in den Vereinigten Staaten. Der lange Sommerurlaub, der in Frankreich und in Westdeutschland seit den fünfziger Jahren Tradition ist, scheint auf das Wirtschaftswachstum und auf den Wohlstand dieser beiden Länder keinerlei schädlichen Einfluß gehabt zu haben. Ein unmittelbarer Zusammenhang zwischen der Quantität an freier Zeit und dem Wohlstand einer Gesellschaft existiert nicht. Die Zahl der arbeitsfreien Tage ist weder das schlichte Ergebnis von Überfluß noch ein Zeichen kultureller Trägheit. Ihre Bedeutung liegt woanders.

Im Zuge der Kriegsanstrengungen führte die britische Industrie im Jahr 1914 die Sonntagsarbeit ein; die Arbeitszeit wurde verlängert, und es wurden Überstunden verlangt. Das Ergebnis war nicht – wie man sich erhofft hatte – eine gesteigerte Produktion, sondern das Gegenteil: verminderte Leistungsfähigkeit auf seiten der Arbeiter, Schwierigkeiten mit der Arbeitsdisziplin, Störungen des Arbeitsablaufs und zur größten Überraschung sogar eine Minderung der Gesamtproduktion. Kurze Zeit später, nachdem man widerstrebend zum freien Sonntag zurückgekehrt war und die tägliche Arbeitszeit von zwölf auf zehn Stunden verkürzt hatte, stieg nicht nur die stündliche, sondern zum allgemeinen Erstaunen auch die wöchentliche Gesamtproduktion wieder an.

Die Folgerung, die man daraus zu ziehen hatte, war offensichtlich: Die Produktionsmenge war nicht nur davon abhängig, wie lange die Leute arbeiteten, sondern auch davon, wie lange sie *nicht* arbeiteten. Fortan richtete man das Augenmerk verstärkt auf die Beziehung der Arbeitsdauer zur Produktivität und auf die Bedeutung äußerer Faktoren wie etwa der Ermüdung. Das wichtigste Ergebnis dieser Untersuchungen war die Forderung nach kurzen, periodischen Ruhepausen – was unter anderem die Kaffeepause hervorbrachte, eine Art protestantischer Siesta. Da der arbeitsfreie Sonntag eine fest verankerte Tradition war, an der sich unter normalen Umständen wahrscheinlich nichts ändern würde, geschah wenig, um auch auf die wöchentliche Arbeitspause selbst etwas Licht zu werfen.

Die Tatsache, daß es periodisch wiederkehrende Ruhetage durch die ganze Geschichte hindurch gegeben hat, legt die Vermutung nahe, daß sie die Folge physiologischer Erfordernisse sind – daß also diese Ruhetage wöchentliche Pausen zur Regeneration sind, ähnlich dem körperlichen Bedürfnis nach einem gewissen Quantum erholsamen Schlafs oder nach einer bestimmten Menge von Nahrung und Wasser. Zumindest hat man dies im

19. Jahrhundert angenommen, als Wissenschaftler damit begannen, die Ermüdung beim Menschen zu untersuchen.

Der italienische Physiologe Angelo Mosso veröffentlichte über dieses Thema ein vielgelesenes Buch, das 1892 auch in deutscher Sprache erschien. Darin beschreibt er verschiedene Arten der Ermüdung, die durch körperliche Anstrengung oder durch geistige Arbeit hervorgerufen werden, darunter auch Tätigkeiten, die mit Streß verbunden sind, wie zum Beispiel Unterrichten oder Prüfungsarbeiten schreiben. Anekdotisches Material wie auch eigene Erfahrungen lieferten ihm die erforderlichen Fakten. Er konstruierte einen Apparat, mit dem er die Wirkung der Ermüdung auf die Muskelkraft messen konnte; damit vermochte er zu zeigen, daß auch geistige Arbeit eine entsprechende Minderung der Körperkräfte zur Folge hat. Im Fall eines gewissen Dr. Maggiora, eines Medizinprofessors, erlahmte die Muskelkraft, nachdem er einen Nachmittag lang eine ganze Reihe anstrengender mündlicher Prüfungen abgehalten hatte; nach dem Abendessen erholte sie sich teilweise. Nach dem Nachtschlaf war der Professor wiederhergestellt, doch der nächste Nachmittag, den er wiederum mit der Prüfung von Studenten verbrachte, zeigte dieselbe Wirkung. Nach einigen Tagen war die Nachtruhe nicht mehr ausreichend, um zur normalen Körperkraft zurückzufinden. Nach dem fünften und letzten Tag waren seine Kräfte, wie Mosso schreibt, «erschöpft». Er wurde nun zum Abschluß des Experiments gebeten, zwei Tage auf dem Land «in völligem Müßiggang» zu verbringen. Wie erwartet zeigte sich bei seiner Rückkehr, daß er seine Muskelkraft vollständig wiedererlangt hatte. Der Fall des müden Professors demonstrierte den Erholungswert des Fünf-zu-zwei-Schemas, wobei allerdings zweitägige Wochenenden zu jener Zeit noch nicht üblich waren.

Mossos These, durch körperliche und zerebrale Ermüdung entstehe ein chemisches Ungleichgewicht im Gehirn, ist falsch, wie wir heute wissen. Doch hat sich seither auch keine andere, einfache Erklärung gefunden. Die medizinische Forschung ist sich darin einig, daß die Ermüdung eines Menschen mit seinem körperlichen und geistigen Zustand zu tun hat; wobei die Schwierigkeit allerdings darin liegt, daß der letztere «nur wenig reflektiert und äußerst elementar ist, schon vom Begriff her nahezu unterbewußt und der rationalen Analyse weitgehend unzugänglich», wie es in einem Lehrbuch zu diesem Thema heißt. Darüber hinaus scheint Ermüdung bei der Arbeit von einer großen Zahl weiterer Faktoren abzuhängen, so zum Beispiel von den Arbeitsbedingungen (Beleuchtung, Klimatisierung, Geräuschpegel), vom Grad der Motivation und von der Art der Arbeit, insbesondere, wenn es sich um eine monotone Tätigkeit handelt. Ermüdung bleibt auch weiterhin «ein höchst mysteriöses Phänomen», wie es ein Forscher formuliert hat. Über Mossos Beobachtung, daß er nach drei oder vier pausenlos am Schreibtisch verbrachten Tagen häufig an Kopfschmerzen, unruhigem Schlaf und allgemeiner Müdigkeit litt, sind wir noch nicht allzu weit hinaus. Wenn es so weit gekommen war, schreibt Mosso, «schloß ich meine Bücher und packte meine Papiere weg, und nach 24 Stunden Ruhe fühlte ich mich kuriert».

Schon der gesunde Menschenverstand sagt einem, daß es notwendig ist, von unseren hauptsächlichen Beschäftigungen regelmäßig einen Tag zu pausieren, um gegen geistige und körperliche Ermüdung, gegen Streß und Langeweile anzugehen. Zwar läßt sich wissenschaftlich nichts Genaues über die erforderliche Häufigkeit sagen, doch aufgrund der Beweiskraft der historischen Überlieferung kann man annehmen, daß grob gerechnet alle fünf bis zehn Tage eine derartige Pause notwendig ist. Mit Schlußfolgerungen sollten wir allerdings vorsichtig sein. Der britische Autor Donald Scott hat darauf hingewiesen, daß Untersuchungen in verschiedenen Industriezweigen den niedrigsten Produktionsausstoß gegen Ende der Woche festgestellt haben, also unmittelbar vor den arbeitsfreien Tagen. Andererseits ist die Produktivität jedoch auch zu Beginn der Woche niedrig, wenn alle vermeintlich ausgeruht sind. Scott vermutet, daß hier neben der Ermüdung noch andere Faktoren im Spiel sind – so zum Beispiel die im Verlauf der Woche zunehmende Geschicklichkeit der Arbeiter. Doch auch diese Anpassungsphase – denn darum handelt es sich – bestätigt wiederum die wesentliche Diskontinuität zwischen Arbeit und Muße. Jeremy Campbell ist der Ansicht, daß die Unlust am Montagmorgen vom verlängerten Schlaf am Wochenende rührt; dieser dient der Wiederanpassung des 25stündigen zirkadianen Rhythmus* des Körpers an das 24stündige kosmische Zeitintervall. Unsere innere biologische Uhr, die zunächst «leer» laufen durfte, wird am Montagmorgen wieder abrupt zur Ordnung gerufen.

Auch wenn wir einen arbeitsfreien Tag benötigen, um etwas gegen unsere Ermüdung zu tun – es ginge doch am Wesentlichen vorbei, wenn wir freie Tage lediglich als Antithese oder als Folgeerscheinung von Werktagen auffassen würden. Beschreibt man den Feiertag als Unterbrechung oder als Belohnung, so mißachtet man damit die begriffliche Vielfalt, die seit jeher die Zeit der Muße bezeichnet – Feiertag, Festtag, Ruhetag, Urlaubstag, Ferientag –, und man reduziert sie auf einen einzigen Begriff: Arbeitsstillstand. Das ist, als definierte man Behaglichkeit als bloße Abwesenheit von Unbehaglichkeit: Die entscheidende positive Qualität dieser schwer faßbaren Erfahrung würde man damit verfehlen. In seinem Buch über das Fest hat Josef Pieper gezeigt, daß der Schlüssel zum Verständnis des Feiertags gerade darin liegt, ihn von der Arbeit und von anderen äußeren Einflüssen und Zielsetzungen völlig getrennt zu betrachten. Es gilt zu verstehen, daß der Feiertag *an sich* bedeutsam ist.

Der Sinn der wöchentlichen Pause hat sich mit der Zeit verändert. Für den modernen, sorgenfreien Wochenendausflügler sind die Ruhetage ein vergnügliches Intermezzo in der Hektik der Arbeitsabläufe, und sie bieten ihm Gelegenheit, seinen persönlichen Hobbies nachzugehen. Für ihn ist der freie Tag ein Tag, an dem er nicht arbeiten *muß* (jedenfalls nicht für andere, denn das Wochenende ist auch die Zeit der Hausarbeit). Doch das ist etwas ganz anderes, als wenn man denjenigen Tag als freien Tag bezeichnet, an dem man nicht arbeiten *darf*.

* Der Rhythmus, in den der menschliche Organismus verfällt, wenn er von allen äußeren Zeitgebern abgeschirmt wird (A. d. Ü.).

Die frühesten regelmäßig wiederkehrenden Festtage waren durch ein Verbot der Arbeit charakterisiert. Ein ägyptischer Kalender, der uns aus dem Jahr 1200 v. Chr. überliefert ist – der sogenannte Papyrus Sallier IV –, verzeichnet zu jedem Tag oder sogar zu jeder Tageszeit eine Liste von verbotenen Tätigkeiten, und zwar für das gesamte Jahr. Darunter finden sich Verbote des Reisens, des Geschlechtsverkehrs, des Waschens und des Verzehrs bestimmter Nahrungsmittel. Eines der häufigsten Verbote lautet: «nicht arbeiten». Ein babylonischer Kalender, möglicherweise aus der Zeit des Hammurabi, bezeichnet den 7., 14., 19., 21. und 28. Tag jeweils als «bösen Tag», an dem verschiedene Tätigkeiten untersagt sind, darunter auch Geschäftsabschlüsse. Auch im griechischen und im römischen Kalender hat man Unglückstage identifiziert, an denen jegliche Arbeit von Bedeutung unterbrochen wurde. Während des ganzen Mittelalters und noch bis zur Reformationszeit achtete man in Europa auf sogenannte «ägyptische Tage», die man hinsichtlich verschiedener Tätigkeiten für ungünstig hielt. Das allgemein verbreitete Vorurteil gegen Freitag den Dreizehnten ist ein Überbleibsel jenes Aberglaubens.*

Es ist in vielen Fällen schwierig, die genaue Bedeutung dieser alten Bräuche zu enträtseln, doch ist es hilfreich, sich entsprechende Phänomene in «primitiven» Gesellschaften anzusehen. Während des 19. Jahrhunderts kamen europäische Reisende mit zahlreichen Eingeborenenkulturen in Asien und Afrika in Berührung, bei denen glückverheißende und unheilvolle Tage strikt eingehalten wurden. Der extremste Fall war Polynesien, wo der Alltag von einem ausgedehnten und komplizierten System von

* Der Freitag gilt seit dem Mittelalter als Unglückstag, und in vielen Kulturen ist es dabei geblieben. In Mazedonien verbietet ein volkstümlicher Brauch das Haare- und Nägelschneiden am Freitag. Slawische Bauern glauben, daß jede Arbeit, die an «Mutter Freitag» begonnen wurde, ein schlechtes Ende nimmt. In Indien halten Brahmanen und Parsen den Freitag für unheilbringend, ebenso die Birmanen. Selbst einige islamische Gesellschaften, die ja am Freitag den Sabbat feiern, betrachten diesen Tag für bestimmte Tätigkeiten als ungünstig.

Verboten beherrscht war, die als *tapus* oder *tabus* bezeichnet wurden. Diese Tabus, die von übernatürlichen Mächten aufrechterhalten wurden, herrschten über Menschen, Orte, Gegenstände, Tätigkeiten, Kleidung und Nahrung. Ihre Übertretung hatte übernatürliche Strafen zur Folge, wie man glaubte.

Tabuisierte Tage, die eingehalten wurden, um Sühne zu leisten, konnten aus bestimmten singulären Ereignissen erwachsen – der Ausbruch einer Epidemie, eine Naturkatastrophe und jedes andere ungewöhnliche Vorkommnis. Als Folge einer Geburt, eines Todesfalls, eines Hausbaus oder vor einer wichtigen Jagd konnte ein Tabu gleichsam automatisch in Kraft treten. Der Priester konnte das Tabu als Strafe für ein religiöses oder soziales Vergehen beschwören, und es konnte dann ein Individuum, einen Haushalt oder die ganze Gemeinschaft betreffen. Das Tabu konnte einige Tage, einige Monate oder in seltenen Fällen auch mehrere Jahre andauern.

Tabus gehörten zum alltäglichen Leben. In der Religion der Eingeborenen auf Hawaii waren innerhalb jedes Monats vier Zeitabschnitte tabuisiert: die 3. bis 6. Nacht, die Zeit des Vollmonds, die 24. bis 25. Nacht und die 27. bis 28. Nacht. Während dieser Zeiten durfte man keinen Geschlechtsverkehr haben, und bestimmte Tätigkeiten, wie zum Beispiel Kochen, Kanufahren und selbst das Verlassen des Hauses, waren verboten.

Weiterhin gab es festgelegte jahreszeitliche Tabus, die sich beispielsweise gegen die Jagd oder den Fischfang richteten. Das hatte positive Auswirkungen auf das Anlegen von Nahrungsvorräten, und während der Saat- und Erntezeit kam es auch den nichtlandwirtschaftlichen Arbeiten zugute, denn so wurde sichergestellt, daß in diesen entscheidenden Wochen alle mit anpackten. Dies hat einige Beobachter zu der Frage veranlaßt, ob nicht die Tabus ursprünglich zweckgerichtet waren. Doch da genau dieselben Tabus bei vielen verschiedenen Gelegenheiten und auch ohne erkennbare Nützlichkeitserwägung verhängt wurden, ist diese Erklärung nicht überzeugend. Sollte das Tabu tatsächlich einem praktischen Zweck gedient haben, so war dieser von allgemeinerer Art. Wie jedes Glaubenssystem lieferte es die befriedigende Gewißheit, daß man die richtigen Regeln befolgte. Gemeinsame Tabus stärkten auch den Sinn für sozialen Zusammenhalt und für Selbstdisziplin, wodurch die Mitglieder der Gemeinschaft enger aneinander gebunden wurden.

Das Entscheidende an den tabuisierten Tagen war, daß die alltäglichen Beschäftigungen unterbrochen wurden, insbesondere diejenigen, die mit Mühsal verbunden waren;* daher werden diese Tage bisweilen auch als Feiertage oder Festtage bezeichnet. Zeitgenössische Beschreibungen machen jedoch deutlich, daß sie nichts Festliches hatten. Arbeit wie auch bestimmte hochgeschätzte Lebensmittel, Gesang, Tanz und Geschlechtsverkehr waren verboten, weil sie an diesen Unglückstagen riskant und schädlich waren. Die viermal monatlich festgesetzten tabuisierten Tage ähnelten zwar dem Wochenende, doch die Atmosphäre, die in diesen Arbeitspausen herrschte, war nicht die der Ruhe und der Erholung. Nicht Festlichkeit, sondern Angst war ihr wesentliches Merkmal. Es waren trübsinnige Tage; jede Tätigkeit wurde eingestellt, die Menschen blieben zu Hause und verharrten in einer bangen Unruhe.

Nachdem man einmal die Tradition des Tabus in der Südsee entdeckt hatte, fanden Anthropologen und Sozialwissenschaftler weitere Beispiele unter den Eingeborenen ganz Asiens und Afrikas, und Historiker erkannten, daß es auch in der Welt der Antike derartige Gepflogenheiten gegeben hat.** Deren immer wiederkehrende Merkmale, vor allem das Arbeitsverbot, gaben Anlaß, auch in heutigen industrialisierten Gesellschaften – wie etwa der unseren – die Existenz von Tabus aufzuweisen. «In der ökonomischen Theorie», schreibt Thorstein Veblen in sei-

* Das polynesische Wort *tapu* bedeutet «besonders hervorgehoben»; *tapua'i* dagegen bedeutet ausdrücklich «sich aller Arbeit, Spiele usw. enthalten«.

** So gab es beispielsweise bei den Römern nach Erdbeben besondere Feiertage, an denen Versöhnungsriten abgehalten und sämtliche öffentlichen Tätigkeiten eingestellt wurden.

nem berühmten Buch über die Oberschicht, «bedeuten heilige Feiertage offensichtlich nichts anderes als eine Zeit der stellvertretenden Muße, die man im Dienste der Gottheit oder irgendeines Heiligen leistet, in dessen Namen das Tabu auferlegt und zu dessen höherer Ehre und Prestige keine nützliche Arbeit vollbracht wird. Das typische Merkmal all jener Tage, die in frommer stellvertretender Muße verbracht werden, besteht also in dem mehr oder weniger strengen Tabu, das auf jeder nützlichen Tätigkeit lastet.»

Sieht man einmal davon ab, daß «offensichtlich» und «stellvertretend» bei Veblen ziemlich doppelbödige Begriffe sind, so ist es durchaus nicht falsch, wenn er das Arbeitsverbot an religiösen Feiertagen als Tabu charakterisiert, das heißt als etwas fundamental Archaisches (auch wenn er das wahrscheinlich spöttisch meint). Die Gesetze des Pentateuch bei den Juden umfaßten auch zahlreiche Vorschriften für den Sabbat – man durfte zum Beispiel nicht Feuer machen oder kochen –, und die meisten Historiker stimmen darin überein, daß diese Vorschriften auf die Tabus zurückgingen, die bei den Babyloniern und Ägyptern galten. Auch in Polynesien war der Zusammenhang von heiligen und tabuisierten Tagen offensichtlich. Als Missionare aus Neuengland dort die strikte Beachtung des Sonntags einführen wollten, waren sie überrascht, wie leicht die Eingeborenen diese fremde Gepflogenheit übernahmen – sie wußten nicht, daß unter diesen Neubekehrten der Sonntag allgemein als *la tabu* bekannt war.

Veblens Deutung der religiösen Feiertage als tabuisierte Tage führt dennoch in die Irre. Zwar besteht kein Zweifel, daß der Feiertag auf frühere, überlieferte Tabus zurückgeht, doch ist er damit keinesfalls identisch. Der religiöse Festtag entstand im Zuge der Entwicklung vom Animismus zum Polytheismus, und er enthält, wie der Anthropologe Hutton Webster gezeigt hat, die Unterscheidung zwischen zwei Glaubensüberzeugungen, die in direktem Widerspruch zueinander stehen: der Glaube an «das Unreine» und an «das Heilige». Dem ersteren zufolge konnten Arbeit und andere profane Tätigkeiten die Heiligkeit des Festtags beflecken, und daher waren sie zu vermeiden. Doch gleichzeitig war der Tag, der einer Gottheit geweiht war, keinesfalls ein Unglückstag – im Gegenteil, man hielt ihn heilig, und dies nahm die Form verschiedener religiöser Riten und Rituale an, einschließlich der Arbeitsenthaltung. Das vollzog sich jedoch nicht in einer Atmosphäre der Angst oder der Sühne, sondern als Zeichen der Verehrung.

Bei den Römern gab es zwei Arten von Festtagen bzw. *feriae*: zum einen private Familienfeiern nach Geburten, Hochzeiten oder Todesfällen, während deren niemand arbeiten durfte (auch die Sklaven nicht, laut Cicero); zum anderen die jährlich wiederkehrenden, öffentlichen *feriae*. Zur Zeit der Römischen Republik gab es 61 derartige Tage, die hauptsächlich religiöser Natur waren, wenn auch einige *dies religiosi** darunter waren, die man schlicht für Unglückstage hielt. Arbeit war in beiden Fällen untersagt. Die *feriae* vereinten Elemente des tabuisierten und des heiligen Tages, wobei die letztere Komponente allmählich das Übergewicht erlangte. Diese Verschmelzung von Überlieferungen war nichts Ungewöhnliches. Es sei «eine allgemeine Tendenz des menschlichen Gemüts», schreibt Webster, «mit besonderer Emphase bei den festlichen Aspekten heiliger Tage zu verweilen und sie mittels einer subtilen geistigen Alchemie aus Tagen der Angst und der Schwermut in Tage der Freude und des Jubels zu verwandeln.»

Diese Verwandlung eines tabuisierten in einen geheiligten Tag wird besonders deutlich bei der Entwicklung des jüdischen Sabbats. Die frühen tabuähnlichen Verbote wurden in der Zeit nach dem Exil durch eine tolerantere Haltung ersetzt, das Fasten wurde untersagt, und eine frohe Festlichkeit rückte in den Vordergrund. Es wurde geradezu zur moralischen Verpflichtung, den Sabbat zu genießen, und die Mahlzeiten dieses Tages boten Gelegenheit zum festlichen Schmaus. Hymnen feierten den Sabbat als «Tag der Ruhe und der Freude, des Vergnügens und der Lust«. Diese Deutung wurde wiederum vom Legalismus der Pha-

* «Religiös bedenkliche Tage», «Tage von übler Vorbedeutung» (A. d. Ü.).

risäer abgelöst, die versuchten, den Sabbat erneut mit einem Netz von Vorschriften zu überziehen. Diese Einstellung war es, gegen die sich Jesus' Lehre richtete, daß «der Sabbat für den Menschen geschaffen wurde, nicht der Mensch für den Sabbat» – daß er also, mit anderen Worten, ein Ruhetag zum Wohle der Menschheit sei und nicht ein tabuisierter Tag, vor dem man sich zu fürchten hatte.

Die frühen Christen, insbesondere die Juden unter ihnen, begingen sowohl den Sabbat als auch den darauf folgenden Tag des Herrn, an dem sie sich versammelten, um das Brot zu brechen. Zur Zeit des Paulus wurde der Sabbat bereits weit weniger beachtet. Dies bedeutet jedoch nicht, daß der eine Tag den anderen ersetzte, denn ursprünglich hatte der Tag des Herrn sehr wenig mit dem Sabbat gemein. Die Gläubigen versammelten sich zum Abendmahl, um der Auferstehung zu gedenken, doch ansonsten war es ein gewöhnlicher Werktag.

Es gab einen weiteren wöchentlichen Festtag, der sich sowohl vom tabuisierten als auch vom heiligen Tag unterschied: der Markttag. Einer alten römischen Tradition zufolge, die möglicherweise bis zu den Etruskern zurückreicht, blieb jeder achte Tag den Stadtversammlungen, öffentlichen Geschäften sowie dem Markt vorbehalten. Der gesetzliche Charakter dieses Tages – der *nundinae* (des neunten Tags also, denn die Römer zählten inklusive) – ging schließlich verloren, doch seine Funktion als Markttag und als Tag der Muße blieb erhalten. Die *nundinae* war eine nützliche Einrichtung, denn die einfachen Bauern und die kleinen Leute in der Stadt hatten zur astronomischen Zeitmessung keinen Zugang und bedurften daher einer einfachen Methode, um den öffentlichen Markt zu regeln. Jedes beliebige Zeitintervall hätte dasselbe geleistet, doch vernünftigerweise bediente man sich einer kurzen Periode, denn Lebensmittel, die nicht gekühlt werden, verderben in heißem Klima ziemlich schnell.

Zwischen dem durch die römische *nundinae* festgelegten Zeitabschnitt und unserer Siebentagewoche gibt es zwei Unterschiede. Zum einen hatten die einzelnen Tage bei den Römern keine Namen. Zum anderen wurde die genaue Länge des Zeitraums zwischen je zwei Markttagen nachlässig gehandhabt; in verschiedenen Teilen des Reichs war dieses Intervall verschieden lang, wenn auch acht Tage das am häufigsten verwendete Maß waren.

Die achttägige römische *nundinae* ist zwar das älteste uns bekannte Beispiel einer Marktwoche, doch völlig einzigartig ist sie nicht; analoge Zeitintervalle wurden in Agrargesellschaften rund um den ganzen Globus beobachtet. So waren zum Beispiel in Westafrika viertägige Marktwochen üblich, deren einzelne Tage – anders als bei der *nundinae* – namentlich bezeichnet waren. Der fünfte Tag war Markttag, und ein weiterer Tag war der Erholung vorbehalten. Bei den Akikuyu in Ostafrika war an jedem vierten Tag Markt, und zwar nach einem im voraus festgelegten Plan an wechselnden Orten. Auf Java, Bali und Sumatra gab es fünftägige Marktwochen, ebenso im alten Mexiko und in verschiedenen Gegenden Mittelamerikas. In Assam dauerte die Marktwoche acht Tage, in Kolumbien – vor der Eroberung durch die Spanier – nur drei, in Peru wiederum zehn. Im alten Mexiko fand der Markt alle vier Tage in einem anderen Dorf statt; nach jedem fünften Intervall wurde ein größerer Basar veranstaltet, wodurch jährlich 18 «Marktmonate» zustande kamen.

Diese Zeitspannen zwischen den Markttagen stimmten in bemerkenswertem Maß überein – gewöhnlich waren es zwischen vier und acht Tagen, niemals weniger als drei oder mehr als zehn. Vor allem sollte die Marktwoche ein zeitliches Schema liefern, um für die Bauern eine regelmäßige Abfolge von Markttagen sicherzustellen, an denen sie sich versammeln und ihre Produkte austauschen konnten. Aber es ging noch um mehr. Regelmäßige Ferien kannten die Bauern nicht, und so brauchten sie einen Ruhetag. Im Leben von Fischern und Jägern gab es – und gibt es – einen Wechsel von harter Arbeit und erzwungenem Müßiggang. Die Verantwortung eines Schäfers oder eines Kuhhirten schloß zwar freie Tage aus, doch war deren Arbeit leicht, verglichen mit der Plackerei des Bauern. Fortgesetzt schwere körperliche Arbeit – pflügen, umgraben, den Acker bestellen und ernten – verlangte nach einer regelmäßigen Unterbrechung, und genau dies bot der Markttag.

Für diese Hypothese gibt es handfeste Beweise. In Dahomey galt im 19. Jahrhundert jeder vierte Tag als Markt- und Festtag, «der nicht heiliggehalten wurde, sondern der arbeitenden Klasse zur freien Verfügung stand; für den Sklaven also eine Art Belohnung für drei Tage Arbeit», wie ein britischer Besucher beobachtete. Bei den Inkas war der zehnte Tag der Woche ebenfalls Markt- und Festtag; einem frühen Chronisten zufolge, der selbst von den Inkas abstammte, wurde dieser Tag eingeführt, «damit nicht unablässig gearbeitet werden mußte, was grausam wäre». Die Bauern in Peru mußten schon deshalb zum Markt gehen, «um alles mitzubekommen, was der Inka oder dessen Rat verfügt haben könnte». Wie im antiken Rom war der Markttag nicht nur eine Unterbrechung der Arbeitswoche und eine Gelegenheit zum Handel, sondern auch ein öffentliches, soziales Ereignis. Neben Waren wurden auch Neuigkeiten, Informationen und Wissen ausgetauscht, denn der Markt ermöglichte es den Bauern, ihre ländliche Isolation zu durchbrechen und mit fahrenden Händlern, Kesselflickern und Schaustellern zusammenzutreffen.

In den meisten dieser Gesellschaften ist die Siebentagewoche an die Stelle der Marktwoche getreten, doch den Markttag gibt es noch immer. Ich habe Märkte in Benue in Zentralnigeria besucht, und obwohl es dort Videokassetten und Plastikeimer gab, war die Atmosphäre etwa so, wie sie auch in der Vergangenheit gewesen sein dürfte: ein Festtag mit lautem Marktgeschrei, Klatsch, Musik und Ausgelassenheit. Der Basar unter freiem Himmel hatte nicht die geringste Ähnlichkeit mit der blank gewienerten Sterilität des modernen Supermarkts, sondern erinnerte mich vielmehr an einen Flohmarkt oder an einen kirchlichen Wohltätigkeitsbasar – oder schließlich an jene Art von ländlichen Jahrmärkten, wie es sie zu bestimmter Jahreszeit noch immer in amerikanischen und kanadischen Kleinstädten und Dörfern gibt.

Das erste Gesetz, das sich auf den Sonntag bezieht, läßt sich exakt datieren. Im Jahr 321 verfügte Kaiser Konstantin, daß sich Beamte, Handwerker und Stadtbewohner im gesamten Römischen Reich «am ehrwürdigen Tag der Sonne» der Arbeit zu enthalten hätten. Bauern nahm er von dieser Verpflichtung ausdrücklich aus, denn es war römische Tradition, daß selbst an den *feriae* notwendige Arbeiten in der Landwirtschaft gestattet waren. Ob dieses Dekret von Konstantins christlicher Überzeugung herrührte, ob er damit der zunehmenden Verbreitung der planetarischen Woche entgegenkam oder ob er den volkstümlichen Mithraskult anerkannte – darüber sind sich die Historiker uneins. Der «Tag des Herrn» wurde jedenfalls nicht erwähnt, weder in diesem Dekret noch vier Monate später, als das strenge Gesetz ergänzt wurde und verschiedene öffentliche Tätigkeiten wieder erlaubt wurden. «Es scheint des Tags der Sonne aufgrund seiner Heiligkeit unwürdig, wenn Rechtsstreitigkeiten und giftige Auseinandersetzungen sich ihn zunutze machen.»

Das erste kaiserliche Edikt, das den Tag des Herrn ausdrücklich erwähnt, wurde sechs Jahre nach Konstantins Dekret erlassen. Das Christentum breitete sich weiter aus, und so wurde der Tag der Sonne vom christlichen Sonntag absorbiert und wurde zu einem öffentlichen, arbeitsfreien Feiertag. Gleichzeitig begannen die kirchlichen Autoritäten, bestimmte sonntägliche Aktivitäten zu ächten. So mißbilligte es zum Beispiel das 4. Konzil von Karthago, am Sonntag an Spielen teilzunehmen oder Amphitheater aufzusuchen, wenn es auch kein direktes Verbot aussprach. Das 3. Konzil von Orléans kam zu dem Schluß, es sei «besser», sich der Landarbeit «völlig zu enthalten, damit das Volk bereitwilliger in die Kirche geht und Muße zum Gebet hat».

Der Begriff «christlicher Sabbat» wurde erstmals im 12. Jahrhundert gebraucht; er markiert den Versuch der Kirche, die Tradition des Sabbats auf den Tag des Herrn zu übertragen. Es wurde zur Todsünde erklärt, am Sonntag unnötigerweise zu arbeiten, und mit Unterstützung bürgerlicher Gesetze versuchte der Klerus, ein Leichentuch pharisäischen Trübsinns über diesen Tag zu breiten. In der Praxis war der Sonntag jedoch noch immer ein Festtag. Konstantins Edikt hatte unter anderem besagt, daß die *nundinae* vom achten Tag auf den Tag der Sonne verschoben werde, und diese Tradition wurde in weiten Teilen des mittelalterlichen Europa fortgeführt, trotz der Versuche der Kirche, sie zu verbieten.* Das Wiederauftauchen des sonntäglichen Einkaufs – vor allem in den Vereinigten Staaten, allmählich aber auch in Kanada – bedeutet eine Rückkehr zu dieser Tradition des Markts.

Im Mittelalter war der Sonntag sowohl kirchlicher Festtag als auch öffentlicher Feiertag. Arbeit war im allgemeinen untersagt, doch gab es andere Aktivitäten, zum Beispiel sportliche Wettkämpfe, Turniere, Theateraufführungen, Umzüge, Festspiele, öffentliche Gelage, Feste der Kirchgemeinde (wo das Bier in Strömen floß) und andere Volksbelustigungen. Auf glückliche Weise verband der Sonntag das soziale Amüsement des Markttags mit der feierlichen, religiösen Festlichkeit des Sabbats; wie so oft im Mittelalter gingen auch hier das Heilige und das Profane ineinander über. Jedenfalls war der Sonntag nur *ein* Feiertag unter einer Vielzahl von Fest- und Namenstagen, und daher lag auf ihm auch nicht das volle Gewicht religiöser Vorschriften.

Durch die Reformation wurde der Charakter des Sonntags weitgehend verändert. Einige, wie etwa Calvin, waren der Ansicht, daß man Gottesdienste an jedem beliebigen Wochentag abhalten konnte; er hielt zwar am heiligen Sonntag aus praktischen Gründen fest – doch nach dem Gottesdienst ging er kegeln. Andere rückten den sonntäglichen Gottesdienst – und damit auch den Sonntag selbst – ins Zentrum des religiösen Lebens. Alles sei beherrscht und bestimmt durch das Evangelium, die Taufe und die Sonntagsandacht, predigte Martin Luther. Der Sonntag gab nicht nur Gelegenheit zur Andacht, sondern auch zur Belehrung; die meisten erwachsenen Lutheraner nahmen

* An diese Tradition erinnert das ungarische Wort für Sonntag, das wörtlich «Markttag» bedeutet.

nach dem Gottesdienst am Katechismusunterricht teil.* Der Sonntag erlangte nun einen durch und durch religiösen Charakter, und da zum protestantischen Glauben eine Neigung zu Ernst und Schlichtheit gehört, war es nun auch mit der mittelalterlichen Fröhlichkeit vorbei. Zu seinem höchsten Ausdruck gelangte dies nicht auf dem Kontinent, sondern in England, wo die Puritaner (und in geringerem Maße auch die Anglikaner) den Sonntag schließlich zu einem düsteren Feiertag machten – zu einem wahrhaft tabuisierten Tag.

Vor der Reformation war der sonntägliche Gang zur Kirche keine staatsbürgerliche, sondern eine religiöse Verpflichtung gewesen. Nach dem *British Act of Uniformity* von 1551 konnte die Abwesenheit vom Sonntagsgottesdienst mit einer Geldbuße geahndet werden. Der *Sunday Observance Act* von 1677 ging noch weiter und untersagte «Ladeninhabern, Handwerkern und Arbeitern» jegliche Berufstätigkeit. Dieses Gesetz wurde so weit wie möglich ausgelegt; selbst Bootsverleiher durften ihr Gewerbe nicht ausüben. 1781 wurde ein Gesetz verabschiedet, das jede Form von öffentlicher Unterhaltung am Sonntag, bei dem vom Publikum Eintritt verlangt wurde, zu einem schweren Vergehen erklärte. 150 Jahre lang blieb dieses Verbot in Kraft. Noch im Jahr 1856 protestierte der Erzbischof von Canterbury gegen die freien Sonntagskonzerte, die seit kurzem in Londoner Parks stattfanden, und er hatte Erfolg damit. Im selben Jahr lehnte es das Unterhaus ab, über den Vorschlag zu beraten, die Nationalgalerie und das Britische Museum am Sonntagnachmittag zu öffnen.

Daß die englischen Siedler, unter denen zahlreiche Puritaner waren, ihre strengen Sonntagsbräuche auch in den Kolonien einführen würden, konnte niemanden überraschen. Das erste Sonntagsgesetz, das 1610 von der Kolonie Virginia erlassen wurde, verpflichtete alle Männer und Frauen, morgens am Gottesdienst und nachmittags auch am Katechismusunterricht teilzunehmen. Die Strafe für eine erste Übertretung dieses Gesetzes war der

* Auch die Gegenreformation legte Nachdruck auf den Besuch der Sonntagsmesse und – ab dem 18. Jahrhundert – auch der sonntäglichen Vesper.

Verlust eines Wochenlohns; beim zweitenmal wurde der Betreffende ausgepeitscht; beim drittenmal wurde die Todesstrafe verhängt. Das letztere war zwar ungewöhnlich; doch Gesetze, die das Erscheinen beim Sonntagsgottesdienst vorschrieben und zugleich Arbeit, Reisen, Sport und anderen frivolen Zeitvertreib untersagten, gab es auch in Maryland, Massachusetts und Connecticut. Diese Vorschriften wurden zu einem charakteristischen Merkmal sämtlicher amerikanischer Kolonien – in North und South Carolina ebenso wie in New York, Pennsylvania, New Hampshire, Maine und New Jersey.

Die sogenannten «blauen Gesetze» (nach dem blauen Papier, auf dem 1781 in New Haven ein Sonntagsdekret niedergelegt wurde) waren weit verbreitet. Mit der streng puritanischen Auslegung der blauen Gesetze war es zwar nach dem Unabhängigkeitskrieg vorbei, doch die Tradition des christlichen Sabbats hat bis auf den heutigen Tag überlebt. In Staaten wie Massachusetts und Maryland ist sie am stärksten geblieben; doch im Jahr 1985 schränkten insgesamt 39 Staaten sonntägliche Aktivitäten ein, entweder durch ein generelles Verbot von Arbeit und Handel (22 Staaten) oder durch Restriktionen in bezug auf einzelne Tätigkeiten, was zu einer recht kuriosen Liste führt. Jede der folgenden Tätigkeiten ist irgendwo in den Vereinigten Staaten am Sonntag illegal: Bowling, Billard, Polo oder Karten spielen; Glücksspiel; Pferderennen; Jagd; ins Kino gehen; Frisieren; Autos, frisches Fleisch oder Alkohol verkaufen; Boxwettkämpfe, sonstige Sport- oder Tanzveranstaltungen organisieren; und nach Austern graben.

«Der festliche Charakter des Feiertags beruht darauf, daß er etwas Außergewöhnliches ist», schreibt Josef Pieper. Ich kann mich daran erinnern, daß die Sonntage in meiner Kindheit völlig anders verliefen als die übrige Woche. Zunächst einmal schliefen wir länger, und Frühstück gab es später als sonst. Wie meine Eltern trugen auch mein Bruder und ich besondere Kleidung – unsere Sonntagssachen. Wir gingen zur Kirche, was den größten Teil des Vormittags beanspruchte und uns für den Rest des Tages einstimmte – nicht unbedingt im Sinne von Heiligkeit, aber eine besondere Stimmung war es doch. Deutlicher als an die Sonntagsmesse erinnere ich mich an die Heimfahrt danach: an das angenehme Gefühl der Befriedigung darüber, daß man eine gewichtige Verpflichtung erfüllt und Sünde abgewendet hatte, und an die Erleichterung darüber, daß der ernste Teil des Tages nun vorüber war.

Auch der sonntägliche Lunch war etwas Besonderes; zumindest bot er Gelegenheit für besondere Leckerbissen. Nicht etwa Rinderbraten und *Yorkshirepudding* – so weit ging die Anglophilie meiner Eltern denn doch nicht –, aber es wurde mehr Mühe auf die Gerichte verwandt als an Werktagen. Bei diesen Lunches waren manchmal auch Gäste anwesend, und mein Vater stellte dann mit einer gewissen Feierlichkeit den Wein auf den Tisch. Heute ist mir klar, daß dieses «Sabbatmahl» tatsächlich ein festlicher Brauch war und somit wesentlich zur Heiligkeit dieses Tages gehörte.

Die Familie blieb am Sonntag zu Hause. An Ausfahrten am Nachmittag erinnere ich mich nicht, obwohl es auch das gegeben haben muß – zumindest, als ich noch ein Kind war und der Besitz eines Autos noch den Reiz des Neuen hatte. Manchmal radelten wir Kinder auch zum *Yacht Club*, wo es Tennisplätze gab; trotz des großartigen Namens lagen dort keine Boote, und der Landungssteg wurde nur von Schwimmern benutzt.

Bevor der Sonntag schließlich vorüber war, gab es als i-Punkt noch die *Ed Sullivan Show*, die wir mit geradezu religiösem Eifer verfolgten. Und dieser Begriff ist nicht einmal unangemessen, denn außer Akrobaten, Jongleuren und Trickfilmen wurde gewöhnlich auch etwas «Ernstes» gezeigt, ein Chor oder eine dramatische Lesung. Dadurch wurde die burleske Atmosphäre etwas abgemildert – ich glaube, es war eine stillschweigende Reverenz an die Besonderheit dieses Tages. Es ging um Familienunterhaltung, aber eben auch um Sonntagsunterhaltung, und der auf dem Gebiet von Anstand und Sitte notorisch feinfühlige Moderator ließ sich von letzterem nicht weniger beeinflussen als von ersterem.

Wie das meiste von dem, was wir im Fernsehen sahen, hatte Ed Sullivan noch ein zusätzliches exotisches Moment dadurch, daß er Ausländer war – denn wir lebten in Kanada. Genauer gesagt, in Quebec, im französischsprachigen Kanada, das überwiegend römisch-katholisch war. Von jeher hat der Katholizismus nur wenige der protestantischen Sonntagsverbote übernommen; so hat es zum Beispiel in den meisten katholischen Ländern Europas niemals besondere Sonntagsgesetze gegeben.* In Quebec war dies anders, da die Stadt 1774, während der Regierungszeit von George III., unter die englischen Sonntagsgesetze geriet. Da diese Verfügungen jedoch niemals mit aller Härte geltend gemacht wurden, ging es dort am Sonntag etwas entspannter zu als im übrigen Kanada.

Die unterschiedliche Einhaltung des Sonntags im französischen und im angelsächsischen Teil Kanadas blieb weitgehend unbeachtet, bis es 1906 zu einer landesweiten, lautstarken Diskussion um eine nationale Sonntagsgesetzgebung kam, bei der jene Unterschiede mit aller Macht in den Vordergrund gerückt wurden. Der Konflikt zwischen dem katholischen Quebec und dem protestantischen Ontario – das waren die hauptsächlichen Protagonisten – erinnerte sehr an die Streitfragen, die im England des 17. Jahrhunderts zur Spaltung zwischen Papisten und Puritanern geführt hatten. Die *Protestant Lord's Day Alliance* wollte nicht nur jeglichen Handel am Sonntag unterbinden, sondern auch den Straßenbahn- und Zugverkehr sowie jegliches «öffentliche Spektakel». Doch der Premierminister Sir Wilfred Laurier, der erste Frankokanadier in diesem Amt, richtete an die Adresse eines protestantischen Parlamentsmitglieds die folgenden Sätze: «Wir in der Provinz Quebec heiligen den Sabbat auf andere Weise, und ich will mir keinesfalls die Behauptung anmaßen, daß wir es auf bessere Weise tun als andere Leute. Jeder in unserer Provinz geht am Vormittag zur Kirche, und am Nachmittag hat er das Recht, an Wettkämpfen teilzunehmen. Die jungen

* So finden etwa Stierkämpfe in Spanien traditionell am Sonntagnachmittag statt.

Leute spielen Baseball, und ich weiß, daß einige christliche Gemeinschaften dies beanstanden. Im Wahlbezirk meines ehrenwerten Freundes zum Beispiel wäre es für einen jungen Mann ein tiefes moralisches Vergehen, am Sonntag Ball zu spielen.»

Wie so häufig in der Geschichte Kanadas endete dieser kulturelle Konflikt mit einem Kompromiß. Der *Dominion Lord's Day Act* (Kanadisches Gesetz zum Tag des Herrn) wurde zwar in vollem Wortlaut verabschiedet, doch es wurde eine Klausel hinzugefügt, welche die Vollstreckung ins freie Ermessen der Provinz-Justizminister stellte; außerdem wurde den Provinzen gestattet, einschränkende Gesetze zu beschließen. Für Quebec bedeutete dies, daß das bundesstaatliche Sonntagsgesetz von vornherein nicht mehr wert war als das Papier, auf dem es stand.

Auch weiterhin wurden in Quebec weder Sportveranstaltungen noch sonstige Volksbelustigungen untersagt. Größere Betriebe wie Büros und Fabriken blieben zwar geschlossen, doch kleine Geschäfte durften öffnen. Der Tag hatte Merkmale des mittelalterlichen, festlichen Sonntags, und wie damals runzelte man in der Kirche die Stirn über diese Leichtfertigkeit. Inspiriert durch einen Hirtenbrief, der sich über die nachlässige Einhaltung des Sonntags als Ruhetag erregte, formierte sich 1922 die *Ligue du Dimanche* (Sonntagsliga). Vierzehn Jahre lang machte die Liga Propaganda für Sabbat-Gesetze und insbesondere gegen das Kino; doch die Politiker, die ein Gespür für die Stimmung der Öffentlichkeit hatten, leisteten Widerstand gegen die Einführung schärferer Gesetze, und so blieb die Provinz Quebec der einzige Ort in Kanada, wo Kinos auch am Sonntag geöffnet waren.*

Die Widersprüche zwischen den Sonntagsgesetzen, deren großzügiger Anwendung und den strengen Lehren des Klerus

* Der bedeutendste Erfolg der Sonntagsliga – ein wahrhaft schändlicher Erfolg – war die Abschaffung jenes Gesetzes, das den Juden die Ausübung ihres Gewerbes am Sonntag erlaubt hatte. Allgemein herrschte während der zwanziger und dreißiger Jahre in Quebec ein antisemitisches Klima, und dies war eine der Folgen.

dauerten in Quebec noch jahrzehntelang fort. Als ich dort in den fünfziger Jahren aufwuchs, konnte ich am Sonntag ins Kino oder zu Sportveranstaltungen gehen, und wäre ich schon etwas älter gewesen, hätte ich im Restaurant einen Drink nehmen oder (illegal) eine Flasche Bier im Laden an der Ecke kaufen können. Die Atmosphäre war jedoch keinesweg die eines ungezügelten Frohsinns – dafür sorgte schon der Gemeindepriester. Abgesehen von den Kirchgängern waren die Straßen am Vormittag leer, und leer waren auch die Wäscheleinen, denn gewaschen wurde erst am Montag. Die Leute vermieden es, bei Haus- oder Gartenarbeit gesehen zu werden, und Sonntagszeitungen gab es nicht.

Der Sonntag ist mir in Erinnerung als ein Tag des Müßiggangs: keine Hausarbeit, kein Staubsaugen, keine Wäsche, kein Umgraben im Garten. Ganz genau nahm man es mit diesem Brauch allerdings nicht, denn einmal wurde ich aufgefordert, am Sonntag den Rasen vorm Haus zu mähen. Als gewissenhafter Katechismus-Schüler wußte ich, daß diese Art von Arbeit verboten war, und als wohlerzogenem Jungen war mir peinlich, was die Nachbarn von dieser eklatanten öffentlichen Mißachtung des Ruhetags halten würden. Als ich den Rasenmäher über das bißchen Gras schob, stellte ich mir verborgene Augen hinter zugezogenen Vorhängen vor – man hätte mich ebensogut an den Pranger stellen können.

Der Sonntag meiner Kindheit entsprach weder dem mittelalterlichen Festtag noch dem trübsinnigen Feiertag der Puritaner, noch dem Unglückstag der Polynesier. Besser gesagt, er hatte von allen dreien etwas: eine merkwürdige Mischung aus Ruhetag, Feiertag und tabuisiertem Tag. Diese Verschmelzung der Traditionen deutet darauf hin, daß der Sonntag – oder wie immer wir diesen bedeutungsvollen Tag nennen wollen – in der einen oder anderen Form auch weiterhin den Lauf der Zeit akzentuieren wird. Vielleicht entwickelt er sich mehr in Richtung eines Ruhetags, zu einem Zufluchtsort vor der Geschäftigkeit der Arbeitswoche – nicht aus körperlicher Erschöpfung, sondern aus geistiger Ermüdung oder Langeweile. Wenn die materiellen

Vergnügungen eines Tages verblassen, so könnte er auch seine religiöse, festliche Funktion wiedergewinnen. Oder er könnte noch profanere Züge annehmen – der Sonntag im Einkaufszentrum statt hinterm Katechismus, ein Markttag anstelle eines tabuisierten Tags.

4

Sonntags im Park

Es hat Heerscharen von Sonntagsmalern gegeben, doch es gibt nur *ein* wirklich bedeutendes Sonntagsgemälde: *Un dimanche après-midi à l'île de la Grande Jatte (Ein Sonntagnachmittag auf der Île de la Grande Jatte)* von Georges Seurat. Vom Frühsommer 1884 an fuhr der junge Künstler sechs Monate lang täglich zur Île de la Grande Jatte, um an Studien und Skizzen zu diesem Gemälde zu arbeiten. Während der Woche konzentrierte er sich auf landschaftliche Elemente, die den Hintergrund bilden sollten, und man kann sich gut vorstellen, wie er dann seine Aufmerksamkeit auf den Sonntag verlagerte, wenn sich der zuvor leere Park mit Massen von erholungsuchenden Parisern füllte.

Die Insel Grande Jatte liegt mitten in der Seine, stromaufwärts von Asnières und Clichy, wo der Fluß mit einer Schleife die nordwestliche Ecke von Paris umschließt. Heute ist dieses Gebiet völlig verstädtert, und die Skyline wird von der futuristischen Architektur von La Défense beherrscht; im 19. Jahrhundert jedoch war dies der Schauplatz einer anderen Neuerung der Moderne: der Vorstadt. Die Pariser Vorstädte, *banlieues* genannt, waren das Ergebnis einer Neuplanung der Stadt in den fünfziger Jahren. Die Boulevards und Chausseen, die durch die Arbeiterviertel im Zentrum von Paris geschlagen wurden, vertrieben zahlreiche Bewohner. Neue Eisenbahnlinien machten es möglich, außerhalb der umgebenden Befestigungsanlagen zu leben, die von jeher das Stadtgebiet umgrenzt hatten, und so zogen viele nach draußen, darunter auch Familien aus der Unterschicht. Gleichzeitig zog die Industrialisierung Menschen vom Land in die Stadt; bis zum Jahr 1900 stieg die Zahl der Einwohner auf 2,5

Millionen. Diese Expansion erfolgte in konzentrischen Ringen: Der Innenstadt am nächsten lagen die Industrieslums der Arbeiter; etwas weiter draußen schlossen sich die schmucken Häuser der Mittelschicht an, und schließlich an der Peripherie – mit der Eisenbahn und damit auch für die Massen nicht zu erreichen – befanden sich die vornehmen Wohnsitze der *haute bourgeoisie*.

Die besseren Wohngegenden lagen im Süden von Paris; im Norden hatten die Vorstädte im wesentlichen industriellen Charakter. Das galt auch für Clichy, das an der wichtigen Eisenbahnlinie zu den Häfen am Ärmelkanal lag und von den Lastkähnen versorgt wurde, die auf der Seine verkehrten. Werkstätten und Fabriken fanden sich dort, ein rauchspeiendes Gaswerk und Reihen erbärmlicher Mietskasernen. Das am anderen Seineufer liegende Asnières war eine kleinbürgerliche Wohngegend von halb ländlichem, halb städtischem Charakter. Zwischen beiden lag die schmale Insel Grande Jatte. Da sie zu klein war, um sie praktisch zu nutzen, hatte man sie in ihrem natürlichen, bewaldeten Zustand belassen, und sie war zu einem «Niemandsland zwischen bürgerlichem Eigentum und proletarischem Preisgegebensein» geworden, wie Richard Thomson es formuliert hat.

Während der zweiten Hälfte des 19. Jahrhunderts war Grande Jatte ein beliebtes Ausflugsziel für Pariser, die einen Tag auf dem Land verbringen wollten – oder doch wenigstens in ländlicher Umgebung. Zuerst wurde dort vor allem Boot gefahren, später wurde das Gelände zum Spazierengehen und für Picknicks genutzt. Für kurze Ausflüge war die Insel sehr gut gelegen, nur vier Kilometer vom Bahnhof Saint-Lazare entfernt; und wer in der Nähe der Place de l'Étoile wohnte, konnte mit einem von Pferden gezogenen Omnibus die Avenue de Neuilly hinunterfahren. Für die etwas Mutigeren bot sich das Veloziped als Alternative an, und wenn man sich eines dieser neuen Fahrräder mit luftgefüllten Reifen der Gebrüder Michelin leisten konnte, war es eine angenehme Fahrt.

Wie viele Maler aus Paris fühlte sich auch Georges Seurat von den äußeren Vorstädten und von ihrer eigentümlichen Mischung von Bildern angezogen: Idyll und Industrie, Felder und Fabriken. Dieses Interesse entwickelte sich schon früh; sein Vater besaß Grundstücke in den nordöstlichen Vorstädten, und dort entstanden auch einige von Seurats frühen Zeichnungen. Ab 1881, als er 22 Jahre alt war, erscheinen in seinem Werk Motive aus den Vorstädten; zwei Jahre später begann er, regelmäßige Malexkursionen nach Asnières zu unternehmen. Seurat lebte in Montmartre, nahe dem Bahnhof Saint-Lazare, und so nahm er wahrscheinlich den Zug.

Seurats erstes bedeutendes Gemälde ist das meisterhaft ausgeführte *Une baignade à Asnières (Badende bei Asnières)*, eine Gruppe von jungen Männern, die in der Seine schwimmen. Einige sind gerade im Wasser, andere sitzen oder liegen auf dem grasbedeckten Ufer. Die Stimmung ist sommerlich. Im Hintergrund sieht man die Insel Grande Jatte, deren Grün mit der Brücke und den rauchenden Fabrikschloten von Clichy am gegenüberliegenden Flußufer kontrastiert. Trotz dieser aufeinanderprallenden Bilder finden wir hier jedoch keinerlei Sozialkritik. Ohne jede Ironie hat der Bürger Seurat eine *petit-bourgeois*-Szene dargestellt. Ihrer Kleidung nach zu urteilen – Bowler, Strohhut, weiße Hemden, Stiefeletten mit Gummizug – und angesichts ihrer gemessenen Körperhaltung dürfte es sich kaum um Fabrikarbeiter handeln. Es sind Angestellte, die in Geschäften oder Büros tätig sind, Einwohner von Asnières, die nach getaner Arbeit an das grüne Flußufer und an die frische Luft gekommen sind, um sich zu entspannen, zu schwimmen und den Anblick der Vergnügungsboote auf dem Wasser zu genießen. Die Vorstadt ist hier als eine Umgebung dargestellt, die zur Muße einlädt.

Unmittelbar danach begann Seurat mit der Arbeit an seinem nächsten Gemälde. Diesmal wählte er einen Ort auf der Insel selbst, also direkt gegenüber. *Ein Sonntagnachmittag auf der Île de la Grande Jatte* wurde 1886 vollendet; es war anspruchsvoller sowohl in der Wahl des Motivs als auch hinsichtlich der Bildkomposition. Auf dem Uferstreifen, unter jungen Bäumen mit nachmittäglich langen Schatten, verteilte Seurat zahlreiche menschliche Figuren – Männer, Frauen und Kinder. Einige von ihnen gehen spazieren, andere stehen, wieder andere sitzen im Gras.

Fast alle sind dem Wasser zugewandt und schauen hinüber nach Asnières am gegenüberliegenden Ufer. Die kurze Strecke des Flusses, die man zwischen den Bäumen hindurch erblickt, ist nicht weniger bevölkert: zu sehen sind mehrere Segelboote, ein Ruderboot, ein Vierer-Skullboot, eine Dampfbarkasse, ein kleiner Schlepper sowie die Fähre nach Asnières mit einer Trikolore am Heck.

Dieses große Gemälde (es ist 206 cm hoch und 306 cm breit) hat Seurat mit mehr als vierzig Figuren geradezu überfüllt. Direkt am Wasser steht eine Frau, die eine Angelrute hält und die andere Hand an die Hüfte gelegt hat; nicht weit davon entfernt sind zwei bewegungslose Figuren plaziert, ein Mädchen und ein Mann, die wie Statuen wirken. Ein Paar trägt einen Säugling in Windeln. Zwei Soldaten schlendern Seite an Seite. Ein kleines Mädchen in weißem Kleid und mit steifer Haltung begleitet ihr Kindermädchen. Eine unförmige Figur mit naß gewordener Schwesternhaube sitzt schweigend bei einem Begleiter, ohne auf den einzelnen Mann zu achten, der ganz in der Nähe Trompete bläst. Die Atmosphäre ist heiter und doch lethargisch – ein Hitzetag offenbar. Das Gefühl für Bewegung ist wie blockiert, und doch ist es so stark mit einbezogen, daß der moderne Betrachter den Eindruck hat, er sehe einen Film, dessen Geschwindigkeit fast bis zum Stillstand vermindert ist, so daß sich alle Aktionen Bild für Bild und kaum mehr wahrnehmbar vollziehen.

Seurat malte drei vorbereitende Gemälde, dreißig Studien in Öl und etwa 26 Zeichnungen, und dieses methodische Vorgehen und die sorgfältige Komposition passen gut zur Wahl des Motivs: eine sonntägliche Szene von bürgerlicher Sittsamkeit. Oder ist dies eine zu schlichte Deutung? «Die *Grande Jatte* ist eines jener großen Gemälde, dem jede Generation die ihr gemäße Bedeutung zuschreibt», behauptet John Russell. Für viele liegt die Bedeutung dieses Gemäldes in der zarten Zeichnung des Lichts, in der meisterhaften Komposition vereinfachter Formen und natürlich in seiner pointillistischen Maltechnik. Als das Gemälde erstmals gezeigt wurde, hielten viele Kritiker den Stil Seurats für zu primitiv und nahe an der Karikatur. Andere hatten den Eindruck, dies sei beabsichtigt: Der Maler hatte seinen Gegenstand satirisch beleuchtet. «Das Gemälde wollte das Hin und Her einer banalen Promenade zeigen, von Leuten im Sonntagsstaat und ohne das geringste Vergnügen daran, an Orten, wo der sonntägliche Spaziergang allgemein akzeptiert ist», schrieb Alfred Paulet in seiner Besprechung der VIII. Ausstellung der Impressionisten, bei der *Grande Jatte* erstmals gezeigt wurde.* «Der Künstler hat seinen Figuren die automatenhaften Gesten von Bleisoldaten verliehen, die sich auf abgezirkelten Feldern bewegen.» Da vom Schöpfer des Gemäldes keinerlei Erläuterung überliefert ist, muß der Betrachter für sich selbst entscheiden, ob Seurat diese Sonntagsspaziergänger lächerlich macht oder ob er sie nur beobachtet. Aufschlußreich ist, wie präzise der Titel ist, den er selbst dem Werk gab: Er nennt nicht nur den genauen Ort – was nicht weiter ungewöhnlich war –, sondern auch den Wochentag. In *Ein Sonntagnachmittag auf der Île de la Grande Jatte* hat sich Seurat sehr bewußt und sehr detailliert mit einem Thema befaßt, das ihn ebenso faszinierte wie viele seiner Zeitgenossen: das Freizeitverhalten der Städter im Industriezeitalter.

Seurat stellt eine Szene dar, deren Elemente erkennbar modern sind: Man entflieht der Stadt für einen Nachmittag, geht im Park spazieren, sitzt im Gras, segelt auf dem Fluß, angelt am Ufer und führt Tiere aus. Unverkennbar ist auch die träge Sonntagsstimmung. Man denke sich die Sonnenschirme weg, bringe die Kleidung auf den neuesten Stand, füge ein paar Frisbee spielende Jungen hinzu sowie einen Teenager, der ein Kofferradio umherschleppt – dann könnte das der Central Park oder auch der Mount Royal in Montreal an einem sommerlichen Sonntagnachmittag sein.

Seit der Entstehung von *Grande Jatte* sind mehr als einhundert Jahre vergangen, und in mancher Beziehung hat sich seither wenig verändert. Ganz anders sähe es aus, würden wir ein weiteres

* Aus Protest gegen das Gemälde von Seurat zogen sich Renoir, Monet und andere von der Ausstellung zurück, die daraufhin in «VIII. Ausstellung der Malerei» umbenannt wurde (A. d. Ü.).

Jahrhundert zurück in die Vergangenheit gehen. «Im Jahr 1780 hätte niemand vorhersagen können, welche Gestalt die Muße hundert Jahre später annehmen würde», schreibt der britische Historiker Hugh Cunningham. «Dagegen ist um 1880 bereits klar, wie es sich weiterentwickeln wird... Im heutigen Freizeitverhalten gibt es nichts, was nicht schon um 1880 erkennbar gewesen wäre.»

Das Entscheidende war nach Cunningham die sogenannte industrielle Revolution. Sie wird allgemein für ein umwälzendes Ereignis gehalten, eine Wasserscheide, die zwischen unserer modernen Welt und der vorindustriellen Gesellschaft liegt. Eine derartige Sichtweise kann allerdings in die Irre führen. Der von Arnold Toynbee eingeführte Begriff «industrielle Revolution» birgt die Vorstellung eines plötzlichen und dramatischen Wandels, während doch die Industrialisierung ein Prozeß war, der sich über ungefähr ein Jahrhundert erstreckte. Die Veränderungen, die sich in der Zeit zwischen 1780 und 1880 vollzogen, waren nicht nur das Ergebnis technischer Erfindungen; sie wurden auch durch Neuerungen im Bereich des Handels und der sozialen Beziehungen herbeigeführt, von denen viele bereits früheren Datums sind.

Doch in einem Punkt hat Cunningham recht: In den achtziger Jahren des vorigen Jahrhunderts, als Seurat seine Vorstadtszenen malte, hatte die Muße bereits eine Gestalt angenommen, die man als modern bezeichnen könnte, während sie hundert Jahre zuvor noch ganz anders ausgesehen hatte. Wie ist es zu dieser Entwicklung gekommen? Werfen wir einen Blick auf die Zeit unmittelbar vor Beginn der Industrialisierung und vor allem auf England in der ersten Hälfte des 18. Jahrhunderts, wo die Industrialisierung einsetzte. Wie verbrachte man hier seine Freizeit?

Die Zeit zwischen 1700 und 1750 war für England eine Periode bedeutenden Wohlstands. Spanien und Portugal hatte man als herrschende Seemacht – und damit auch als Handelsmacht – abgelöst. Die Wirtschaft blühte; Waren aus Indien, Asien, Westindien und Nordamerika strömten nach Großbritannien, aber auch vom europäischen Kontinent, der noch immer den größten

Anteil am britischen Handelsaufkommen hatte. Überfluß ist eine Vorbedingung von Muße; wir dürfen daher erwarten, daß dies eine Zeit war, in der die Jagd nach Vergnügungen an Bedeutung gewann. Die Aufwendungen für das eigene Zuhause stiegen enorm; es entwickelte sich eine außerordentlich raffinierte Innenarchitektur; Keramik und Porzellan von beispielloser Eleganz wurde produziert, und eine Generation von Möbelschreinern trat auf den Plan, deren Arbeit noch heute hoch geschätzt wird. Auch die Gartenkultur des 18. Jahrhunderts entstand in dieser Zeit.

Ein wirkliches Novum im frühen 18. Jahrhundert war, daß dieser Wohlstand weit verbreitet war – oder zumindest weiter verbreitet als zuvor. Zu den «begüterten» Klassen zählten nicht nur die Aristokratie und der Landadel, sondern auch die Mittelschicht – und diese war es, welche die Reihenhäuser in georgianischem Stil bewohnte und in der die Werkstätten von Chippendale, Hepplewhite und Wedgwood ihre Stammkunden hatten.*

Nichts charakterisiert dieses neue Zeitalter besser als die wachsende Popularität dreier Luxusgüter: Kaffee, Tee und Tabak. Kaffee war in den fünfziger Jahren des 17. Jahrhunderts in England eingeführt worden und war rasch in Mode gekommen – im Jahr 1700 gab es allein in London 2000 Kaffeehäuser. Der etwa zur selben Zeit eingeführte Tee war teurer und verbreitete sich daher langsamer; doch als der Handel mit Fernost sich ausdehnte und die Preise fielen, steigerte sich der Teekonsum enorm. Schließlich wurde Tee billiger als Kaffee und weitaus billiger als Schokolade, die ebenfalls gern getrunken wurde. Im Jahr 1700 wurden etwa neun Tonnen Tee importiert; sechzig Jahre später waren es mehr als 2200 Tonnen – und das ist nur die offizielle Zahl; wahrscheinlich gelangte noch einmal dieselbe Menge illegal über Frankreich nach England. Das dritte in jener Zeit beliebte «Gift» – so wurden diese Erzeugnisse von zeit-

* Thomas Chippendale und George Hepplewhite waren führende Möbeldesigner. Josiah Wedgwood war der bedeutendste englische Keramiker des 18. Jahrhunderts (A. d. Ü.).

genössischen Kritikern bezeichnet – war der Tabak, den man rauchte oder als Kau- und Schnupftabak genoß.

Kaffee, Tee und Tabak hatte man auch vorher schon gekannt, doch im frühen 18. Jahrhundert stieg der Konsum plötzlich an, und zwar auf dem Kontinent nicht weniger als in England. Warum man auf diese drei Substanzen gerade zu dieser Zeit mit solcher Begeisterung reagierte, ist schwer zu erklären. Nach Ansicht des französischen Historikers Fernand Braudel sollten Kaffee, Tee und Tabak, die ja sämtlich anregende Mittel sind, einen Mangel an Nahrung kompensieren. In Frankreich und Deutschland mag dies auch tatsächlich so gewesen sein, aber wohl kaum in England, wo die Kalorienzufuhr allgemein recht hoch war, und erst recht nicht im wohlhabenden Holland, das für sein überreichliches Essen bekannt war und von wo aus der Tee erst nach England gelangte. Eine andere und wahrscheinlichere Erklärung ist, daß die neue Beliebtheit von Kaffee, Tee und Tabak auf die zunehmende Verfügbarkeit von freier Zeit zurückging. Schließlich handelte es sich nicht um Nahrungsmittel, sondern alle drei Substanzen wurden – und werden – in Zusammenhang mit Entspannung und Erholung von der Arbeit gesehen.

Der zunehmende Konsum derartiger Luxusgüter war das Ergebnis des Wohlstands vieler einzelner, und das immer geschicktere Marketing der Unternehmer sorgte für weiteren Zuwachs. Napoleon hat die Briten später als Krämervolk abgekanzelt; «Kundenvolk» wäre die treffendere Bezeichnung gewesen. Denn was am Freizeitverhalten im frühen 18. Jahrhundert am meisten auffällt, ist die Tatsache, daß nicht nur viele über freie Zeit verfügten, sondern daß sie auch vielen die Gelegenheit verschaffte, ein breites Spektrum materieller und kultureller Güter zu konsumieren. «Die kulturelle Verarmung im England des späten 17. Jahrhunderts war ungeheuer», schreibt der bedeutende Historiker J. H. Plumb. «Keine Zeitungen, keine öffentlichen Bibliotheken, keine Theater außerhalb Londons, keine Konzerte, keine Gemäldegalerien, keine Museen, so gut wie keine botanischen Gärten und keinerlei organisierter Sport.» Während der folgenden hundert Jahre sollte sich all dies ändern.

Die Anzahl von Menschen, die zu ihrem Vergnügen lesen, ist ein gutes Maß der verfügbaren Muße, denn zum Lesen braucht man nicht nur Geld, sondern zunächst einmal Zeit. Neben den Tageszeitungen, die es in England seit 1702 gab, lasen die Leute vor allem Zeitschriften – eine Erfindung des georgianischen Zeitalters. Es gab Dutzende von *magazines*, die meist auf ein allgemeines Interesse zielten, wie zum Beispiel *The Gentleman's Magazine*, *The Lady's Magazine*, *The Tatler*, *The Rambler*, *The Idler* sowie der berühmte *Spectator*, der täglich erschien. Außerdem gab es Zeitschriften für spezielle Themen wie Mode, Musik und Gartenkultur. Gemessen an heutigen Maßstäben hatten die meisten der erfolgreichen Monatszeitschriften keine hohen Auflagen – nur ungefähr 10000 Exemplare –, doch war die Zahl ihrer Leser weitaus größer, denn in Kaffeehäusern und Gasthöfen lagen gebundene Exemplare aus. Gegen geringe Gebühr konnte man sie auch in sogenannten *newsrooms* einsehen, oder man erhielt sie in den Leihbüchereien, die sich in der Provinz mittlerweile einbürgerten.

Die Zeitschrift war ein Produkt, das ganz auf die Stunden der Muße abgestimmt war. Sie lieferte Informationen wie die Tageszeitung, aber sie diente auch der Unterhaltung. Sie war sehr viel eigenwilliger als ihre modernen Abkömmlinge, und häufig wurde sie von einer Person ganz allein verfaßt; so wurden zum Beispiel *The Rambler* und später *The Idler* ausschließlich von Samuel Johnson geschrieben, und Daniel Defoe produzierte jede Woche drei Nummern von *The Review*. Diese Zeitschriften enthielten Essays, politische Artikel, Ratschläge zur Verfeinerung der Lebensart, Modezeichnungen, Sozialsatire, Klatsch sowie literarische Texte in Fortsetzungen (etwa im *Spectator*). Der Roman, die bedeutendste literarische Innovation des 18. Jahrhunderts, hat in diesen Serien nach heutiger Auffassung seinen unmittelbaren Vorläufer.

In der englischen Sprache erlangte die moderne Form des Romans erstmals in den Jahren nach 1740 Bedeutung. Samuel Richardsons *Pamela* und *Clarissa*, Tobias Smolletts *Roderick Random* sowie Henry Fieldings *Joseph Andrews* und *Tom Jones* erschienen sämtlich in den vierziger Jahren; diese Romane führten ein neues Genre ein, und das lesende Publikum war sofort begeistert. Zunächst allerdings war der Roman eine geschäftliche Spekulation. *Pamela*, der wohl erste moderne englische Roman und der erste literarische Versuch seines Autors, wurde mit großem Erfolg von zwei Londoner Druckern herausgebracht. Das Buch erreichte vier Auflagen innerhalb von sechs Monaten, und mit ausgeprägtem Geschäftssinn produzierte Richardson sogleich eine Fortsetzung. Mit Blick auf den Markt erfanden die Drucker des 18. Jahrhunderts den sogenannten Teilband; für die ärmeren Leser, von denen es recht viele gab, minderte sich dadurch der Preis des einzelnen Buchs, und dennoch erhöhte sich der Profit, wenn man das Publikum erst einmal an der Angel hatte. Auf diese Weise erschien auch der außerordentlich populäre Roman *Clarissa*: zwei Bände im ersten Jahr, zwei im folgenden und die letzten drei gerade rechtzeitig zum nächsten Weihnachtsfest. Ein weiteres Beispiel für eine derartige Veröffentlichung in Teilbänden ist Laurence Sternes *Tristram Shandy*, der in neun Bänden erschien, verteilt auf acht Jahre.

Einen Roman zu lesen ist diejenige Beschäftigung, die der meisten Muße bedarf. Man braucht dazu eine ruhige Umgebung, einen bequemen Sessel und längere Zeitabschnitte, in denen man nicht unterbrochen wird. Zeitschriften und Tageszeitungen konnte man auch im Lärm eines Kaffeehauses lesen, doch der Roman war ein Produkt ganz anderer Art. Mit ihm begann eine neue Art von Freizeitverhalten um sich zu greifen – ein Verhalten, das nach innen gerichtet, intim und persönlich war –, und zweifellos hat er dazu beigetragen, daß die Häuslichkeit in dieser Epoche an Bedeutung gewann.

Doch war eine allgemeine Muße im privaten Bereich noch immer Zukunftsmusik, und was es an Unterhaltung gab, fand überwiegend in der Öffentlichkeit statt. Das 18. Jahrhundert erlebte eine geradezu explosionsartige Zunahme von Theatern, und zwar nicht nur in den Großstädten, sondern auch in der Provinz. Zwischen 1700 und 1750 entstanden mehr als eintausend neue Theaterstücke, für die sich keineswegs nur die Reichen interessierten, wie die Beliebtheit der preiswerteren Nachmittagsvorstellungen beweist. Außerdem wurden dem Publikum komische Opern, Pantomime und Puppentheater geboten. Auch in der zweiten Hälfte des Jahrhunderts stieg die Zahl der Spielstätten weiterhin enorm an, und die Zahl neuer Stücke verdoppelte sich nochmals.

Es wurden neue Arten populärer Unterhaltung erfunden, darunter vor allem der Zirkus. Der Begriff «Zirkus» geht auf den *Royal Circus* von Charles Hughes zurück, ein abgeschlossenes Amphitheater, das 1782 errichtet wurde. Der wirkliche Erfinder des Zirkus war jedoch Philip Astley, der die ersten Zirkusvorstellungen im Jahr 1768 zeigte. Astley war Kunstreiter, doch schon bald erweiterte er sein Programm und ließ auch Pantomimen, Boden- und Luftakrobaten sowie Clowns auftreten. Seinen festen Standort hatte der Zirkus in London; den Winter über gab er jedoch Vorstellungen in Paris, und zwar unter der Schirmherrschaft von Königin Marie Antoinette. Bald gab es in allen größeren Städten Gebäude speziell für den Zirkus, und um 1800 reisten überdies Dutzende von kleineren Zirkustruppen durch die Lande – zumeist von Leuten geführt, die Astley ausgebildet hatte – und brachten das Spektakel nun auch in die Provinz.

Eine ähnliche Welle der Popularität erlebte die Musik: Es wurden Musikvereine gegründet und Abonnementkonzerte veranstaltet. In London hatten die ersten regelmäßigen öffentlichen Konzerte im Jahr 1672 stattgefunden, organisiert von dem Geiger John Bannister. Einige Jahre später baute der Kohlengroßhändler Thomas Britton einen Dachboden seines Lagerhauses zu einem «Konzertraum» um; dort veranstaltete er wöchentliche Konzertabende, die nicht nur bemerkenswerte Musiker anlockten (darunter Händel), sondern auch das Londoner Publikum mit den auf dem Kontinent beliebtesten Komponisten bekannt machte, wie zum Beispiel Vivaldi. Wirtshäuser und Gasthöfe hatten häufig kleinere Musikzimmer, und um die Mitte des 18. Jahrhunderts gab es eine ganze Reihe berühmter Lokalitäten wie etwa die York Buildings und Hickford's, wo auch der junge Mozart auftrat. Schließlich wurden auch größere Hallen gebaut, die keine improvisierten Räumlichkeiten mehr waren, sondern speziell für musikalische Darbietungen gestaltet wurden.

Konzerte und Theateraufführungen wurden auf kommerzieller Basis organisiert, und wie alle geschäftlichen Unternehmungen benötigten sie Publizität. Dafür sorgten Tageszeitungen und Zeitschriften, und zwar nicht nur in Form von Besprechungen, sondern auch durch direkte Werbung – eine weitere Erfindung der georgianischen Epoche. Diese «Marktschreierei», wie sie von den Kritikern höhnisch bezeichnet wurde, spielte bei der Verbreitung öffentlicher Freizeitvergnügen eine Schlüsselrolle: Sie gewann das Publikum für Theater, Musik und neue Bücher, und auch Sportveranstaltungen wurden dadurch gefördert.

So war zum Beispiel die wachsende Popularität von Pferderennen vor allem den Tageszeitungen zu verdanken, die nicht nur die Rennveranstaltungen ankündigten, sondern auch deren Ergebnisse meldeten. Aus einer jeweils vor Ort organisierten Unterhaltung wurde im frühen 18. Jahrhundert eine nationale Industrie: Der 1725 gegründete Jockey Club setzte einheitliche Regeln durch; der Rennkalender ordnete landesweit die Abfolge der Veranstaltungen; ein Handbuch für Züchter verzeichnete Stammbäume. Und noch ein weiterer Sport wurde zu dieser Zeit populär: Kricket. Zwar gab es bereits 200 Jahre zuvor eine Abart dieses Spiels, doch der erste überlieferte Wettkampf mit eindeutigen Regeln fand erst im Jahr 1700 statt. Die Notiz darüber findet sich bezeichnenderweise in der ersten nichtamtlichen Londoner Tageszeitung, *The Post Boy*. Bei der Werbung für Kricket-Wettkämpfe spielten Anzeigen in Zeitungen eine wichtige Rolle; schließlich strömten wahre Menschenmassen dorthin – jedoch nicht deshalb, weil Kricket ein besonders erregendes Schauspiel geboten hätte, sondern weil es so besonders geeignet war für das Spiel um Geld: Man konnte Wetteinsätze einzahlen, aber auch laufend Zusatzwetten abschließen. Auch das Spiel selbst war in hohem Maße kommerzialisiert. Viele der Spieler waren Profis, die von Mitgliedsbeiträgen aus den Kricketclubs, von Preisgeldern und von Eintrittsgebühren lebten (Kricketplätze waren gewöhnlich eingezäunt, im Gegensatz zu Pferderennbahnen, zu denen man freien Zugang hatte). Die Sportveranstalter waren Unternehmer, wie zum Beispiel Thomas Lord, der den berühmten Kricketplatz schuf, der noch heute seinen Namen trägt; oder der Gastwirt George Smith, der den Artillery Ground betrieb, wo bis zu 20000 Menschen je zwei Pence Eintritt bezahlten, um zu essen, zu trinken, zu wetten und sich lautstark zu amüsieren.

Die für das georgianische Zeitalter charakteristischste Unterhaltung war jedoch weder das Kricket noch das Lesen von Romanen, sondern die Tierquälerei. Die Hetzjagd wurde wohl schwerlich im 18. Jahrhundert erfunden, der Hahnenkampf war bereits hundert Jahre zuvor nach England gelangt, und Bären ließ man schon viel länger tanzen. Doch dieselben ökonomischen Kräfte, die Theater, Lektüre und Pferderennen beförderten, steigerten auch die Popularität von Hahnenkampfplätzen und Bärenzwingern. Die Gastwirte stellten nicht nur Räumlichkeiten für Clubs, für Musik- und Theaterabende zur Verfügung; ebenso gern unterhielten sie Plätze für Boxkämpfe und für alle möglichen Arten der Hetzjagd. In Sichtweite und im Dunstkreis von Blut bot sich hier den Männern Gelegenheit, gemeinsam zu trinken, zu lärmen und Wetten abschließen – öffentliche Unterhaltung war ja noch immer im wesentlichen ein männliches Vorrecht. Noch beliebter als die ebenfalls verbreiteten Ring- und Boxkämpfe waren Tierkämpfe: Arm und reich war fasziniert von Kämpfen zwischen Hähnen und Hunden untereinander oder zwischen Hunden und einem bedauernswerten Bären, Dachs oder Stier.

Zweifellos hing das auch damit zusammen, daß man hier Gelegenheit zum Wetten hatte, denn wie in allen prosperierenden Gesellschaften wurde auch in England leidenschaftlich gewettet. Doch auch das aufregende Schauspiel selbst war eine Attraktion; nach allem, was wir wissen, war das Publikum damals leicht erregbar, gleich, ob es sich hinter Richard Nyren versammelte, dem besten Kricketspieler vom Hambledon Club*, oder

* In der zweiten Hälfte des 18. Jahrhunderts der führende britische Kricketclub, nördlich von Portsmouth gelegen (A. d. Ü.).

ob es einen Hahn auf einem der Kampfplätze am Birdcage Walk in London anfeuerte.

Der Konsum von Alkohol, vor allem von billigem Gin, trug erheblich zu dieser Erregung bei. Man schätzt, daß in England die Menge des legal hergestellten Gins von 1,5 Millionen Litern im Jahr 1700 auf mehr als das Zehnfache im Jahr 1735 anwuchs; und dazu muß man noch den beträchtlichen Ausstoß illegaler Schnapsfabriken und privater Schwarzbrenner hinzurechnen.

Die Verbreitung von Gin, Brandy, Rum und einer Unmenge anderer harter alkoholischer Getränke über ganz Europa geht auf die Entwicklung von Destillierverfahren im 18. Jahrhundert zurück. Die Produktionskosten wurden dadurch gesenkt, und es wurde möglich, aus einer Vielzahl von billigen, vor Ort verfügbaren gärfähigen Rohstoffen Alkohol zu destillieren: Roggen, Weizen, Mais, Gerste, Zuckerrohr, Kartoffeln, Äpfel und noch viele weitere Feld-Wald-und-Wiesen-Früchte. In England wurde der rapide steigende Konsum von Gin – später auch von Rum – noch zusätzlich durch geschäftstüchtige Kneipenwirte gefördert, denn diese entdeckten bald, daß die Symbiose von Trinken, Wetten und öffentlichen Vergnügungen recht einträglich war.

Zu Beginn des 18. Jahrhunderts tritt ein Phänomen auf, das J.H. Plumb als «Kommerzialisierung der Muße» bezeichnet hat, ein Trend, der sich während der georgianischen und viktorianischen Epoche fortsetzen sollte. Überraschend an dieser Kommerzialisierung ist, daß es sich keineswegs, wie man hätte erwarten können, um eine Kommerzialisierung traditioneller oder privater Freizeitvergnügen handelte. Es waren Geschäftsleute, die dafür sorgten, daß Kricket, Musik, Zirkus, Theater, Zeitschriften, Romane und Pferderennen populär wurden. Man muß dies betonen, denn in unserer herkömmlichen Sichtweise sind kommerzielle Freizeitaktivitäten gewissermaßen grobe Entstellungen einer «reinen» Muße – und heutzutage hat ja fast jede Form der Muße eine kommerzielle Komponente.

Kneipen und Gasthäuser waren wichtige Schauplätze öffentlicher Vergnügungen, ganz gleich, ob sie nun Preisboxen, Krikket-Wettkämpfe oder Musikkonzerte veranstalteten. Bei dieser ansonsten glücklichen Kombination von Kommerz und Spiel gab es jedoch zwangsläufig ein Problem: das exzessive Trinken. «Zu Beginn des 18. Jahrhunderts betrinkt sich in London hoch und niedrig systematisch mit Gin», schreibt Fernand Braudel. Die Trunksucht erreichte in diesem Jahrhundert beispiellose Ausmaße, und sie hatte zahlreiche negative Folgen – nicht nur öffentliche Unordnung, Gewalt und familiäres Unglück, sondern auch einen allgemein schlechten Gesundheitszustand. Die hohen Sterblichkeitsziffern dieser Epoche gehen nicht zum geringsten Teil auf den unmäßigen Konsum alkoholischer Getränke zurück, vor allem von selbstgebrannten Alkoholika, die häufig giftig waren.*

Der Branntwein war darum so weit verbreitet, weil er außerordentlich billig war; im Gegensatz zum Bier war er nur geringfügig besteuert. In den dreißiger Jahren wurden vereinzelte Versuche unternommen, eine Alkoholsteuer einzuführen – doch dabei blieb es, denn die Folge waren ausgedehnte Krawalle. Im Jahr 1751 wurde der *Gin Act* beschlossen, der die Steuer anhob und Kontrollen über den von den Branntweinbrennern betriebenen Einzelhandel verhängte. Auf den Konsum hatte dies durchaus eine dämpfende Wirkung, doch es sollten noch volle hundert Jahre vergehen, ehe Gladstone den Branntwein mit extrem hohen Steuern belegte. Der Alkoholkonsum ging daraufhin zurück, und das Biertrinken erlangte wieder seine frühere Vorrangstellung.

Das Trinken war eng verbunden mit einer Vielzahl von Freizeitaktivitäten; wenn Sozialreformer und religiöse Gruppierun-

* Es war auch üblich, bei der Arbeit zu trinken, und bis zur Mitte des 19. Jahrhunderts änderte sich daran nichts. Man tat es keineswegs heimlich – gewöhnlich legten alle zusammen, um eine Flasche zu kaufen –, und die verschiedenen Berufszweige hatten unterschiedliche Trinksitten: Die Drucker bevorzugten Rum, die Schneider tranken lieber Gin.

gen das Trinken verurteilten, so führte dies folgerichtig auch zu einer Mißbilligung jener Vergnügungen. Bis Mitte des 19. Jahrhunderts hielt die bürgerliche Mittelschicht Wettkämpfe und überhaupt jede Art von Sport für anstößig. Vor allem Hetzjagden wurden zur Zielscheibe religiöser und sozialer Reformer. Es dauerte allerdings noch viele Jahre, ehe Bärenhatz und Hahnenkampf gesetzlich verboten wurden (1835 bzw. 1849). Auch das Preisboxen war unter Beschuß, doch erst 1866 wurden die *Queensberry Rules* verabschiedet, die den Boxkampf mit ungeschützten Fäusten untersagten. Natürlich bedeutete das nicht, daß diese Aktivitäten sofort von der Bildfläche verschwanden – es gab sie illegal auch weiterhin –, aber immerhin gingen sie zurück.

Der Pferderennsport hingegen, der ebenfalls vielfache Gelegenheit zu Wetteinsätzen bot, wurde nicht untersagt, sondern im Gegenteil von den höheren Schichten zu ihrer eigenen Unterhaltung vereinnahmt. An die Stelle der improvisierten Querfeldeinrennen, die häufig von Kneipenwirten veranstaltet wurden, traten straff organisierte Veranstaltungen auf festen Rennbahnen. Ein Gesetz von 1740 schränkte die Zahl der kleineren, lokalen Rennveranstaltungen ein und förderte diesen Sport, soweit er von Aristokraten betrieben wurde. Diese wurden zu dessen wichtigsten Mäzenen: Sie züchteten Pferde, beschäftigten Berufsjokkeys und machten Rennen wie etwa das von St. Léger, das Derby-Rennen und *The Oaks* zu bedeutenden gesellschaftlichen Ereignissen (all diese Rennen wurden in den siebziger Jahren des 18. Jahrhunderts begründet und zählten später zu den fünf «Klassikern»). Zur selben Zeit wurden an mehreren Rennbahnen offizielle Wettbüros eingeführt, die wiederum die Beteiligung auch der unteren Schichten förderten. Diese hatten zwar keinen Zugang zu den Logen der Reichen, aber sie konnten sich wenigstens unter die feinen Pinkel am Rande der Bahn mischen.

Die Aneignung des Sports durch die wohlhabenden Schichten setzte sich im 19. Jahrhundert fort. An die Stelle der umherreisenden professionellen Kricketspieler trat eine Organisation von *county teams*, die jeweils eine Grafschaft vertraten und in denen Amateure der Ober- und Mittelschicht spielten. In den Jahren 1860 bis 1880 erlangte diese Art des Kricket buchstäblich die Vorherrschaft – die Amateure spielten einfach besser als die Profis. Das kam daher, daß dieser Sport nun auch in den vornehmen viktorianischen Privatschulen ausgeübt wurde. Das Amateurkricket wandelte sich von einem rauhen und mit viel Lärm verbundenen Sport zu einem kultivierten Zeitvertreib für den Gentleman. Auch Fußball, ein Freizeitvergnügen der Arbeiter, wurde in den vierziger Jahren allmählich zu einem Sport der Oberschicht. Die Regeln wurden verändert und eindeutig festgelegt, und in seiner neuen Form wurde schließlich das Spiel (das nun Rugby genannt wurde) von zahlreichen Privatschulen übernommen. Der Fußball nach traditionellen Regeln, bei dem der Ball nicht mit der Hand aufgenommen werden darf, blieb jedoch der Lieblingssport der Proletarier.

In der Mittelschicht vollzog sich im 19. Jahrhundert eine immer stärkere Privatisierung der Muße. Das eigene Zuhause erlangte dadurch ungeahnte Bedeutung; erhebliche Geldsummen wurden für Architektur und Innenausstattung aufgewandt, und einen großen Teil der freien Zeit verbrachte man in häuslicher Atmosphäre. Und noch eine weitere Freizeitinstitution wurde in jenen Jahren ins Leben gerufen: Zu einem privaten Club zu gehören war für Männer eine Möglichkeit mehr, die Menge auf Distanz zu halten. All diese Veränderungen, die sich beim Pferderennen, beim Kricket und beim Fußball vollzogen, sind Ausdruck eines grundlegenden Bedürfnisses der Wohlhabenden, sich von der allgemeinen Bevölkerung abzuheben.

Doch waren Freizeitaktivitäten auch eine Möglichkeit, den eigenen Status öffentlich geltend zu machen – daher die Beliebtheit der Fuchsjagd und der Jagd überhaupt, von der das gewöhnliche Volk nach Gesetz und Sitte ausgeschlossen blieb. Das Segeln als Zeitvertreib wurde in der ersten Hälfte des 19. Jahrhunderts immer beliebter, weil es ideal dazu geeignet war, durch aufwendige Lebenshaltung an Prestige zu gewinnen. Es war ein teurer und folglich exklusiver Sport. Der Yachtbesitzer konnte sich von der Menge einfach dadurch absetzen, daß er auf einen See hinaussegelte – dort brauchte man weder Zäune noch Mauern. Gleichzeitig war das eine erfreuliche Gelegenheit, sich von den am Ufer zurückbleibenden Proleten bewundern und beneiden zu lassen.

Diese Aufteilung von Freizeitaktivitäten nach sozialen Klassen war jedoch nicht durchgängig, und etwa in der Mitte der viktorianischen Epoche wurden Einflüsse wirksam, die dem entgegenwirkten. So gab es zum Beispiel eine Bewegung, die sich eine vernünftige Gestaltung der Freizeit zum Ziel gesetzt hatte. Ursprünglich war dies ein Phänomen der Mittelschicht – gefördert wurden Leihbibliotheken, literarische Gesellschaften und öffentliche Vorträge –, doch schließlich geriet die Gesellschaft insgesamt in den Blick. Die grundsätzliche Idee dabei war, den Arbeitern zu den Verlockungen von Kneipen und Spielhöllen eine geregelte Alternative zu bieten, die erzieherisch wirkte und der Weiterbildung diente. Das war natürlich ein äußerst mühseliges Unterfangen, doch es zeitigte durchaus greifbare Ergebnisse: so zum Beispiel den freien Eintritt in Museen an Sonn- und Feiertagen und die Verabschiedung von Gesetzen, die es den Stadtverwaltungen ermöglichte, eine Reihe von öffentlichen Freizeiteinrichtungen zu schaffen, vor allem Bibliotheken, Museen und Parkanlagen. Zwar dauerte es noch viele Jahre, ehe der Leitgedanke – Freizeiteinrichtungen mit freiem Zugang für alle – in die Praxis umgesetzt wurde, doch immerhin war es zu einer bedeutenden Verschiebung der Perspektive gekommen. Die Freizeit, bislang eine kommerzielle Angelegenheit, wurde zu einem öffentlichen Anliegen.

Die Freizeit im 19. Jahrhundert – und vor allem die sonntägliche Freizeit – wurde auch durch die Eisenbahn zunehmend demokratisiert. Zirkusartisten und Theatertruppen reisten per Zug schneller und bequemer als zuvor, und so konnte nun das Publikum in der Provinz Unterhaltung auf fast demselben Niveau genießen wie die Großstädter. Und was noch wichtiger war: Bei sinkenden Reisekosten konnten es sich mehr Leute leisten, zu einer Darbietung von weiter her anzureisen. Das sorgte für noch größeren Zulauf bei Jahrmärkten, Vergnügungsparks und auch bei den großen Pferderennen, die nun Zuschauer aus allen Bevölkerungsschichten und aus beträchtlicher Entfernung anzogen. Es ist wichtig, festzuhalten, daß im 19. Jahrhundert «die arbeitende Bevölkerung die Eisenbahn nicht dazu benutzte, um an den Arbeitsplatz zu gelangen, sondern um Vergnügungsfahrten zu machen», wie Cunningham schreibt. Als im Jahr 1854 der Kristallpalast in Sydenham neu errichtet wurde,* war er von London aus mit der Eisenbahn zu erreichen, und es wurde recht populär, für «einen Tag auf dem Land» den Zug zu nehmen. Die Eisenbahngesellschaften machten gemeinsame Anstrengungen, das Publikum mit reduzierten Sonntagstarifen und mit organisierten Ausflügen anzulocken, und zwar nicht nur zu Jahrmärkten und Pferderennbahnen, sondern auch ans Meer. Vormals exklusive Seebäder wie Brighton und Blackpool wurden nun zunehmend von Tagesausflüglern überschwemmt.

Auch schon im georgianischen Zeitalter waren die Freizeitvergnügungen ein Gegengewicht zur Arbeit gewesen; wer daran teilnahm, entkam dem eintönigen Alltag der Werkstätten und tauchte ein in die erregende Atmosphäre des Sports und des öffentlichen Spektakels. Dank der Eisenbahn wurde daraus in der viktorianischen Epoche eine Verlagerung im buchstäblichen Sinne: Sie brachte den Fabrikarbeiter aus der Industriestadt heraus in eine zuträglichere Umgebung.

Die enormen Veränderungen des sonntäglichen Lebens und der Freizeit überhaupt, die sich im letzten Viertel des 19. Jahrhunderts vollzogen, hat Seurat mit seiner *Grande Jatte* in bewundernswerter Weise verbildlicht. Die bewaldete Insel, die nur eine kurze Bahnfahrt vom Gare Saint-Lazare entfernt war, bot genau

* Das Wahrzeichen der ersten Weltausstellung von 1851 stand zunächst im Hydepark und wurde dann nach Sydenham am heutigen südlichen Stadtrand von London verlegt. Der *Crystal Palace* brannte 1936 ab; seit 1964 befindet sich dort ein riesiges Sport- und Erholungszentrum gleichen Namens und mit eigenem Bahnhof (A. d. Ü.).

die Annehmlichkeiten, nach denen die Bevölkerung am Sonntag lechzte: frische Luft und saftiges Grün, Gelegenheit zum Rudern, Angeln und Picknicken – eine Zuflucht vor der Pariser Innenstadt, die wie London zunehmend übervölkert war. Die meisten Wohnungen hier waren eng, düster und schlecht belüftet. In der Stadt zu leben war ungesund; bis zur Jahrhundertwende kam es in Paris immer wieder zu Typhus-, Cholera- und Pockenepidemien. Kein Wunder, daß die meisten Leute sich darauf freuten, dem zu entkommen, und sei es nur für einen Tag.

Was machten sie nun eigentlich auf ihren Ausflügen? Auf den ersten Blick scheinen die meisten Figuren auf Seurats Gemälde überhaupt nichts zu tun außer umherzuschlendern. Den «Spaziergang im Park» nahm man im 19. Jahrhundert sehr ernst. Gehen war gesund, und der Spaziergang in natürlicher Umgebung sollte geistigen Auftrieb geben – daher auch die wachsende Popularität von Bergsteigen und Wandern. Die ersten öffentlichen Parks waren nur zum Spazierengehen gedacht und boten keine weiteren Einrichtungen; bewußt wurden sie als «kultivierende» Alternative zu anderen Vergnügungen eingeführt. «Anstatt im Freien herumzulungern, bei Hundekämpfen zuzusehen, ‹Kopf oder Zahl› zu spielen oder in der Bierschenke zu sitzen, gehen die Leute am Sonntag in diese Parks», bemerkte ein Autor aus Manchester beifällig, und er fügte hinzu: «Das hat sie auch dazu gebracht, sich besser zu kleiden.»

Die Insel Grande Jatte war kein bewußt geplanter Park, hatte jedoch viel Ähnlichkeit damit. Die Figuren, die Seurat beim Promenieren beobachtete, sind gut gekleidet: Herren im Gehrock und mit Zylinder, Damen mit Modehüten und Sonnenschirmen – wobei letztere jene sonderbare Silhouette zeigen, die von den Turnüren herrührt, damals der Gipfel der Eleganz. Doch zwischen diesen Modepuppen im Sonntagsstaat finden sich andere Figuren, deren Kleidung auf eine niedrigere soziale Herkunft schließen läßt, so etwa die beiden Frauen ohne Hut, die im Gras sitzen, oder das Kindermädchen. Bei näherer Betrachtung ist dies alles andere als eine «bürgerliche» Szene, denn auch die arbeitende Bevölkerung ist vertreten, zum Beispiel mit der naß gewordenen Krankenschwester und den beiden Soldaten. Oder mit dem ruhenden Mann im Vordergrund, dessen spitz zulaufende Kappe, ärmelloses Trikot und Tonpfeife ihn als Fabrikarbeiter kennzeichnen. Am anderen Ende des sozialen Spektrums befinden sich, die Segler und das Ruderteam, die sich einem vornehmen, der wohlhabenden Bourgeoisie vorbehaltenen Zeitvertreib hingeben.

Diese Vermischung der sozialen Klassen zeigt, daß die von der Mittelschicht lancierte Idee einer vernünftigen Freizeitgestaltung die Sonntagsvergnügungen der Franzosen schon weitgehend beherrschte. Nicht vollständig allerdings, denn Grande Jatte war nicht nur ein Ort zum Rudern und Picknicken, sondern die Insel bot auch kommerzielle Unterhaltung. Es gab dort mehrere Cafés und Kegelbahnen sowie eine Tanzhalle, die nicht den allerbesten Ruf hatte. Dies alles ist zwar auf dem Bild nicht zu sehen, aber Seurat spielt darauf an, und zwar in der für ihn typischen, behutsamen Weise.* Die vollbusige Frau im Vordergrund, die den eleganten Müßiggänger begleitet, hat einen Affen an der Leine. Nach Ansicht des Kunsthistorikers Richard Thompson hat Seurat hier eine raffinierte optische Anspielung untergebracht, denn im zeitgenössischen Pariser Slang bedeutete *singesse* (Äffin) zugleich Prostituierte. Außerdem weist Thompson darauf hin, daß die gutgekleidete weibliche Figur am Ufer, die auf ungewöhnliche Weise eine Angel hält, eine Anspielung auf die bekannte französische Metapher sein könnte, nach der Prostituierte ihre Kunden «angeln» (und außerdem klingen die französischen Wörter für «angeln» und «Sünde» zum Verwechseln ähnlich).

Die Anwesenheit von Dirnen in diesem Park erinnert an frühere Zeiten, als man die Frauen, die in Tanzlokalen oder an anderen Orten öffentlicher Unterhaltung anzutreffen waren – in

* Seurat war bürgerlicher Herkunft, und er zeigte eine ganze Reihe von Eigenschaften, die charakteristisch für diese Klasse sind, wie zum Beispiel Beharrlichkeit, Mäßigung und Zurückhaltung. Degas verpaßte ihm den Spitznamen «der Notar».

Gaststätten, Vergnügungsparks, Spielkasinos und Varietétheatern –, für Prostituierte hielt, was sie in der Regel auch waren. Der wahre Ort für die wahre Frau war das Zuhause, und öffentliche Vergnügungen waren eine ausschließlich männliche Domäne. Dies änderte sich erst, als Sport und Spiel zu Freizeitaktivitäten der Oberschicht wurden. Auch der beliebte Sonntagsausflug wurde dann zu einer Angelegenheit der ganzen Familie. Etwa ab Mitte des 19. Jahrhunderts konnten sich auch Frauen unbehelligt am Meer und im Park in schicklicher Weise erholen, wie Seurats Gemälde zeigt.

Alle Geschlechter und Klassen haben sich hier versammelt, um den Sonntagnachmittag im Park zu verbringen. Dennoch – oder vielleicht gerade *wegen* dieser demokratischen Tuchfühlung – ziehen es die Individuen auf diesem friedlichen Schauplatz vor, sich gegenseitig zu ignorieren. Sie scheinen versunken in private Träumereien. Sie sind beisammen und doch jeder für sich. Auch dies war eine Veränderung des 19. Jahrhunderts: Öffentliche Muße fand nicht mehr in vertrauter Umgebung statt und war auch nicht mehr klassengebunden, sondern nahm einen immer gemeinschaftlicheren Charakter an. Doch wurde sie im Verlauf dieses Prozesses auch unpersönlicher, ja geradezu anonym. Man ging jetzt *fort*, um sich zu erholen, und am Strand oder im Park verbrachte man seine freie Zeit unter Fremden.

5

Der blaue Montag

Der früheste überlieferte Gebrauch des Begriffs *weekend** findet sich laut *Oxford English Dictionary* in einer Ausgabe der englischen Zeitschrift *Notes and Queries* von 1879: «Wenn in Staffordshire jemand am Ende seiner Arbeitswoche, am Samstagnachmittag, von zu Hause wegfährt, um mit Freunden den Samstagabend und den folgenden Sonntag in einiger Entfernung zu verbringen, so sagt man, er verbringe sein *week-end* dort und dort.» Dieses Zitat enthält offenbar eine Definition, woraus man schließen kann, daß das Wort erst seit kurzem in Gebrauch war. Wichtig ist auch, daß hier die «Arbeitswoche» am Samstagnachmittag endet; es bleiben also eineinhalb freie Tage übrig – und damit zum erstenmal ein Wochenende. Diese Neuerung, die es ausschließlich in Großbritannien gab, wurde etwa zwischen 1850 und 1875 eingeführt. Um jedoch zu verstehen, warum das Wochenende gerade zu diesem Zeitpunkt auftauchte, muß man zunächst einmal verfolgen, wie sich die Struktur der Freizeit in den vorangegangenen hundert Jahren verändert hatte.

Im 18. Jahrhundert endete die Arbeitswoche am Samstagabend; der Sonntag war der wöchentliche Ruhetag. Um die Namenstage und die religiösen Festtage der Katholiken zu verdrängen, hatte die Reformation und später der Puritanismus den Sonntag zum allwöchentlichen Feiertag erklärt. Das Tabu, das auf der Arbeit lag, wurde mehr oder weniger respektiert; die Restriktionen der Sabbat-Tradition jedoch, die Vergnügungen

* Das deutsche «Wochenende» ist vom englischen *weekend* abgeleitet, bürgerte sich jedoch erst nach dem Ersten Weltkrieg ein (A. d. Ü.).

und Belustigungen am Tag des Herrn untersagten, wurden von den meisten Engländern abgelehnt; für sie war der Feiertag eine Gelegenheit zum Trinken und Spielen – eine Gelegenheit, in den Tag hinein zu leben.

Daß es offiziell nur einen Ruhetag pro Woche gab, hieß jedoch nicht unbedingt, daß das Leben des durchschnittlichen britischen Arbeiters eine unablässige Plackerei gewesen wäre. Davon kann keine Rede sein. Auch an den jährlich wiederkehrenden Festtagen wie Weihnachten, Neujahr und Pfingsten wurde die Arbeit niedergelegt. Diese traditionellen Feiertage wurden allgemein eingehalten, wobei allerdings die Arbeitsunterbrechung unterschiedlich lang war – je nach örtlicher Gepflogenheit zwischen einigen Tagen und zwei Wochen. Neben diesen religiösen Festtagen wurden in Dörfern und ländlichen Bezirken auch noch eigene Feste gefeiert, die sogenannten Volksfeste. Diese festlichen Rituale, deren Ursprung im Mittelalter liegt, waren im wesentlichen profaner Art; es gab sportliche Wettkämpfe, Tanz und andere Volksbelustigungen.

Auch Städte hatten ihre eigenen Festtage, wenn es bei diesen auch nicht ganz so bukolisch zuging wie auf dem Land. Beispielsweise feierte das in Lincolnshire gelegene Stamford als eigenen Festtag den 13. November; an diesem Tag versammelten sich Tausende von Männern und Jungen zu einem Stiertreiben in den Straßen – der Vorgang erinnert an das berühmte Fest, das noch immer in Pamplona gefeiert wird. Die heutigen Briten machen sich lustig über die spanische Leidenschaft des Stierkampfs, doch zumindest kulturell ist ihre Sensibilität in dieser Hinsicht jüngeren Datums: Die Hatz in Stamford endete damit, daß die Stiere von einer Brücke in einen Fluß hinabgestoßen wurden; dann zog man sie heraus und tötete sie. Diese Stierhatz ist deswegen berühmt, weil sie am längsten überdauerte – nämlich bis weit ins 19. Jahrhundert –, doch ähnliches hat es auch in vielen anderen englischen Städten gegeben. In London beteiligten sich an dem Stiertreiben Arbeiter und Lehrlinge der Schneiderwerkstätten von Spitalfields; johlend jagten sie das Tier, das von einem Schlachter besorgt worden war, und stachelten es auf. Diese beliebte Veranstaltung existierte noch bis 1826, und mehrere Male mußte die Polizei gewaltsam eingreifen, um ihr ein Ende zu setzen.

Jährliche Feste wie diese waren jedoch nicht die einzigen arbeitsfreien Tage. Auf Gemeindeebene gab es Urlaub auch bei gelegentlichen außergewöhnlichen Ereignissen wie etwa Preisboxen, Pferderennen und bei anderen sportlichen Wettkämpfen, aber auch anläßlich von Jahrmärkten, Zirkusvorstellungen und reisenden Tierschauen. Kam eine dieser Attraktionen in ein Dorf oder eine Kleinstadt, so kam die normale Arbeit mehr oder weniger zum Erliegen, und die Leute strömten zusammen, um die exotischen Tiere, die Kunstreiter und die verschiedenartigsten menschlichen Mißgeburten und Kuriositäten anzustaunen.

Willkürlich ein Geschäft zu schließen oder die Werkstatt zu verlassen, um irgendwelchen Vergnügungen nachzugehen, mag dem heutigen Leser als verantwortungsloses Verhalten erscheinen; doch für den Arbeiter im 18. Jahrhundert gab es keine klare Trennungslinie zwischen Arbeit und Vergnügen. Man ging der Arbeit mit einer gewissen spielerischen Ausgelassenheit nach, und dem Spiel widmete man sich stets mit vollem Ernst. Außerdem standen viele Freizeitaktivitäten in direktem Zusammenhang mit dem Arbeitsplatz, denn häufig organisierten die Berufszünfte ihre eigenen Ausflüge, hatten ihre eigenen Clubs, in denen getrunken und gesungen wurde, und sie suchten ihre jeweils eigenen Stammkneipen auf.

Die Arbeiter des 18. Jahrhunderts hatten, wie Hugh Cunningham es formuliert, «eine ausgesprochene Vorliebe für lange Stunden der Muße». Diese Vorliebe dürfte wohl kaum etwas Neues gewesen sein; neu war allerdings, daß im wohlhabenden England der georgianischen Epoche so viele Leute auch danach handeln konnten. Erstmals in ihrem Leben verdienten viele Arbeiter mehr als das Existenzminimum. Damit hatten sie die Wahl, sich entweder Güter oder freie Zeit zu erkaufen. Sie konnten mehr arbeiten und damit auch mehr verdienen, oder sie konnten auf den zusätzlichen Verdienst verzichten und statt dessen mehr an freier Zeit genießen. Die meisten wählten das letztere, besonders die hochbezahlten Facharbeiter, die wirtschaftlich am unabhängigsten waren. Aber selbst der gewöhnliche Arbeiter, der im Tagelohn stand, hatte diese Wahl. Viele von ihnen arbeiteten hart und häufig weit länger als die üblichen zehn Stunden am Tag, um anschließend zu kündigen und sich auf die faule Haut zu legen, bis ihnen das Geld ausging.

Das Maß an regelmäßiger Freizeit war natürlich unterschiedlich, je nach örtlicher Gepflogenheit und abhängig von der Stärke der jeweiligen ständischen Organisation. Viele jedoch – zu viele – wurden ganz und gar ausgegrenzt. Die Ärmsten, vor allem Frauen und Kinder, denen die niedrigsten Löhne gezahlt wurden, hatten keinen Anteil am allgemeinen Wohlstand und mußten pausenlos arbeiten, häufig 12 bis 14 Stunden am Tag. Der Sonntag war ihre einzige Gelegenheit, sich zu erholen, und einige, die zu sieben Tagen Arbeit in der Woche verpflichtet waren, hatten nicht einmal diese Ruhepause. Die Beschäftigung mit der geringsten Chance auf freie Zeit hatte jedoch nichts mit der Fabrik zu tun – es war vielmehr die Arbeit der Hausangestellten. Das Dienstpersonal hatte der Herrschaft stets auf Abruf zur Verfügung zu stehen und hatte daher kaum Zeit für eigene Bedürfnisse. Ein freier Nachmittag pro Woche – das war gewöhnlich die ganze Freizeit eines Dienstmädchens.

Konnten die Leute jedoch selbst darüber bestimmen, so war der Arbeitsablauf charakterisiert durch eine unregelmäßige Abfolge von Arbeitstagen und Ruhetagen – «abwechselnde Anfälle von harter Arbeit und von Müßiggang», wie der Historiker E. P. Thompson es formuliert hat. Diese Unregelmäßigkeit wurde noch gesteigert durch die Art und Weise, wie man die freien Tage ausdehnte. So wurde zum Beispiel das Stiertreiben in London, das traditionellerweise am Ostermontag stattfand, fast stets in den nächsten Tag hinein verlängert; andere Veranstaltungen dieser Art begannen am Sonntag und erstreckten sich über weitere ein oder zwei Tage. Dörfliche Volksfeste folgten einem ähnlichen Muster. Daß sportliche Wettkämpfe, Jahrmärkte und andere Belustigungen sich über mehrere Tage hinzogen, war keineswegs ungewöhnlich. Der Sonntag war stets offiziell arbeitsfrei, daher waren es gewöhnlich die darauffolgenden Tage, die «angehängt» wurden. Daraus ergab sich die regelmäßige Gewohnheit, am Montag und häufig auch am Dienstag der Arbeit fernzubleiben und dafür gegen Ende der Woche Überstunden zu machen, um die Arbeit wieder aufzuholen. In einigen Berufszweigen erlangte der freie Montag sogar einen offiziellen Status. So nahmen sich zum Beispiel Weber und Bergleute regelmäßig den Montag frei, der auf den – wöchentlichen oder vierzehntäglichen – Zahltag folgte. Das wurde allmählich üblich, und man nannte es «den Montag blaumachen».

Der Ursprung des blauen Montags liegt im dunklen. Wie die siebentägige Woche selbst war es ein Brauch, der sich rasch verbreitete, obwohl er keinerlei offizielle Billigung fand. Er gefiel den Leuten einfach. Und wie die Woche war auch der blaue Montag eine Institution, deren Entstehung man sich durch Legenden und volkstümliche Erzählungen erklärte. Einige behaupteten, er gehe auf die Schneider zurück, deren Geschäfte am Montag allgemein geschlossen waren. Eine andere Geschichte besagt, der blaue Montag sei von Flickschustern eingeführt worden – das waren Handwerker von geringem Ansehen, die nicht die Fertigkeit von wirklichen Schustern besaßen, sondern Schuhe bloß ausbessern konnten.* Diese begriffsstutzigen Kerle hatten angeblich den Namenstag ihres Schutzheiligen St. Crispin vergessen; sie erinnerten sich nur daran, daß er auf einen Montag fiel, und so feierten sie eben ersatzweise *jeden* Montag.** Eine hübsche, wenngleich unwahrscheinliche Geschichte, denn die Tradition des blauen Montags gab es auch in Frankreich, Belgien, Preußen und Schweden. Diese weite Verbreitung läßt vermuten, daß es sich um eine Reaktion auf den Verlust der beliebten mittelalterlichen Namenstage handelte, die in protestantischen Ländern von der reformierten Geistlichkeit und im katholischen Eu-

* Als «zusammengeschustert» gilt daher alles, was ungeschickt oder mangelhaft hergestellt ist.

** Diese Legende zielt vor allem auf den Begriff *Saint Monday* («Heiliger Montag»), die englische Entsprechung des «blauen Montags» (A. d. Ü.).

ropa von besonders gebieterischen Unternehmern abgeschafft worden waren.

Die Flickschuster hatten einen Ruf als große Säufer – der «Flickschuster-Punsch» galt als Mittel gegen Kater –, und es gibt einige Versionen der Geschichte, in denen es heißt, sie hätten den freien Montag benötigt, um sich von ihren sonntäglichen Ausschweifungen zu erholen. Zumindest dieser Teil der Legende klingt wahr, denn der Brauch, den Montag blauzumachen, hatte zweifellos mit dem exzessiven Trinken zu tun. Ich erwähnte bereits die für das 18. Jahrhundert typische Neigung zum Besäufnis; während der ersten Hälfte des 19. Jahrhunderts stieg der Alkoholkonsum eher noch, und erst nach der Jahrhundertwende ging er allmählich zurück. Jene Saufgelage dauerten selten nur einen Tag, und die Arbeiter, die sich entschlossen hatten, sich «vollaufen» zu lassen, waren daher außerstande, am Montagmorgen an ihrem Arbeitsplatz zu erscheinen. In seinem Roman *Sybil oder Die beiden Nationen* (1845) schreibt Benjamin Disraeli über die fiktive Industriestadt Wodgate: «Die Männer arbeiten selten länger als vier Tage in der Woche. Am Sonntag beginnen die Vorarbeiter zu trinken; für die Lehrlinge gibt es Hundekämpfe am laufenden Band. Am Montag und Dienstag ist die gesamte Bevölkerung betrunken.»

Der blaue Montag ist kein alter Brauch – wahrscheinlich kam er erst gegen Ende des 18. Jahrhunderts auf, und zwar in unmittelbarem Zusammenhang mit der Industrialisierung. Denn für die Arbeiter bot sich damit eine Möglichkeit, das Gleichgewicht wiederherzustellen zwischen ihrer Freizeit und den immer längeren Arbeitstagen, die ihnen von den Fabrikbesitzern abverlangt wurden. Dieses zeitliche Improvisieren ermöglichte es den Arbeitern auch, der Obrigkeit eine Nase zu drehen und ihre frühere Freiheit geltend zu machen, nach eigenem Belieben zur Arbeit zu erscheinen.

Nachdem der blaue Montag einmal Fuß gefaßt hatte, war es schwierig, ihn wieder abzuschaffen. Als Disraeli seinen Roman veröffentlichte, war er noch immer weit verbreitet, und dabei blieb es noch für mehrere Jahrzehnte. Das bekannte Buch von

Thomas Wright über die Sitten und Gebräuche der Arbeiterklasse, das 1867 erschien, bezeichnete den blauen Montag als den «bemerkenswertesten und charakteristischsten, weil ganz und gar selbst geschaffenen Ruhetag... der größte unter den kleinen Feiertagen». Sich selbst bezeichnet Wright als «Ingenieursgeselle» – als Mechaniker also –, und seine Ansichten zu diesem Thema zeigen daher eine entsprechende Anteilnahme. Am Montag, so schreibt er, seien die Arbeiter «gestärkt von der Ruhepause am Tag zuvor; das Geld, das sie am Samstag erhielten, ist noch nicht restlos ausgegeben; und diejenigen unter ihnen, die ihre beste Kleidung für den größten Teil der Woche der Obhut eines Pfandleihers anvertrauen, verfügen noch immer über die Anzüge, die sie am Samstagabend aus der Rumpelkammer auslösten». Im Sonntagsanzug und mit einigen Schillingen in der Tasche konnte der faulenzende Arbeiter ausgehen und sich einen schönen Tag machen, das heißt vor allem Freunde und Berufsgenossen treffen, die sich denselben Vergnügungen hingaben.

«Wo immer häusliche Industrie und Heimarbeit in kleinerem Rahmen existierten», schreibt E. P. Thompson, «dort wurde am Montag fast durchweg blaugemacht.» Und das galt ebenso für Fabrikarbeiter. Auch wenn der blaue Montag zunächst aus einer individuellen Vorliebe für das «Blaumachen» entstanden ist – sei es zur Erholung, zum Ausschlafen eines Rauschs oder zu beidem –, so hat doch zu seiner Popularität in den fünfziger und sechziger Jahren das Aufkommen der Freizeitindustrie beträchtlich beigetragen. Zu jener Zeit fanden die meisten Sportveranstaltungen – wie etwa Pferderennen und Kricket-Wettkämpfe – am Montag statt, wußten doch die Veranstalter, daß aus ihrem Arbeiterpublikum viele bereit sein würden, diesen Tag freizunehmen. Der blaue Montag war jedoch keineswegs nur der Tag der Tierhatz und des Preisboxens. Da zahlreiche öffentliche Veranstaltungen am Sonntag verboten waren, wurde der Montag überhaupt zur wichtigsten Gelegenheit, sich auf profane Weise zu unterhalten: Die Besucherzahlen in botanischen Gärten und in Museen schnellten in die Höhe, die einfachen Leute gingen ins

Theater oder zum Tanzen, und die Clubs der Arbeiter hatten ihre wöchentlichen Zusammenkünfte.

Der britische Historiker Michael R. Marrus definiert Muße als «freie Aktivität, der sich ein Individuum gemäß seinen eigenen, wie auch immer beschaffenen Interessen widmet». Daraus folgt, daß man nicht sämtliche freie Zeit als Zeit der Muße betrachten kann und daß sich die Muße von anderen Arten der Erholung durch das Moment der *persönlichen Wahl* unterscheidet. Erstmals im späten 18. und frühen 19. Jahrhundert wurde diese Möglichkeit der individuellen Wahl für eine beträchtliche Zahl von Menschen zur Realität – teilweise als eine Folge des Wohlstands, teilweise aufgrund von veränderten Arbeitsgewohnheiten und teilweise deshalb, weil die Freizeitaktivitäten aus der Welt der Traditionen und Gebräuche (die kaum Wahlmöglichkeiten ließen) in die kommerzielle Welt des Marktes übergingen.

Chesterton behauptete, die einzig wahre Form der Muße sei die Freiheit, überhaupt nichts zu tun. Genau dafür entschieden sich die Arbeiter, die am Montag blaumachten, und dies bedeutete nicht einfach, sich einen bestimmten Tag freizunehmen, sondern es enthielt auch die Vorstellung, der (oder seltener: die) einzelne müsse Herr über die eigene freie Zeit sein. Wegen dieser Beziehung zur individuellen Freiheit wird der blaue Montag bisweilen beschrieben, als handele es sich um einen Brauch aus vorindustrieller Zeit, wie etwa der Tanz um den Maibaum oder das Dorffest. Rein chronologisch gesehen ist dies zwar falsch, aber tatsächlich spiegelte sich in der Fähigkeit, die eigene Freiheit im Nichtstun zu realisieren, ein vorindustrieller Sittenkodex, der in scharfem Gegensatz zur spätviktorianischen Arbeitsmoral stand. Denn diese legte besonderen Wert auf Disziplin und Ordnung, förderte eine schöpferische Gestaltung der Freizeit und stand jeder Art von Passivität und Müßiggang feindlich gegenüber.

Der blaue Montag war ein Widerschein alter Gewohnheiten, doch zugleich auch eine Vorahnung dessen, was noch kommen sollte. Der «kleine Feiertag» machte den Weg frei für das Wochenende – zum einen, weil er die Leute an die Annehmlichkeiten einer allwöchentlichen, mehr als eintägigen Arbeitspause gewöhnte; zum anderen, weil durch ihn eine neue Art von Freizeitbetätigung populär wurde, nämlich die Vergnügungsfahrt.

Ehe in den dreißiger Jahren des 19. Jahrhunderts die Eisenbahn aufkam, war die Art des Reisens seit der Antike im wesentlichen unverändert geblieben. Kurze Strecken legte man zu Fuß zurück; längere Reisen bewältigte man entweder im Sattel – das galt allerdings nur für junge Männer, die gesundheitlich auf der Höhe waren – oder in einer von Pferden gezogenen Kutsche. In beiden Fällen hatte man es mit schlechten Wegen, allerlei Mißgeschicken und lange Zeit auch mit Straßenräubern zu tun. Diese spielten zwar zu Beginn des 19. Jahrhunderts keine Rolle mehr, doch eine Reise unternahm man auch weiterhin aus Notwendigkeit und nur selten zum bloßen Vergnügen. In Jane Austens Roman *Emma* ist Mr. Knightley besorgt wegen der «Unannehmlichkeiten der Reise», die ihn und seine Familie von London nach Highbury führen soll, und wegen der «Strapazen für seine Pferde und Kutscher». Der heutige Leser bemerkt mit Verwunderung, daß dies eine Reise von nur 25 Kilometern ist. Doch für diese Entfernung benötigte man mit der Kutsche fast vier Stunden, und zwar äußerst unangenehme und ungemütliche vier Stunden, während deren man über schlammige und tief gefurchte Landstraßen schaukelte und holperte.* In demselben Roman hat Mr. Woodhouse, der Vater von Emma, einen wahren Horror vor Kutschen; Reisen unternimmt er so gut wie keine – außer zu Fuß. Emmas Schwester kommt zwar von London zu Besuch nach Highbury, jedoch recht selten. Die meisten Gäste bleiben in Highbury mindestens ein bis zwei Wochen, denn wegen der Langsamkeit und Unbequemlichkeit des Reisens mit der Kutsche wären kürzere Besuche unpraktisch.

* *Emma* erschien 1816. Es dauerte noch bis in die dreißiger Jahre, ehe zumindest zwischen den wichtigsten Städten Schotterstraßen üblich waren und dadurch Reisen mit der Kutsche etwas bequemer und schneller wurden. Auf einer guten Straße und bei häufigem Wechsel der Pferde konnte dann eine Kutsche die noch nie dagewesene Geschwindigkeit von 16 Kilometern pro Stunde erreichen.

Sowohl die Zeit, die man benötigte, als auch die hohen Kosten sorgten dafür, daß Reisen ein Luxus war – ein Luxus, den die begüterten Klassen zwar nicht eigentlich genossen, den jedoch sie allein in Anspruch nahmen. Mit dem Aufkommen des blauen Montags und der Eisenbahn änderte sich das. In Birmingham gab es die ersten billigen Ausflüge mit der Eisenbahn im Sommer 1841, wie der Historiker Douglas A. Reid von der dortigen Universität festgestellt hat. Dieser Brauch setzte sich sehr schnell durch, und bereits 1846 fanden 22 Ausflüge statt, darunter viele, die von Arbeitervereinen organisiert waren. Mehr als drei Viertel der Ausflüge fanden montags statt. Die Eisenbahn bot den Arbeitern und ihren Familien die Möglichkeit, schnell und billig zu reisen, und der arbeitsfreie Wochentag sorgte dafür, daß man diese Möglichkeit auch genießen konnte. «Acht Stunden am Meer für drei Schilling Sixpence» verhieß ein zeitgenössisches Inserat.* Freizeit von Sonntag bis Montag bedeutete auch, daß die Leute an einem Tag abreisen und erst am folgenden Tag zurückkehren konnten. Man nannte das zwar nicht «das Wochenende verbringen», doch von dieser späteren Gewohnheit unterschied es sich nur geringfügig. Man mußte eigentlich nur noch den freien Tag vom Montag auf den Samstag verlegen.

Die Tatkraft von Unternehmern und die Werbung waren bedeutende Faktoren nicht nur hinsichtlich des blauen Montags und dessen Verbreitung, sondern auch in bezug auf Freizeit überhaupt. Es war eine sonderbare und offenkundig widersprüchliche Situation: Nicht so sehr die Kommerzialisierung der Muße verdankte sich dem Handel als vielmehr die Entdeckung der Muße selbst. Es begann im 18. Jahrhundert mit Zeitschriften, Kaffeehäusern und Musiksälen, und im 19. Jahrhundert setzte es sich fort mit Profisport und Vergnügungsfahrten. Die moderne Vorstellung einer individuellen Muße entfaltete sich gemeinsam mit der Freizeitindustrie, und ohne diese Industrie wäre es zu jener Vorstellung nicht gekommen.

* Damals etwa eineinhalb Tagelöhne eines Fabrikarbeiters (A. d. Ü.).

An Kritikern des blauen Montags mangelte es nicht. Religiöse Gruppen machten Propaganda gegen diese Tradition, die in ihren Augen den Sabbat schändete, weil sie dem Alkoholismus und der Ausschweifung Vorschub leistete. Sozialreformer aus der Mittelschicht und Verfechter einer vernünftigen Freizeitgestaltung schlossen sich an; auch sie wollten, daß ihre Landsleute den Sonntag auf andere Weise begingen, nämlich nach Art des sogenannten «kontinentalen» Sonntags – ein Tag, an dem Franzosen und Deutsche aus allen Gesellschaftsschichten sich in ungezwungener und doch schicklicher Weise auf Promenaden und in Vergnügungsparks untereinander mischten. Gemeint war damit jene Art von zivilisiertem Sonntag, den wenig später Seurat mit seiner *Grande Jatte* darstellte, und genau diese Art sonntäglichen Lebens propagierten Erbauungsvereine wie etwa die jüngst gegründete *Young Men's Christian Association* (Christlicher Verein Junger Männer), die *Sons of Temperance* (Temperenzler) und vor allem die *P. S. A.*, auch *Pleasant Sunday Afternoon* genannt («Vergnüglicher Sonntagnachmittag»). Alle diese Gruppen betrachteten den blauen Montag und die unter Arbeitern beliebten Volksbelustigungen geradezu als etwas Teuflisches.*

Eine Organisation, die sich gleichfalls an dieser Debatte beteiligte, war die 1842 in London gegründete *Metropolitan Early Closing Association***. Deren Mitglieder, die fast ausschließlich aus der Mittelschicht stammten, befaßten sich mit den Arbeitsbedingungen von Verkäufern, die Arbeitstage bis zu 18 Stunden hatten. Zu jener Zeit hatten Geschäfte grundsätzlich bis zehn oder elf Uhr abends geöffnet und im Sommer sogar noch länger. Der Verein arbeitete darauf hin, daß schon um sechs Uhr ge-

* Doch standen religiöse Reformer und Verfechter einer vernünftigen Freizeitgestaltung keineswegs immer Seite an Seite. Die letzteren forderten, am Sonntag die Museen zu öffnen und auch Konzerte von Musikkapellen zuzulassen – Dinge, die den Anhängern des Sabbats ein Greuel waren.

** Singgemäß etwa «Großstädtischer Verein für früheren Ladenschluß» (A. d. Ü.).

schlossen werden sollte. Er organisierte Versammlungen und öffentliche Aufrufe, und schon nach kurzer Zeit entstanden Ortsgruppen in Manchester, Birmingham, Liverpool und allen anderen größeren Städten Englands. Schließlich richteten sich die Forderungen auch auf die Arbeitszeit von Schreibkräften in Büros und im Großhandel.

Die Ziele der *Early Closing Association*, wie sie jetzt hieß, waren humanitärer, aber auch religiöser Art. Da die schwer arbeitenden Angestellten nur am Sonntag frei hatten, nutzten sie diesen Tag teilweise zum Ausschlafen, teilweise zu Spiel und Unterhaltung. Der Gang zur Kirche dagegen hatte verständlicherweise nicht gerade den höchsten Vorrang. Im Verein hoffte man, eine weniger anstrengende Woche würde zu verstärkter Teilnahme am Gottesdienst führen, und diese Überlegung führte 1855 zu dem Vorschlag, die Läden am Samstag bereits um ein Uhr zu schließen. Damit blieb ein halber Tag für Hausarbeit und soziale Aktivitäten – ein Abend beim Tanz oder im Pub –, und der Sonntag stand dann ausschließlich zur Andacht und für «nüchterne» Arten der Erholung zur Verfügung. Da die Verkäufer keine eigene Gewerkschaft hatten, konnte diese Neuerung nur mit Einwilligung der einzelnen Ladeninhaber eingeführt werden, und deren Reaktion war in den verschiedenen Städten völlig unterschiedlich. Außerdem gab es bestimmte Arten von Geschäften – zum Beispiel Buchhändler, Apotheker und Tuchhändler –, von denen die kürzeren Öffnungszeiten etwas bereitwilliger übernommen wurden als von anderen.

Es ist der *Early Closing Association* zu verdanken, daß der Gedanke eines «halben» Samstags auch in breiterer Öffentlichkeit zur Sprache gebracht wurde, doch weitere Erfolge erzielte sie in ihrer mehr als 50jährigen Geschichte kaum. Ihre Ziele waren in sich widersprüchlich. Je mehr Angestellte ihren arbeitsfreien Samstagnachmittag zum Einkaufen nutzten, desto mehr Anlaß hatten die übrigen Geschäfte, geöffnet zu bleiben. Und im übrigen hatte der Verein den Nachteil, eine von oben nach unten gerichtete Bewegung zu sein: eine Organisation, die von gutsituierten Leuten begründet worden war und mit der nur wenige Angestellte oder Ladeninhaber unmittelbar zu tun hatten. Sie baute mehr auf gütliches Zureden als auf Arbeitskämpfe, und es gelang ihr nicht, sich eine starke politische Basis zu schaffen.

Es ist unwahrscheinlich, daß sich der freie Samstagnachmittag derart rasch verbreitet hätte, wenn nicht auch die Fabrikbesitzer etwas davon gehabt hätten. Ihnen war klargeworden, daß es teuer und ineffizient war, Maschinen – und insbesondere Dampfmaschinen – im Stop-and-go-Verfahren zu betreiben. Es war unmöglich, den Produktionsablauf in zweckmäßiger und profitabler Weise zu planen, wenn ein beträchtlicher Teil der Belegschaft jederzeit und ohne Vorankündigung verschwinden konnte, um an irgendwelchen lokalen Festlichkeiten teilzunehmen. Unentschuldigtes Fehlen war weit verbreitet; doch alle Versuche, Disziplinarmaßnahmen zu verhängen – indem man zum Beispiel Arbeiter, die nicht erschienen waren, aussperrte und durch weibliche Arbeitskräfte ersetzte –, hatten sich als unwirksam erwiesen, und zwar in solchem Maße unwirksam, daß viele Fabrikanten schlicht resignierten und den Montag dazu nutzten, an ihren stillstehenden Maschinen Reparatur- und Wartungsarbeiten durchführen zu lassen.

Es hatte wenig Sinn, daß die Arbeitgeber auf einer Sechstagewoche mit zwölfstündiger Arbeitszeit beharrten, wenn an manchen Tagen so wenige Arbeiter erschienen, daß die Fabrik ohnehin geschlossen werden mußte. Der Vorschlag der *Early Closing Association*, den halben Samstag freizugeben, bot einen Ausweg. Er wurde von Fabrikbesitzern unterstützt, die zu diesem Zugeständnis bereit waren, wenn sich die Beschäftigten im Gegenzug zu regelmäßigem Erscheinen verpflichteten. Diese «halben» Samstage und die verkürzten Arbeitstage wurden zum Vorbild nicht nur aller späteren Verhandlungen, sondern auch der Gesetzgebung, welche die Länge des Arbeitstages zu regeln hatte.

In bestimmten Branchen in Schottland und Nordengland hatte es zeitweilig so etwas wie historische Vorläufer des freien Samstagnachmittags gegeben. So war zum Beispiel bei den Webern, die zu Hause arbeiteten, der Samstagnachmittag die Zeit der Abrechnung: Die Produktion der vergangenen Woche wurde hereingebracht und gezählt, und daraus ergab sich naturgemäß ein kürzerer Arbeitstag. Es ist überliefert, daß es unter Baumwollspinnern den frühen Feierabend am Samstag bereits im Jahr 1816 gegeben hat, und auch Papierarbeiter in Lancashire und in Westschottland kannten ihn. Unter Textilarbeitern war es Tradition, samstags – das heißt am Zahltag – früher die Arbeit niederzulegen. Dieser Brauch starb im 19. Jahrhundert zunächst aus, um dann durch das «Zehnstundengesetz» von 1847 wiederbelebt zu werden. Dieses Gesetz legte die Länge des Arbeitstags in der nördlichen Textilindustrie fest; nach ihm mußte der herkömmliche Zehnstundentag wieder eingeführt werden – von sechs Uhr am Morgen bis sechs Uhr am Abend, mit insgesamt zwei Stunden Essenspause. Außerdem verfügte das Gesetz einen «kurzen Samstag» von acht Arbeitsstunden. Einige Jahre später mußte die Arbeit am Samstag laut *Factory Act* bereits um zwei Uhr nachmittags niedergelegt werden. Während der folgenden beiden Jahrzehnte verbreitete sich diese Praxis über ganz England, und es wurden nun auch zahlreiche andere Berufe mit einbezogen, wie etwa Bauhandwerker oder Spitzenklöpplerinnen. Im Jahr 1874 wurde ein Gesetz verabschiedet, das die Samstagsarbeit landesweit und in allen großen Industriezweigen auf sechseinhalb Stunden begrenzte.

Douglas A. Reid schreibt in seinem Essay über das Ende des blauen Montags, daß die Einführung des freien Samstagnachmittags auch von der Einwilligung der Arbeiter selbst abhing; denn «erst einmal mußte man die Leute bekehren, vorher hatte das neue Evangelium bestimmt keinen Erfolg». Doch warum zeigten sie sich mit der neuen Regelung einverstanden? Den freien Montag gegen einen halben Samstag einzutauschen – das war nicht gerade ein gutes Geschäft. Außerdem würde man erwarten, daß sich Widerstand regte gegen die Einbuße an persönlicher Freiheit, denn nun konnten die Arbeiter nicht mehr kommen und gehen, wann sie wollten. Derartigen Widerstand gab es tatsächlich, doch keineswegs auf breiter Front. Nur die Facharbeiter verdienten genug, um der Arbeit nach Belieben fernbleiben zu können; viele von ihnen sträubten sich gegen das Ende des blauen Montags und fuhren fort, an unregelmäßigen Tagen zu arbeiten. Dagegen hatten die schlecht bezahlten Arbeiter mit ihren sechs vollen Werktagen ohnehin nichts zu verlieren – für sie war der zusätzliche halbe Ruhetag eine willkommene Erholung. Andere wiederum konnten den Montag schon deshalb nicht mehr blaumachen, weil es jetzt Gesetze gab, welche die tägliche Arbeitszeit von Kindern begrenzten. Der einzelne Handwerker, der auf junge Hilfskräfte angewiesen war, hatte nun nicht mehr die Möglichkeit, gegen Ende der Woche Überstunden zu machen, um den Arbeitsrückstand vom Montag wieder aufzuholen.

In vielen Fällen jedoch tauschten auch die besser Verdienenden ihre Freiheit aus eigenem Entschluß gegen regelmäßigere Beschäftigung ein. Die Art und Weise, wie man sein Geld ausgab, veränderte sich: Die Verbraucher wurden begieriger auf Konsum, ihre Ansprüche stiegen, und folglich wurde es auch immer wichtiger, Geld aufzusparen. Man legte nun gesteigerten Wert auf ein regelmäßiges Einkommen; der Reiz des Geldes verdrängte den der Freizeit. Außerdem verbreiteten sich allmählich die Werte des Mittelstands, und dies bedeutete, daß es nun auch viele Arbeiter gab, welche von den traditionellen Lastern des blauen Montags – Spiel und Saufgelage – überhaupt nichts hielten. Auch die Clubs und Vereine der Arbeiter unterstützten die Idee einer fortschrittlicheren, das heißt disziplinierteren Arbeitswoche.

Für die Sozialreformer war es ein entscheidender Unterschied, ob es arbeitsfreie Stunden am Samstag oder am Montag gab. Wenn sie den blauen Montag kritisch beurteilten, so nicht, um die bisherigen Freizeitaktivitäten einfach von einem Tag auf einen anderen zu verschieben. Vielmehr versuchten sie, diese Aktivitäten selbst zu verändern.

Von allen Seiten unter Beschuß, ging die Tradition des blauen Montags ihrem Ende entgegen, wenn auch nicht mit einem Mal und nicht überall im selben Maße. Tatsächlich überdauerte die Idee eines arbeitsfreien Montags auch noch im *Bank Holidays*

Act von 1871, der festlegte, daß von vier neuen Nationalfeiertagen drei auf einen Montag zu fallen hatten.* Einige Branchen, wie zum Beipiel die Messerschmiede, die Drucker und die Töpfer, hielten am blauen Montag noch bis zur Jahrhundertwende fest, und E. P. Thompson berichtet von britischen Grubenarbeitern, die noch bis in die sechziger Jahre unseres Jahrhunderts den Montag blaumachten – was allerdings ungewöhnlich war. Bisweilen gelang es, die alte Gewohnheit neben der neuen fortzuführen. Noch im Jahr 1874 berichtete der amerikanische Konsul in Sheffield: «Der Montag ist so durchgängig arbeitsfrei, daß man ihn den blauen Montag nennt ... Und in unzähligen Fällen zieht sich diese Pause noch über den ganzen nächsten Tag hin, so daß zahlreiche Arbeiter, die am Samstagnachmittag aufhören zu arbeiten, erst am folgenden Mittwoch weitermachen.» Doch im großen und ganzen wurde diese einst so verbreitete Gewohnheit zur Ausnahme. Für immer mehr Arbeiter nahm die Woche ihre moderne Gestalt an: regelmäßige Arbeitstage, gefolgt von regelmäßiger Freizeit.

«Das Wochenende verbringen» ist eine Redewendung, die in den siebziger Jahren aufkam. Die Landhäuser der Wohlhabenden standen zumeist in den an London angrenzenden Grafschaften und waren jetzt bequem per Bahn erreichbar. Es wurde Mode, am Freitagnachmittag hinauszufahren und am Montag in die Stadt zurückzukehren, und solche mehrtägigen *house parties* wurden zu einem wichtigen Merkmal der Oberschicht und ihres sozialen Habitus.** Wochenendausflüge, vor allem an die See, konnten sich nun auch die unteren Klassen leisten, deren Wo-

* Die Zahl der Tage, an denen Banken geschlossen waren, erhöhte sich damit auf acht. Damit dies nicht allzu großzügig erscheint: Vor dem ersten *Bank Holidays Act* von 1834 blieben die Banken auch an bestimmten Namens- und Gedenktagen geschlossen – insgesamt 33 Tage im Jahr.

** Nach Ansicht von Ralph Dutton war das viktorianische Wochenende ein Rückschritt. Im Landhaus des 18. Jahrhunderts empfing man Dichter, Maler und Schriftsteller, die dort für ein, zwei Wochen eine Umgebung der Muße vorfanden. Bei der kürzeren *house party* dagegen war das Wichtigste die Unterhaltung, nicht die Kultur.

chenende sich allerdings nur vom Samstagnachmittag bis zum Sonntagabend erstreckte.

«Der freie Samstagnachmittag», schreibt der zeitgenössische Beobachter Thomas Wright, «ist eine der praktisch wohltätigsten Bestrebungen, die mit Blick auf die soziale Besserung der ‹Massen› jemals in die Wege geleitet wurde. Niemand, der ihre Arbeitsmühsal kennt, wird daran auch nur einen Augenblick zweifeln.» Zustimmend beschreibt Wright eine Palette von Aktivitäten, denen sich die Arbeiter am Samstagnachmittag hingaben. Es begann mit einem gemütlichen Mittagsmahl zu Hause; danach folgte häufig das wöchentliche Bad in einer öffentlichen Badeanstalt in der Nachbarschaft – eine wichtige Einrichtung zu einer Zeit, da es nur in wenigen Häusern fließend Wasser gab, und verbreitet in Städten Großbritanniens und Nordamerikas noch bis weit ins 20. Jahrhundert. Die restlichen Stunden des Tages las man die Zeitung, erledigte Arbeiten ums Haus, besuchte einen Club oder machte einen Schaufensterbummel durch die Stadt. Der Samstagnachmittag wurde zu einer üblichen Zeit für Konzerte im Freien, für Fußball, Rudern und Radfahren. Und natürlich für den Besuch im örtlichen Pub, denn trotz der Hoffnungen der Reformer und der Evangelikalen war Trinken noch immer das wichtigste Freizeitvergnügen der arbeitenden Bevölkerung – ob der freie Tag nun auf Samstag oder auf Montag fiel.

Wright hebt besonders hervor, daß der Nachmittag meist pünktlich mit dem Fünfuhrtee abgeschlossen wurde, um noch recht viel Zeit für das Hauptvergnügen der Woche übrigzubehalten – den Samstagabend. Denn das war die Zeit, um ins Theater zu gehen, wohin die Leute mit den billigen Plätzen im dritten Rang Essen und Trinken mitnahmen. Auch das Varieté hatte bedeutenden Einfluß darauf, wie man den Samstagabend gestaltete; zunächst eine bloße Zugabe in Kneipen, entwickelte es sich in den vierziger Jahren zu einer selbständigen Darbietung und blieb dann für achzig Jahre die dominierende Form britischer Unterhaltung. Wie im amerikanischen Vaudeville wurden dem Arbeiterpublikum im Varieté vor allem Songs geboten, und einer von diesen spiegelt den Geist der neuen Art von Freizeit wieder – und damit ein neues Ritual:

Sweet Saturday night,
When your week's work is over
That's the evening you make a throng,
Take your dear little girls along.
Sweet Saturday night:
But this hour is Monday morning –
To work you must go
hough longing, I know
For next Saturday night.

Süßer Samstagabend,
Wenn die Arbeit dieser Woche getan ist,
Das ist der Abend, an dem ihr herbeiströmt,
Und eure lieben kleinen Mädels mitbringt.
Süßer Samstagabend:
Doch jetzt ist Montagmorgen –
Ihr müßt an die Arbeit,
Wenn auch mit Sehnsucht – ich weiß es –
Nach dem nächsten Samstagabend.

«Für die breiten Massen in Europa» – so hat es Michael R. Marrus zugespitzt formuliert – «wurde Muße erst im 19. Jahrhundert überhaupt zu einer Realität.» Das ist leicht übertrieben, denn viele Freizeitgewohnheiten bürgerten sich bereits hundert Jahre früher ein, und schon der blaue Montag war gewissermaßen improvisierte Freizeit. Doch richtig ist, daß es erstmals im 19. Jahrhundert eine Auffassung von Muße gab, die sich von allem vorigen deutlich unterschied. Das war nicht mehr die elitäre Muße der Aristokratie und des Landadels, für die Vergnügungen wie etwa die Fuchsjagd zum Lebensinhalt geworden waren. Und es war auch nicht mehr das traditionelle Ineinander von Arbeit und Vergnügen, wie man es beim gewöhnlichen Volk antraf. Von nun an konnte man nicht mehr nach Belieben zwischen Arbeit und Spiel wechseln, und beides fand auch nicht mehr im selben Milieu statt – jetzt hatte die Muße ihre besondere Zeit und ihren besonderen Ort. Kein Spiel mehr als Arbeit und keine Arbeit als Spiel – diese Auffassung von Muße, wie sie in der Mittelschicht üblich war, infiltrierte und beeinflußte schließlich die ganze Gesellschaft, und sie brachte etwas völlig Neues: eine präzis festgelegte zeitliche und räumliche Grenze zwischen Muße und Arbeit. Das Wochenende macht diese Grenzlinie augenfällig, die mehr als alles andere die moderne Form der Muße charakterisiert.

6

Eine Welt von Wochenenden

Anders als in Großbritannien gab es in den Vereinigten Staaten keinen «offiziellen» blauen Montag, den man hätte aufrechterhalten oder bekämpfen können; und dennoch erschien man in Amerika bis zum 19. Jahrhundert ziemlich unregelmäßig am Arbeitsplatz. Unentschuldigte Abwesenheit war nicht eben unüblich, und wie in England waren die «blauen Montage» die Folge sonntäglicher Trinkgelage. Nach und nach setzten die Unternehmer mehr Disziplin am Arbeitsplatz durch, und ihre Angestellten rächten sich dafür, indem sie für das regelmäßige Erscheinen im Gegenzug eine Verkürzung der Arbeitszeit forderten. Im großen und ganzen hatten sie damit auch Erfolg. Im Jahr 1830 war der Arbeitstag länger als zwölf Stunden; während der folgenden fünfzig Jahre wurde er allmählich verkürzt, und um die Jahrhundertwende arbeiteten viele nur noch neun Stunden am Tag. Keinesfalls jedoch wurde der Sonntag allgemein eingehalten – mit Sicherheit weniger als in Europa –, und in vielen Fabriken, zum Beispiel in der Stahlindustrie, lief die Produktion sieben Tage die Woche.

Erst nach dem Ersten Weltkrieg wurde es in Amerika allgemein üblich, am Samstag früher Feierabend zu machen; allerdings gab es bereits um 1900 zumindest während der Sommermonate einige freie Samstagnachmittage. Deren Ursprung liegt im dunklen, wenngleich ein offensichtlicher Zusammenhang besteht zwischen dem verkürzten Samstag und bestimmten Vergnügungen im Freien, wie etwa Schwimmen, Bootfahren und Baseball. Die meisten Nordamerikaner hatten ja auch mit weitaus wärmeren Sommern zu kämpfen als die Europäer. Klimaanlagen gab es nicht, und so war die Sommerhitze in den mit Arbeitern und Maschinen überfüllten Fabriken fast unerträglich.

Ob die Amerikaner schon darüber unterrichtet waren, daß die Briten am Samstag regelmäßig um ein Uhr Feierabend hatten, wissen wir nicht. Jedenfalls waren auf jener Seite des Atlantiks andere Kräfte am Werk. Es gab zwar kirchliche Gruppen und bürgerliche Reformbewegungen ähnlich der *Early Closing Association*, doch wurde der freie Samstagnachmittag weitgehend aufgrund von Forderungen der arbeitenden Bevölkerung selbst eingeführt.

Die Verkürzung der Arbeitswoche war Bestandteil einer umfassenderen gewerkschaftlichen Agitation für die Verminderung der Arbeitszeit und insbesondere für den Achtstundentag – eine Bewegung, die in den sechziger Jahren nach dem Bürgerkrieg eingesetzt hatte. Ihr Wahlspruch lautete: «Acht Stunden Arbeit, acht Stunden Schlaf, acht Stunden für uns.» Es sollte noch viel Zeit vergehen, ehe dieses Ziel erreicht wurde. 1850 betrug die durchschnittliche Länge des Arbeitstags etwa elf Stunden; dank des Drucks der Arbeiterbewegung lag sie um 1900 bei nur noch neun Stunden, und während der folgenden drei Jahrzehnte ging sie noch weiter zurück.

Die Geschichte des sogenannten kurzen Samstags beginnt mit der *Typographical Union* (Druckergewerkschaft), die Arbeiter aus dem Druckgewerbe sowie aus der Zeitungs- und Buchbranche vertrat. Das Zeitungsgeschäft erforderte zumindest auf *dieser* Ebene keine Überstunden. Damit eine Zeitung am folgenden Morgen erscheinen konnte, mußten Schriftsetzer mit ihrer Arbeit bereits am späten Nachmittag fertig sein, und daher waren es diese Arbeiter, die den Kampf um kürzere Arbeitszeit anführten. Nach einigen größeren Streiks wurde im Jahr 1907 der Achtstundentag Wirklichkeit – oder jedenfalls beinahe. Viele Arbeiter folgten einer alten Gewohnheit im Buch- und Druckgewerbe und arbeiteten an jedem Wochentag eine dreiviertel Stunde länger, um schon am Samstagmittag Feierabend machen zu können. Später wurde dann diese Praxis offiziell zur Kenntnis genommen, als die Gewerkschaft auf eine 44-Stunden-Woche drängte: acht Stunden täglich, doch nur vier Stunden am Samstag. In anderen Branchen wurden ähnliche Forderungen erhoben. Bereits 1912 erkämpften sich die New Yorker Kürschner durch einen 13wöchigen Streik den freien Samstagnachmittag.

Viele Gewerkschaftsmitglieder fragten sich, ob nicht eine Sechstagewoche mit verkürzter Arbeitszeit besser sei als längere Arbeitstage mit freiem Samstagnachmittag. Doch wie schon in England erwies sich der an den Sonntag gekoppelte freie Nachmittag als sehr verlockend und wurde daher sehr schnell üblich. Roy Rosenzweig schreibt in seiner Studie über Arbeiter und Freizeit in Worcester, Massachusetts, in den frühen zwanziger Jahren habe eine wachsende Zahl von Firmen nur noch den halben Samstag gearbeitet. Und es waren keineswegs nur die Fabrikarbeiter, die früher Feierabend machen wollten. Als 1929 die *American Federation of Labor* eine Verringerung der Arbeitsstunden für Regierungsbeamte forderte, machte sie die Verkürzung der *Woche* zu ihrem Hauptanliegen, «weil private Firmen den freien Samstagnachmittag bereits generell und übers ganze Jahr eingeführt haben». In einer berühmten, 1934 veröffentlichten Sozialstudie über die Freizeitgewohnheiten in der Vorstadt (am Beispiel von Westchester County, New York) heißt es, in der Arbeitswoche des «Erwerbstätigen» sei der freie Samstagnachmittag bereits «Standard».

Als größte Berufsgruppe unter den Erwachsenen von Westchester nannte diese Studie die Büroangestellten – auch dies zeigt, daß der halbe freie Tag keineswegs nur bei den Handarbeitern üblich war. In den dreißiger Jahren schlossen in New York die meisten Büros am Samstagmittag, und daß dieser Brauch sich überall einbürgerte, ist einer generellen Forderung nach mehr freier Zeit zuzuschreiben, die von sämtlichen Berufsgruppen erhoben wurde.

In dieser zusätzlichen Freizeit überließ man sich den verschiedensten Zerstreuungen. Der Westchester-Studie zufolge wurden bei den Erwerbstätigen der Mittelschicht mehr als 90 Prozent der Freizeit von den folgenden sieben Aktivitäten in Anspruch genommen: Essen, Freunde besuchen, Lesen, Radio hören, Sport, Vergnügungsfahrten und verschiedene Arten öffentlicher Unterhaltung – eine Mischung aus alt und neu. Die ersten vier der genannten Tätigkeiten waren auch während der Woche nach Feierabend möglich; Sport im Freien – etwa Tennis oder Golf – und Ausflüge mit dem Auto waren jedoch dem Samstagnachmittag vorbehalten. Dieser Tag war auch besonders gut geeignet zum Einkaufen, insbesondere zu einer Zeit, da viele Staaten die Ladenöffnungszeiten am Sonntag einschränkten. Es gab viel zu tun am Samstagnachmittag, doch der größte Vorteil dieses halben freien Tags war, daß er zur selben Zeit aufkam wie eine andere bedeutende Freizeitinstitution: der Samstagabend.

In Großbritannien wuchs die Popularität des Samstagabends mit dem Aufkommen des Varietés; in den Vereinigten Staaten und in Kanada übernahm diese Rolle eine andere Form urbaner Unterhaltung: das Kino. Als wirkliche Massenunterhaltung war der Film in der städtischen Szenerie kurz nach der Jahrhundertwende aufgetaucht, und zwar in Gestalt des *nickelodeon*, des billigen Filmtheaters, in dem für 5 Cent Eintritt Filme von einer halben Stunde Länge gezeigt wurden. Der niedrige Preis (eine Eintrittskarte zu einem Stück am Broadway kostete mehr als einen Dollar) und die Kürze der Vorstellung verliehen dem Ganzen das Flair eines heutigen Schnellimbisses. Die Leute konnten vorbeischauen und sich ein einaktiges Rührstück oder eine Slapstickkomödie ansehen – in der Mittagspause, nach Feierabend und trotz des Protests religiöser Gruppen auch am Sonntag, wenn viele dieser Kinos unerlaubterweise geöffnet blieben. Obwohl die Kneipe und der Tanzsaal noch immer die bevorzugte Unterhaltung der Arbeiter waren, wuchs die Zahl der Filmtheater schnell, und im Jahr 1908 schätzte man, daß in New York täglich 200 000 Menschen ins Kino gingen.

Was nun folgte, ist ein vertrautes Phänomen in der Geschichte der Muße: Wenn zu viele Leute zuviel Spaß hatten, fand sich schließlich immer jemand, der dagegen Einspruch erhob. Selten ist das Spiel etwas völlig Unschädliches, jedenfalls aus der Sicht der Gesellschaft. Das «Gehenlassen» ist ein grundsätzliches Merkmal des Spiels; man läßt das gewohnte Verhalten «gehen», bisweilen aber auch die Alltagsmoral und soziale Konventionen. Johan Huizinga bemerkt in seiner klassischen Studie über das Spiel, *Homo ludens*, das Spiel sei älter und ursprünglicher als die Zivilisation und stehe daher zu dieser im Widerspruch. Dieser Gegensatz wird um so augenfälliger, je weiter sich die Zivilisation entwickelt und je «ernster» sie damit wird, und das führt immer wieder zu Konflikten. Dabei ist das Spiel häufig der Verlierer. So war es im Mittelalter, als viele der beliebten antiklerikalen Feste schließlich von der Kirche verboten wurden, und so erging es später dem Stiertreiben. Die Kinos ereilte das gleiche Schicksal.

Im Jahr 1908 schloß der Bürgermeister von New York sämtliche Filmtheater der Stadt. In dieser Aktion spiegelte sich die verbreitete Entrüstung über diese neue Art öffentlicher Unterhaltung. Ehrbare Leute betrachteten die Filme als eine Beleidigung und als einen Angriff auf die Gefühle der Etablierten, und zwar nicht nur wegen ihres unbedarften und bisweilen schlüpfrigen Inhalts, der den Werten und der Moral der Mittelschicht offen zuwiderlief, sondern auch deswegen, weil er mit der von der Mittelschicht vertretenen Vorstellung von Muße nicht in Einklang zu bringen war. Die amerikanische Entsprechung jener Bewegung, die in England eine «vernünftige» Freizeitgestaltung propagierte, konnte an diesem so ausgesprochen proletarischen Vergnügen des *nickelodeon* absolut nichts Erbauliches finden, zumal dort häufig Respektspersonen wie Polizisten oder Politiker lächerlich gemacht wurden. Die Tatsache, daß zu den Kinos häufig Kneipen gehörten, machte sie den Sozialreformern auch nicht gerade sympathisch, und dazu kam noch die Anziehungskraft des Kinos auf Kinder und alleinstehende Frauen sowie die ständige Mißachtung der Sonntagsgesetze. In diesem Kreuzzug gegen das Kino gab es auch eine Unterströmung rassistischer Vorurteile, denn die billigen Filmtheater waren vor allem bei europäischen Einwanderern beliebt – man braucht kein Englisch zu verstehen, um sich einen Stummfilm anzusehen, und die Hälfte der Filme kam ohnehin aus Frankreich, Deutschland und Italien. Und außerdem waren viele Kinobesitzer Juden.

Das Ziel der Reformbewegung, die sich schließlich zu einem riesigen Feldzug auswuchs, war nicht, den Film zu verbieten, sondern ihn zu «säubern». Die Lizenzgebühren wurden von 25 $ auf 500 $ heraufgesetzt, es wurden strengere Bauauflagen und Betriebsvorschriften erlassen, und es wurde eine Kommisssion eingesetzt, um die Filme zu prüfen und zu zensieren. Das Kino veränderte sich dadurch. Der Film wurde zu einer respektablen Familienunterhaltung und damit auch zu einem bedeutenden Industriezweig. Nicht nur umfaßte das Publikum jetzt immer größere Teile der Mittelschicht; die Filme selbst dehnten sich zu abendfüllenden Dramen aus, wie etwa D. W. Griffiths gefeierter Film *Geburt einer Nation*, der 1915 herauskam und zu einem ungeheuren Kassenerfolg wurde.

Die Bestrebungen von Griffith waren künstlerischer und polemischer Art – als Botschaften und zugleich als Warnungen hat man seine Filme gekennzeichnet –, doch es waren seine wirtschaftlichen Erfolge, von denen die Unternehmer beeindruckt waren: *Geburt einer Nation* spielte mehr als 13 Millionen Dollar ein. Mit der Begründung einer Filmindustrie an der Westküste – vor allem durch jüdische Einwanderer aus Europa wie Adolph Zukor, Louis B. Mayer, Carl Laemmle, William Fox und die Gebrüder Warner – verließ der Film den von Griffith eingeschlagenen protestantisch-reformerischen Kurs und kehrte zu seinen Ursprüngen zurück: zur Unterhaltung des Publikums. «Das Publikum zahlt Eintritt und will unterhalten werden», sagte Samuel Goldwyn. «Mehr weiß ich nicht.»

In den zwanziger Jahren war der Film das wichtigste Unterhaltungsmedium der Amerikaner; für das Kino wurde mehr Geld ausgegeben als für jeden anderen Zeitvertreib. Innerhalb nur eines Jahrzehnts bekam allein New York 800 Filmtheater, und in den Staaten gab es mehr Kinos als in ganz Europa. Die «Großen Acht» Produzenten, denen die meisten dieser Kinos gehörten, stellten jährlich mehr als 700 Filme her, darunter viele verschwenderisch ausgestattete Streifen, in denen «Stars» auftraten. Deren Leben in der geschickt mythisierten Welt von «Hollywood» war für ihre Fans genauso wichtig wie ihre Filmauftritte.

Der Film hatte sich vom Imbiß zum phantasievollen Menü mit drei Gängen entwickelt. Die *nickelodeons* waren kleine, schäbige Läden mit kaum mehr als 300 Plätzen; die Filmtheater dagegen waren in der Regel mehr als dreimal so groß und standen eher entlang berühmter Straßen als in Arbeitervierteln. Anfangs gestaltete man diese Häuser in klassischem Stil – ähnlich wie Bibliotheken, Museen und andere öffentliche Gebäude –, worin sich sehr genau die kulturellen Bestrebungen des «reformierten» Kinos spiegelten. Schließlich erwies sich jedoch diese Ausstattung als zu bieder, und aus dem Filmtheater wurde der Film*palast*. Luxus trat an die Stelle von Seriosität. Prunkvolle Foyers und uniformierte Platzanweiser empfingen den Kinobesucher, und der Film wurde von einem kompletten Orchester begleitet. Der Film war zu einem verzaubernden Ereignis geworden, und Barock- und Rokoko-Säle sowie Interieurs in maurischem oder chinesischem Stil lieferten dazu ein prächtiges und üppiges Ambiente.

Der Filmpalast vermittelte eine Erfahrung von Luxus und Reichtum. Die Leute putzten sich heraus, wenn sie ins Kino gingen – gerade so, als besuchten sie ein Restaurant oder einen Club. Wie Lary May in seiner Darstellung der Anfänge der Filmindustrie scharfsinnig bemerkt, hatten die Besitzer der Filmtheater ganz bewußt damit begonnen, den Kinobesuch mit dem «Nachtleben» in Verbindung zu bringen. Das strahlend erleuchtete Vordach, die Kronleuchter, die immer üppigere Ausstattung, das Zelebrieren von «Eröffnungsvorstellungen» – all dies wirkte zusammen, um den gewünschten Effekt zu erzeugen.

Künstlerisch aufwendigere Filme waren auch teurer in der Produktion, und dementsprechend stiegen die Eintrittspreise. Das schreckte das Publikum jedoch keineswegs ab – im Gegenteil, die teureren Kinokarten erhöhten den Status des Films als Unterhaltungsmedium. Und da die Filme nun auch wesentlich länger waren, schaute man nicht mehr bloß vorbei, wie es einem gerade in den Sinn kam. Ins Kino gehen hieß jetzt «auszugehen», und das galt für Frauen und Männer aller Klassen und Altersgruppen. Sehr oft ging man als Paar; die Filme waren ausgesprochen romantisch und der Kinobesuch daher auch – vor allem am Samstagabend, denn was den Flirt betraf, so war der Sonntag für viele noch immer tabu, und nach einem vollen Arbeitstag war nicht jedem danach zumute, sich zu amüsieren. Daß der Samstag zur Hälfte frei war und man daher schon am frühen Abend etwas unternehmen konnte, traf sich ausgezeichnet mit der ungeheuren Popularität des Kinos. Zwar entwickelten sich das Kino und das Wochenende unabhängig voneinander, doch sie bestärkten sich gegenseitig. Der Film war die wichtigste Form städtischer Unterhaltung, und der Samstagabend war *die* Gelegenheit für einen Ausflug in die Welt des Zelluloids.

In Großbritannien tauchte der freie Samstagnachmittag in den siebziger Jahren des vorigen Jahrhunderts auf, und es dauerte sechzig Jahre, ehe er sich zu einem vollen arbeitsfreien Tag entwickelt hatte. In Amerika war der freie Nachmittag seit den zwanziger Jahren üblich, doch er dehnte sich hier wesentlich schneller aus. In vielen Fällen umfaßte das Wochenende von Anfang an zwei ganze Tage. Die erste Fabrik, die im Jahr 1908 die Fünftagewoche einführte, war eine Spinnerei in Neuengland, und im wesentlichen wollte man damit den jüdischen Arbeitern entgegenkommen. Die Sechstagewoche hatte es den orthodoxen Juden schon immer schwergemacht, den Sabbat einzuhalten, denn wenn sie den Samstag freinahmen und dafür am Sonntag arbeiteten, liefen sie Gefahr, bei der christlichen Mehrheit Anstoß zu erregen. Außerdem hatten viele Juden diese Wahl gar nicht mehr, denn durch gewerkschaftliche Vereinbarungen wurden die Arbeitszeiten immer stärker vereinheitlicht, wodurch die Tradition des Sabbats unter Druck geriet. Die Fünftagewoche, bei der sowohl Samstag wie Sonntag arbeitsfrei sind, bot einen bequemen Ausweg, und schließlich fand diese Lösung die Unterstützung jüdischer Arbeiter, Rabbiner, Gemeindevorsteher und auch einiger jüdischer Unternehmer. Die amerikanische Gewerkschaft der Textilarbeiter, in der sehr viele Juden organisiert waren, machte 1929 als erste den Vorschlag, die Fünftagewoche einzuführen.

Zunächst verbreitete sich die Fünftagewoche in lediglich drei Industriezweigen: bei den (überwiegend jüdischen) Nähern, im Baugewerbe, wo gut organisierte Gewerkschaften ziemlich energisch auf kürzere Arbeitszeiten drängten, und in geringerem Maße auch im Druck- und Verlagswesen, wo sich der Übergang vom halben zum ganz freien Samstag langsamer vollzog. Außerdem gab es einige vereinzelte Unternehmer, die von sich aus die Fünftagewoche einführten, darunter – sonderbarerweise – als erster und zugleich bedeutendster der stramme Gewerkschaftsgegner Henry Ford. Bereits 1914 reduzierte Ford in seinem Betrieb die tägliche Arbeitszeit von neun auf acht Stunden; 1926 gab er bekannt, daß seine Fabriken künftig auch an Samstagen geschlossen blieben. Seine Überlegung war, daß mit zunehmender Freizeit auch die Ausgaben der Konsumenten steigen würden, nicht zuletzt für Autos und für Reisen mit dem eigenen Wagen. Das war vorausschauend gedacht, denn schließlich wurde ja das Wochenende tatsächlich mit Ausflügen und Vergnügungsfahrten assoziiert. Doch 1926 lag das noch in weiter Ferne, und unter den Geschäftsleuten war Ford der einzige, der sich für das Wochenende stark machte. Sowohl vom Arbeitgeberverband als auch vom Nationalen Industrierat wurde er massiv kritisiert.

Die Fünftagewoche, so wurde erklärt, sei nicht nur unwirtschaftlich, sondern auch gottlos. Der Karikaturist «Ding» Darling, der für die *New York Herald Tribune* und für *Des Moines Register* arbeitete, erfaßte 1926 die Stimmung jener Zeit: Er zeichnete einen Arbeiter im Overall – offenbar ein Vertreter des amerikanischen Gewerkschaftsverbands –, der neben einem Stapel von Steintafeln sitzt: die Zehn Gebote. Eine der Tafeln, auf der das vierte Gebot steht, ist in zwei Teile zerbrochen, und unter den Augen eines entsetzten Moses meißelt der Arbeiter schwungvoll eine neue: «Fünf Tage darfst du schaffen und jede Arbeit tun. Der sechste und siebente Tag gehören dir, da kannst du machen, was zum Teufel du willst.» In einer Ecke der Zeichnung plazierte Darling anspielungsreich die Motorhaube eines «Modell T»*.

Was dem zweitägigen Wochenende schließlich zum Durchbruch verhalf, war weder Altruismus noch Aktivismus, noch allgemeiner Wohlstand; es war vielmehr – paradox genug – die Wirtschaftskrise von 1929. Die Verkürzung der Arbeitszeit betrachtete man nun als Mittel gegen Arbeitslosigkeit: Es sollte weniger gearbeitet werden, damit mehr Leute überhaupt Arbeit hatten. 1932 führte die *Goodyear Tire & Rubber Company* in Akron, Ohio, die 36-Stunden-Woche ein – an sechs Tagen pro Woche je eine Sechsstundenschicht. Dieses Schema, das für viele Beschäftigte in der Kautschukindustrie verbindlich wurde, blieb mehrere Jahrzehnte lang in Kraft. Die Sechstagewoche war allerdings unüblich; in den meisten Industriezweigen wurde eine Verkürzung der täglichen Arbeitszeit mit einer Fünftagewoche kombiniert. Die Gesetzgebung des *New Deal* begrenzte schließlich im Jahr 1938 die Arbeitswoche auf maximal vierzig Stunden, wobei sie allerdings über die Länge des einzelnen Arbeitstags nichts aussagte. Um 1940 hatten sich der Achtstundentag und die Fünftagewoche durchgesetzt. Wegen der Kriegsproduktion wurde der Arbeitstag in den vierziger Jahren nochmals auf zehn Stunden verlängert, doch war dies nur eine vorübergehende Maßnahme. Als sich nach dem Krieg die Wirtschaftslage normalisierte, wurde auch der Arbeitstag wieder kürzer, und schließlich stabilisierte er sich bei etwa acht Stunden.

Der Soziologe Benjamin Hunnicutt von der Universität von Iowa hat die Zeit zwischen 1920 und 1940 als eine Phase charakterisiert, in der die Entwicklung hin zu kürzerer Arbeitszeit ins Stocken geriet und schließlich ganz zum Erliegen kam. Das ist zweifellos richtig; doch obwohl die Arbeitswoche 1949 ungefähr genauso lang war wie 1929, hatte sich doch ihre Struktur entscheidend verändert. Nach dem Zweiten Weltkrieg waren die Leute nicht mehr bereit, zu einer Sechs- oder auch nur Fünfein-

* Das erste am Fließband hergestellte Auto, von dem Ford zwischen 1908 und 1927 mehr als 15 Millionen Stück verkaufte (A. d. Ü.).

halbtagewoche zurückzukehren, denn sie hatten sich bereits an den Fünf-und-zwei-Tage-Rhythmus gewöhnt. Die Fünftagewoche und das zweitägige Wochenende waren von nun an fester Bestandteil des amerikanischen Lebensstils.

Wie zuvor die planetarische Woche wanderte auch die Idee des «Wochenendes» von einem Ort zum anderen, paßte sich den verschiedensten Umständen an und verbreitete sich auf diese Weise sehr rasch. 1855 brachte die *Early Closing Association* den verkürzten Samstag ins Gespräch; hundert Jahre später war das zweitägige Wochenende in Amerika und in Großbritannien bereits selbstverständlich, und in den meisten europäischen Ländern, die das volle Wochenende zehn bis zwanzig Jahre später einführten, hatte sich zumindest schon der freie Samstagnachmittag eingebürgert. Eine Untersuchung zur Freizeit in der Europäischen Gemeinschaft, die sämtliche Tarifabkommen auswertete, konstatierte 1979 eine bemerkenswerte Übereinstimmung in der Zahl der wöchentlichen Arbeitsstunden: In keinem Land wurde die 40-Stunden-Woche überschritten (in der Bundesrepublik und in Belgien wurde sie sogar *unter*schritten), und in allen Ländern war das Wochenende generell arbeitsfrei.* Diese Übereinstimmung trügt jedoch, denn das Wochenende etablierte sich in jedem Land auf eine andere Weise.

In den meisten Fällen ist es unmöglich, das Datum, an dem das Wochenende eingeführt wurde, mit einiger Genauigkeit anzugeben. Anders in Italien: dort gibt es das Wochenende exakt seit dem 20. Juni 1935. Zwölf Jahre zuvor – und kaum ein halbes Jahr nach dem Staatsstreich, der Mussolini an die Macht gebracht hatte – erließ die faschistische Regierung ein Gesetz, das erstmals die Länge des Arbeitstags begrenzte, und zwar auf acht Stunden; die seit 1907 obligatorische Sechstagewoche blieb

* Ganz im Gegensatz zur Länge des bezahlten Urlaubs, die in den verschiedenen Ländern stark differierte: zwischen drei Wochen in Irland und sechs Wochen in der Bundesrepublik. In Dänemark gab es einen gesetzlichen Mindesturlaub von fünf Wochen.

dabei erhalten. Nach dem Vorbild der *Early Closing Association* wurde dann 1935 ein weiteres, landesweit geltendes Gesetz verabschiedet, das den *sabato fascista*, den «faschistischen Samstag» einführte und das Ende der Arbeitswoche auf Samstag mittag, ein Uhr, verlegte.

Das faschistische Wochenende war eine staatliche Institution. Das Regime gründete eine Unzahl von *dopolavoro*-(«Feierabend»-)Organisationen, die sich darum kümmern sollten, daß die neugewonnene Freizeit nicht mit der «trivialen Nachahmung bürgerlicher Laster» vergeudet wurde. In der Oper gab es besondere Samstagsmatineen mit stark reduzierten Eintrittspreisen, zu denen aufgrund einer behördlichen Anweisung nur Arbeiter mit niedrigem Einkommen sowie Rentner zugelassen waren. Am Samstagnachmittag und am Sonntag brachten Sonderzüge die Massen aufs Land oder ans Meer, und überhaupt wurde auf Sport und andere Aktivitäten im Freien besonderer Nachdruck gelegt. Soweit es um die Frage der Muße ging, waren die Faschisten genau wie die *Early Closers* Sozialreformer: Sie wollten nicht einfach nur mehr Freizeit, sondern die richtige Art von Freizeit.

Trotz dieser Bemühungen behauptete jedoch das Wochenende seinen privaten Charakter. Traditioneller Zeitvertreib wie etwa Karten spielen, Domino und amerikanische Filme blieben populär. Auch dem besonders friedlichen Bocciaspiel, das man zunächst als unmännlich und kraftlos verurteilt hatte, war mit Reformen nicht beizukommen; schließlich wurde es zum Nationalsport erklärt. Ebenso scheiterten Versuche, eine neue, einheimische Variante des Fußballs einzuführen, das sogenannte *volata*. Die Freizeitorganisationen erwiesen sich als erfolgreicher, wenn sie sich traditionelle Formen des Spiels aneigneten, als wenn sie versuchten, neue zu erfinden. In ihrer faszinierenden Studie über das Freizeitverhalten im faschistischen Italien hat Victoria de Grazia den Schluß gezogen, daß es «bei diesen vom Regime organisierten Freizeitaktivitäten tatsächlich vieles gegeben zu haben scheint, das nicht spezifisch ‹faschistisch› war».

In den dreißiger Jahren gründeten auch andere rechte Diktaturen in Europa derartige staatliche Organisationen: Salazar in Portugal, Franco in Spanien und Metaxas in Griechenland. Das Vorbild all dieser Bemühungen war Nazideutschland. Unmittelbar nach der Machtübernahme 1933 ergriff das Naziregime verschiedene Maßnahmen, um gegen die Arbeitslosigkeit vorzugehen: Vergrößerung des Heeres, Einführung eines obligatorischen sechsmonatigen Arbeitsdienstes für junge Männer sowie die Unterstützung von Frauen, die ihre Berufstätigkeit ganz aufgeben wollten. Wie bereits in Amerika wurde die Länge der Arbeitswoche drastisch reduziert: Jeder, der wöchentlich 24 Stunden oder länger arbeitete, hatte keinen Anspruch mehr auf Sozialleistungen. Die Gewerkschaften wurden zerschlagen; an ihre Stelle trat die «Arbeitsfront» unter Führung von Robert Ley, der auch für die «Gleichschaltung» der Freizeit verantwortlich war.

Ley gründete die staatliche Organisation «Kraft durch Freude» (KdF), die Sport- und Hobbykurse anbot, ermäßigte Karten für Theater, Oper und Konzert ausgab (es gab sogar ein reisendes KdF-Symphonieorchester) und gemeinschaftliche, billige Urlaubsreisen für Arbeiter einführte. Ley schuf dafür eigens Erholungsstätten an der See und Unterkünfte für Wintersportler, er gründete Segel- und Reitschulen und unterhielt sogar eine Flotte von zehn Kreuzfahrtschiffen, die das Mittelmeer und die Ostsee befuhren. Dank derartiger Initiativen konnte jeder dritte deutsche Arbeiter an einer Urlaubsreise teilnehmen, und der Tourismus verdoppelte sich in den Jahren 1932 bis 1938.

Anders als in Italien wurde das Wochenende hier nicht offiziell sanktioniert; der Schwerpunkt lag beim KdF statt dessen auf ein- bis zweiwöchigen Ferien. Das überrascht nicht, hatten doch die Nazis eher eine kollektive Vorstellung von Freizeit und keineswegs eine individuelle oder gar bürgerliche, wie schon verschiedentlich behauptet wurde. Daher wurde auch weniger die häusliche Erholung als vielmehr der Tourismus gefördert. Dennoch hätte das Wochenende wohl auch das Dritte Reich unterwandert, wenn ein berühmtes Projekt verwirklicht worden wäre: Im Jahr 1938 wurde die Arbeitsfront damit beauftragt, den Volkswagen zu bauen, auch KdF-Wagen genannt – ein von Henry Ford geklauter Einfall Hitlers. Mit diesem Billigauto hätten dann Arbeiter und ihre Familien Spritztouren auf den kurz zuvor gebauten Autobahnen unternehmen können. Doch die Kriegsvorbereitungen setzten beidem ein Ende – sowohl dem Nazi-Wagen als auch dem eben aufkeimenden Nazi-Wochenende. Bereits 1936 gab es einen Mangel an Arbeitskräften, und alle behördlich verfügten Verkürzungen der Arbeitswoche wurden aufgehoben. 1938 machten die Fabriken Überstunden für die Rüstung, die Arbeitswoche hatte mittlerweile mehr als 47 Stunden, und aus dem KdF-Wagen wurde ein Militärfahrzeug. Erst nach dem Krieg gelangte das Wochenende auch nach Deutschland.

Ebenso langsam war die Entwicklung in Frankreich. In den achtziger Jahren des vorigen Jahrhunderts, als immer mehr britische Arbeiter am Samstagnachmittag frei hatten, war für die arbeitende Bevölkerung in Frankreich – wie sie auf dem Bild von Seurat erscheint – der Sonntag noch immer der einzige freie Tag in der Woche. Am Samstag war die Insel Grande Jatte leer – vielleicht mit Ausnahme einiger Segler aus dem Mittelstand. Und selbst der Sonntag war als arbeitsfreier Tag nicht obligatorisch; erst kurz nach der Jahrhundertwende wurden Gesetze verabschiedet, welche die Arbeitswoche auf sechs Tage begrenzten. Der Arbeitstag wiederum umfaßte zwölf lange Stunden. Erst nach dem Ersten Weltkrieg wurde der Achtstundentag eingeführt, und noch länger dauerte es, ehe der freie Samstagnachmittag sich durchsetzte. Als es endlich soweit war, wurde die neue Fünfeinhalbtagewoche unter dem Namen *semaine anglaise* («englische Woche») bekannt – in Erinnerung an ihren Ursprung.

1936 bemühte sich die Volksfrontregierung um die generelle Einführung der Fünftagewoche, doch die Erfordernisse der Rüstungsproduktion standen dem entgegen. Noch immer arbeiteten die meisten französischen Arbeiter an sechs Tagen in der Woche; wenn man Glück hatte, war der Samstagvormittag frei. Fünfzig Jahre lang war die «englische Woche» in Kraft; im Jahr 1965 hatte die französische Arbeitswoche noch immer fünfeinhalb Tage, bei durchschnittlich 46 Stunden. 1968 jedoch wurde sie reduziert, und im Verlauf des nächsten Jahrzehnts ging die Arbeitswoche auf 41 Stunden zurück – eine Folge vor allem des zweitägigen Wochenendes, das sich jetzt durchsetzte.

Das zweitägige Wochenende wurde verspätet, doch mit Begeisterung aufgenommen. Nicht, daß es den Franzosen an freier Zeit gefehlt hätte. Anders als in England, wo das Wochenende wichtiger war als der Urlaub, machte der Mittelstand in Frankreich lange Sommerferien in Seebädern, an Kurorten und in Gasthöfen in den Alpen, die seit der Jahrhundertwende bequem mit der Bahn zu erreichen waren. Traditionell umfaßten die Sommerferien den ganzen Monat August, und anders als in englischsprachigen Ländern waren sie von größter Bedeutung. Dennoch war die Aussicht auf eine wöchentliche Erholungspause verlockend. Wie in Amerika resultierte die kürzere Arbeitswoche auch in Frankreich aus dem Zusammenwirken dreier Faktoren: Forderungen der Gewerkschaften, wirtschaftlicher Wohlstand und privates Eigentum an Autos. Vor allem den Einfluß des letzteren sollte man nicht unterschätzen. Das Reisen mit dem Auto war in Frankreich schon seit langem beliebt – seit 1900 gab es die Reiseführer von Michelin –, doch war es den Wohlhabenden vorbehalten geblieben. Zwischen 1950 und 1965 stieg der Anteil der Haushalte, die über einen Wagen verfügten, sprunghaft von 10 auf 50 Prozent, und damit nahm auch die Beliebtheit kurzer Wochenendausflüge deutlich zu.*

Eines der Länder, die keine besondere Neigung zeigten, das Wochenende einzuführen, war Israel – und das, obwohl die Juden von sich behaupten können, die Erfinder des arbeitsfreien siebten Tags zu sein, und obwohl Israel ansonsten zahlreiche westliche Institutionen übernommen hat. Im 1948 gegründeten Staat

* 1967 war der Wochenendverkehr – und das entsprechende Gemetzel auf der Autobahn – bereits ein derart ausgeprägtes Phänomen des französischen Alltags, daß Jean-Luc Godard es mit seinem Film *Weekend* grausam parodieren konnte.

Israel war der Sabbat der einzige freie Tag in der Woche, wie Religion und kulturelle Tradition es vorschrieben. Sowohl der Gesetzgeber als auch die Gewerkschaften zeigten lange Zeit kaum Interesse daran, die Arbeitswoche zu verkürzen. Wahrscheinlich rührte dies von dem ökonomischen Druck, der auf einem Land lastete, das aus dem Nichts aufgebaut werden mußte, und von der ebenso verbreiteten wie notwendigen Siedlermoral. Die Israelis fürchteten auch, ein zunehmender Freizeitkonsum werde die Inflation schüren, und außerdem würde ein zusätzlicher arbeitsfreier Tag den Sabbat gewissermaßen entwerten. Es ist interessant, daß gerade die bedeutende Minderheit der orthodoxen Juden die Einführung des Wochenendes befürwortete. Wie die *Early Closers* in England hofften sie, ein zweiter Ruhetag werde ein Betätigungsfeld für jene Art profaner Aktivitäten bieten, die ihrer Auffassung nach den Sabbat entehrten.

Eine Untersuchung aus dem Jahr 1970 ergab, daß volle zwei Drittel der israelischen Bevölkerung für die Fünftagewoche waren, und die Autoren werteten dies als sicheres Anzeichen dafür, daß «die Fünftagewoche früher oder später kommen wird». Diese Entwicklung vollzog sich jedoch nur langsam. Das Wochenende macht zwar Fortschritte, doch auch heute noch ist es weit davon entfernt, überall in Israel eingehalten zu werden. In der Armee gilt noch immer die Sechstagewoche, ebenso in den Schulen. Erst in den vergangenen fünf Jahren haben Großunternehmen damit begonnen, ihren Beschäftigten am Wochenende – also an Freitag und Samstag – freizugeben. Doch hat das Wochenende bereits bedeutenden Einfluß auf das Leben in Israel: Der Wochenendverkehr hat zugenommen, Freizeitaktivitäten wie Camping und Skifahren ebenfalls.

Viele der ersten Einwanderer in Israel kamen aus Rußland und Polen, also aus Ländern, wo die meisten Leute an sechs Tagen in der Woche arbeiten. Zwar gab es auch im Polen der Vorkriegszeit den sogenannten «englischen Samstag», der zur Hälfte arbeitsfrei war, doch blieb er den leitenden Angestellten vorbehalten. Das kommunistische Regime hielt an diesem Brauch fest und verfügte eine offizielle Arbeitswoche von sechs

Tagen zu je acht Stunden. Während der siebziger Jahre wurden in bestimmten Industriezweigen schrittweise ein und dann zwei freie Samstage pro Monat eingeführt – doch auch diese Tage waren nicht wirklich «frei», denn die zusätzliche Freizeit mußte während der Woche wieder aufgeholt werden.

Nach den von der Gewerkschaft *Solidarność* organisierten Streiks, die im August 1980 in der Lenin-Werft begannen, veränderte sich diese Situation grundlegend. Eine der zentralen Forderungen der Streikenden war die nach «freien Samstagen, ohne die Verpflichtung, sie später nachzuarbeiten», und dies wurde dann auch als Klausel in die berühmte Danziger Vereinbarung zwischen der *Solidarność* und der Regierung aufgenommen. Einige Monate später, im Januar 1981, verkündete die Regierung, wegen der Verschlechterung der Wirtschaftslage sei es nicht möglich, den freien Samstag einzuführen. Die Arbeiter waren empört über diese Verlautbarung, und in zahlreichen Städten kam es zu wilden Streiks. Diese Frage war emotional so stark besetzt, daß nicht einmal Lech Wałesa, der charismatische Führer der Gewerkschaftsbewegung, die Arbeiter zur Rückkehr an ihre Arbeitsplätze überreden konnte. Erst ein Kompromiß in letzter Minute (drei freie Samstage pro Monat) konnte den Generalstreik abwenden, der wahrscheinlich zur Verhängung des Ausnahmezustands und möglicherweise sogar zu einer militärischen Intervention der Sowjetunion geführt hätte.

Dieser Aufruhr um den freien Samstag hatte allerdings auch Konsequenzen, die weniger glücklich waren: Wegen der Unruhen in der Bevölkerung und wegen der offenkundigen Schwäche der Regierung wurde ein Mann der Armee, General Jaruzelski, zum Ministerpräsidenten berufen. Gegen Ende des Jahres hatte Jaruzelski bereits einen Militärputsch inszeniert, das Kriegsrecht verhängt und der *Solidarność* ein vorläufiges Ende gesetzt. Die Arbeitswoche blieb jedoch in ihrer neuen Gestalt erhalten, und das Wochenende gehörte in Polen bald zum Alltag.

Eine Untersuchung der Freizeitgewohnheiten im Polen der Jahre 1976 bis 1984 ergab, daß diese zusätzliche Freizeit nicht ausschließlich der Muße diente; viele Leute machten Überstunden oder hatten einen Nebenjob. Die Samstage gaben auch Gelegenheit zum Einkaufen, eine zeitraubende Angelegenheit, bei der man in Warteschlangen vor Geschäften stand und Stunden damit zubrachte, günstige Gelegenheiten auf dem Schwarzmarkt auszukundschaften. Wenn sie nicht gerade arbeiteten oder einkauften, verbrachten die meisten Polen ihr Wochenende zu Hause. Sie hatten wenig Geld und konnten sich daher nur unaufwendige Freizeitbetätigungen leisten: mit Freunden plaudern, lesen, billige Hobbys, Radio hören und fernsehen. Es scheint überhaupt nur zwei Arten von Freizeitaktivitäten gegeben zu haben, die man weithin auch außerhalb der eigenen vier Wände betrieb: spazierengehen und in die Kirche gehen.

Diejenigen Arten von Unterhaltung, die in wohlhabenden Gesellschaften dazu beitrugen, das Wochenende durchzusetzen – Kino, Theater, Restaurants, Sportveranstaltungen –, waren für die meisten Polen unerreichbar und verloren in den achtziger Jahren vollends an Bedeutung. Dasselbe galt für Freizeitaktivitäten, zu denen man eine teure Ausrüstung benötigt (Tennis, Segeln) oder die mit Reisen verbunden sind (Skifahren, Wandern). Der Privatbesitz an Autos stieg zwar seit den frühen siebziger Jahren an, doch wurden Reisen durch Benzinrationierungen erschwert, und für die meisten Leute waren sogar die öffentlichen Verkehrsmittel zu teuer. Der Wochenendausflug, der in Amerika, England und Frankreich so eng mit den beiden freien Tagen verknüpft ist, spielte daher in Polen nur eine geringe Rolle bei der Entwicklung des Wochenendes.

Als 1980 die Mitglieder der *Solidarność* mehr freie Zeit am Wochenende forderten, gab es überhaupt keine Unternehmer, die mit einer Palette von Freizeitaktivitäten hätten dienen können; es gab keine Eisenbahngesellschaften, die für Wochenendausflüge warben, und es gab weder Bars noch Tanzsäle. Das einzige, was es gab – und dies gehört von jeher zum Wochenende, auch wenn es bisweilen unter einer Kruste luxuriöser Zerstreuungen verborgen ist –, war die Hoffnung auf individuelle Freiheit. Zweifellos war die begrenzte Anzahl verfügbarer – oder erschwinglicher – Freizeitaktivitäten für manchen eine Enttäuschung, denn das Nichtstun verliert schnell an Attraktivität, wenn es einem aufgezwungen wird, ohne daß man sich frei dafür entschieden hätte. Doch die Verlockung, Zeit für sich selbst zu gewinnen, war in Polen so stark wie überall. Wenn die polnischen Arbeiter am sechsten und siebten Tag schon nicht tun konnten, «was zum Teufel sie wollten», so konnten sie doch immerhin *einiges* tun, und das bot schon genügend Anreiz.

Daß es bei diesem bescheidenen polnischen Wochenende nicht die geringste kommerzielle Liebedienerei gab, ist ungewöhnlich. Es widerspricht völlig dem allgemeinen Trend, demzufolge das Wochenende sich gesellschaftlich in Phasen des Wohlstands durchsetzt, das heißt zu einer Zeit, da den Menschen ein immer breiteres Spektrum von Unterhaltungen und Zerstreuungen zu Gebote steht und sie daher nach einer regelmäßigen wöchentlichen Arbeitspause verlangen, um diesen Vergnügungen auch nachgehen zu können. Noch ungewöhnlicher ist die Beziehung zum Wochenende jedoch bei dem Volk mit dem weltweit höchsten Pro-Kopf-Einkommen – bei den Japanern.

Die Industrialisierung erreichte Japan relativ spät, und so hinkte hier die Arbeitsgesetzgebung anderen Ländern hinterher. So wurde zum Beispiel erst 1926 ein Gesetz verabschiedet, das die tägliche Arbeitszeit von Frauen und Kindern einschränkte – auf elf Stunden, und unter bestimmten Umständen waren sogar 15-Stunden-Tage erlaubt. Im Jahr 1939, als in den Vereinigten Staaten bereits der Achtstundentag und die Fünftagewoche eingeführt waren, arbeitete der durchschnittliche Japaner mehr als zehn Stunden am Tag, und das an sechs Tagen in der Woche. Anpassungsbereitschaft und Disziplin wurden von den traditionellen Werten der japanischen Gesellschaft besonders betont – hier gab es weder unentschuldigtes Fehlen noch blaue Montage und erst recht keine aggressiven Gewerkschaften mit Forderungen nach mehr Freizeit.

Nach dem Krieg, während der schwierigen Phase des Wiederaufbaus, blieb es zunächst bei der Sechstagewoche, was nicht anders zu erwarten war. Doch selbst in den sechziger und siebziger Jahren, als die zunehmend wohlhabende Gesellschaft sich etwas hätte entspannen können, gab es keinerlei Lockerung dieses harten Arbeitsrhythmus. 1978 arbeitete der durchschnittliche Japaner jährlich 200 Stunden länger als der durchschnittliche Amerikaner. Im selben Jahr veröffentlichte Herman Kahn sein Buch *The Japanese Challenge*. Zwar sei Japan bei der Verkürzung der Arbeitswoche hinter anderen Industriestaaten zurückgeblieben, schrieb Kahn, doch erwarte er, daß der gegenwärtige Wohlstand bald für einen starken Zuwachs an verfügbarer Freizeit sorgen werde: «Wenn Japan noch reicher wird, so wird es fast zwangsläufig, wie andere Wohlstandsgesellschaften auch, sein Augenmerk verstärkt auf individuelles Wohlergehen, Konsum und Freizeit richten.»

Mit dem ersten Punkt behielt Kahn recht, mit dem zweiten teilweise, mit dem dritten lag er falsch. Ein Jahrzehnt später arbeiten die meisten Japaner noch immer acht bis neun Stunden am Tag, und zwar von Montag bis Samstag. Nur wenige japanische Firmen – ungefähr 6 Prozent, entsprechend 28 Prozent aller Beschäftigten – haben die Fünftagewoche eingeführt, und selbst diese Zahl täuscht, denn viele machen am Samstag Überstunden.

Diese fehlenden Wochenenden werden auch nicht durch längere Ferien kompensiert. Obwohl japanische Gesetze sechs bis zwanzig bezahlte Urlaubstage vorschreiben, werden diese nur unregelmäßig wahrgenommen. Der typische Angestellte nimmt nur zögernd die freie Zeit in Anspruch, die ihm zusteht. «Würde er um seinen vollen Urlaub nachsuchen», schreibt der Soziologe Ezra F. Vogel, «so würde er von seinen Kollegen und Vorgesetzten für egoistisch und illoyal gehalten.» Andere meinen, die Japaner seien von ihrer Arbeit einfach zu sehr in Anspruch genommen, um Urlaub zu machen. Gleich, ob dies nun durch sozialen Druck oder durch persönliche Entscheidung zustande kommt – das Resultat ist in beiden Fällen das gleiche: Abgesehen von der «Goldenen Woche», in der Anfang Mai mehrere Nationalfeiertage aufeinanderfolgen und jedem zu einer vier- bis fünftägigen Erholungspause verhelfen, kennen viele Japaner überhaupt keinen Urlaub.

Die gängigste Erklärung dafür, daß diese Nation sich einfach nicht entspannen will, lautet, die Japaner seien eben Arbeitsbienen, die lieber schuften als spielen. Tatsächlich scheinen sie bemerkenswert belastbar zu sein, wenn es um harte Arbeit geht, und dies wird auch allgemein für den wichtigsten Faktor gehalten, der den ökonomischen Erfolg dieses Landes ausmacht. Dieses Verhältnis zur Arbeit setzt bereits früh ein. Die Kinder gehen auch am Samstagvormittag zur Schule, und die meisten belegen noch zusätzlich Abendkurse. Die Sommerferien sind um einen vollen Monat kürzer als in den USA. Meinungsumfragen zeigen immer wieder, daß es zu den höchsten Ambitionen der Japaner gehört, «ein harter Arbeiter zu sein». Einige Soziologen haben versucht zu beweisen, daß es in Japan eine Art protestantischer Ethik gibt, und das, obwohl die Mehrzahl der Bevölkerung überhaupt nicht religiös ist. Tatsächlich gibt es zahlreiche Parallelen zwischen dem modernen Japan und der industriellen Revolution des 19. Jahrhunderts, doch es gibt auch einen offenkundigen Unterschied: Das protestantische Großbritannien und Amerika waren es, die dem Wochenende den Weg bereiteten.

Es ist richtig, daß die japanische Sprache kein Wort für «Muße» kennt und daher das englische *leisure* benutzt (wie sie auch für «Ferien» das französische *vacances* übernommen hat). Die Behauptung jedoch, die Japaner seien am Spiel nicht interessiert, steht im Widerspruch zu der außerordentlich reichhaltigen Palette kommerzieller Freizeitaktivitäten, über die sie verfügen. Die meisten populären Sportarten wie Baseball und Golf wurden erst in jüngster Zeit aus dem Ausland eingeführt; die Erwachsenencomics jedoch, die sogenannten *manga*, sind eine japanische Erfindung, die auf das frühe 18. Jahrhundert zurückgeht und mittlerweile zu einem riesigen Industriezweig geworden ist. Dasselbe gilt für *pachinko*, eine Art vertikaler Flipper, an dem um Geld gespielt wird und dem man überall in Japan begegnet – etwa so wie Lotterielosen in Frankreich. Außerdem ist daran zu erinnern, daß Japan das Ursprungsland des Walkman und der Videokamera ist sowie noch einer Vielzahl weiterer elektronischer Spielereien, die speziell für die Freizeit bestimmt sind.

Die durchschnittliche japanische Familie gibt heute achtmal mehr für Freizeitaktivitäten aus als 1965. Doch anders als die Polen, die zwar freie Zeit, aber zugleich leere Regale hatten, müssen die Japaner viel und hart arbeiten, um von der Vielzahl von Konsumartikeln überhaupt etwas zu haben – weitaus mehr und härter als die Amerikaner. Nach Aussage von James Fallows – einem Journalisten, der schon viel über den Fernen Osten publiziert hat – müssen die japanischen Konsumenten aufgrund von restriktiven Handelszöllen und abgesprochenen Preisen für die gleichen Produkte fast das Doppelte bezahlen wie die Amerikaner. Mit anderen Worten: Hohe Preise im Inland ermöglichen niedrige Preise im Ausland. Rechnet man zu den hohen Preisen für Konsumartikel noch die (nach europäischen und amerikanischen Standards) abnorm hohen Kosten für Lebensmittel und Wohnung, so wird die japanische Vorliebe für Überstunden in Büro und Fabrik schon verständlicher.

Die Japaner verfügen nicht nur über wesentlich weniger freie Zeit als europäische und amerikanische Arbeiter; unterschiedlich ist auch die Rolle, welche die Freizeit in ihrem Leben jeweils spielt. In den westlichen Gesellschaften der Gegenwart ist die Muße zu einem Gegengift gegen die Arbeit geworden; zwischen beidem gibt es sowohl physische als auch zeitliche Merkmale der Unterscheidung. In Japan dagegen gibt es häufig keine klare Grenze zwischen Arbeit und Muße, insbesondere für Gehaltsempfänger in großen Unternehmen. Häufig wird nach Feierabend auf Kosten der Firma gegessen und getrunken, und einen großen Teil der abendlichen Freizeit verbringt man in Gesellschaft von Kollegen. In manchem erinnert diese Situation an das 18. Jahrhundert in England, als die Arbeiter beim Trinken, bei Sport und Spiel nicht mit ihren Familien oder mit Freunden zusammen waren, sondern mit Berufsgenossen und Mitgliedern der eigenen Zunft.

Beobachter des japanischen Alltags nennen für die langen Bürostunden noch einen weiteren Grund: Der Arbeitsplatz ist in Japan stets geräumiger und komfortabler als das eigene Zuhause. Die Wohnungen sind beengt und lassen trotz der hohen

Mietpreise alle Annehmlichkeiten vermissen. Einer neueren Untersuchung zufolge waren in den Jahren 1984 bis 1986 die folgenden Freizeitaktivitäten die wichtigsten: essen gehen, Auto fahren, Reisen im Inland, Trinken (außer Haus) und Besuche im Zoo, im botanischen Garten, im Aquarium oder im Museum – alles Arten von Zeitvertreib, die sich außerhalb der eigenen Wohnung abspielen.

In Polen war das Wochenende fast ausschließlich eine häusliche Institution. Selbst in Europa und in Amerika, wo es zahlreiche Möglichkeiten für Wochenendausflüge und öffentliche Unterhaltung gab, war die Entwicklung des Wochenendes an die wachsende Bedeutung der Häuslichkeit geknüpft. Das Ausgehen am Samstagabend und der Ausflug am Sonntag waren zwar wichtige Traditionen, doch den überwiegenden Teil ihrer Freizeit verbrachten die Leute zu Hause. Es ist durchaus möglich, daß sich die mangelnde Popularität des Wochenendes in Japan zumindest teilweise aus den Unzulänglichkeiten der japanischen Wohnungen erklärt. Schließlich verbringen die meisten von uns ein gut Teil ihres Wochenendes damit, sich zu Hause zu entspannen, denn noch immer ist das der geeignetste Ort, um «nichts zu tun»; doch wenn dieses Zuhause schlecht geheizt, laut, ungemütlich und beengt ist, dann schränkt das die Freuden des Wochenendes doch beträchtlich ein.

Alte Gewohnheiten sind zäh, doch es kann durchaus sein, daß die Japaner ihr Wochenende noch bekommen, ob sie es wollen oder nicht. Im April 1990 unterzeichnete die japanische Regierung ein Handelsabkommen, das unter anderem die Zusage enthält, die Arbeitswoche der eigenen Angestellten auf fünf Tage zu verkürzen und dies auch privaten Firmen nahezulegen. In diesem «Gelöbnis künftiger Faulheit», wie es ein amerikanischer Kolumnist sarkastisch genannt hat, spiegelt sich das Bemühen der amerikanischen Unterhändler, das Handelsbilanzdefizit zwischen den beiden Staaten abzubauen – und zwar durch die Forderung, die Japaner sollten nicht mehr so hart oder doch wenigstens nicht mehr so lang arbeiten. Daß eine Verkürzung der Arbeitswoche die hochproduktive japanische Wirtschaft drosseln könnte, ist unwahrscheinlich; doch es wird interessant sein zu verfolgen, wie sich dies auf den japanischen Alltag auswirken wird. Wahrscheinlich in anderer Weise als gewohnt. Schließlich hat man das Wochenende immer als eine Art gerechten Lohn gesehen – und dies ist das erste Mal, daß es als Strafe verhängt wird.

7

Zufluchtsorte

Einige Kilometer von meinem Haus entfernt, an der Straße, über die ich ins Dorf gelange, komme ich an einem *terrain de camping* vorbei, wie es hier heißt, einem von mehreren in der näheren Umgebung. Andere Campingplätze erkennt man an bunten Reklametafeln am Wegrand, auf denen beziehungsreiche Namen wie *Coolbreeze* oder *Acapulco* stehen; dieser jedoch heißt unerklärlicherweise *Canne de Bois*, «der hölzerne Spazierstock». Das klingt nach einem Zufluchtsort für Ältere, doch die Bewohner sind überwiegend Familien mit Kindern. Es ist auch nicht ganz richtig, von einem Campingplatz zu sprechen, denn Zelte gibt es hier nicht. Als der *Canne de Bois* vor 45 Jahren eröffnet wurde, war er tatsächlich für Camper bestimmt. Heute jedoch stehen hier keine provisorischen Schutzdächer aus Leinwand, sondern Dutzende kleiner Hütten und ortsfeste Wohnwagen – keine funkelnden *Airstreams*, sondern kleine, verwitterte Caravans, die seit Jahrzehnten keine Straße mehr gesehen haben. Darunter noch einige neuere Campingbusse, ein paar Wohnmobile und sogar zwei oder drei kleine Häuser, die ziemlich unsicher auf Zementpfeilern sitzen. Dieses bunte architektonische Sortiment ist um einen künstlichen Weiher versammelt, teilweise auf freiem Gelände, teilweise unter Bäumen.

Trotz seiner reizvollen natürlichen Umgebung wirkt der *Canne de Bois* insgesamt nicht eben schön. Die Wohnwagen sind umpanzert von Verandas, Vordächern, Schuppen und anderen selbsterrichteten Anbauten – Zeugnisse eines über Jahre sich erstreckenden, allmählichen und bruchstückhaften Wachstums. Daß es sich um leichte und billige Baumaterialien handelt –

Blechverkleidungen und lackiertes Sperrholz –, die überdies schlampig verarbeitet sind, macht die Sache auch nicht besser. Das Ganze hat die Atmosphäre eines Provisoriums: Alles scheint auf seine Fertigstellung zu warten oder aber in unfertigem Zustand aufgegeben worden zu sein. Das bißchen Platz, das auf den winzigen, mit niedrigen Zäunen und Hecken umgebenen Parzellen noch übrig ist, ist überfüllt mit einem Sammelsurium von Gartenmöbeln, Campingtischen, Schaukeln, Terrassen aus Beton, Liegestühlen, vorgefertigten Gartenhütten, Grillzubehör und Rasenverzierungen. Die schmalen, ungepflasterten Wege, die sich durch das Gelände schlängeln, sind von Straßenlaternen erleuchtet und tragen sogar eigene Namen, doch diese Bemühung um «Urbanität» unterstreicht nur noch den behelfsmäßigen Charakter des Ganzen.

Obwohl der *Canne de Bois* aus einzelnen Behausungen besteht, die auf voneinander getrennten Grundstücken stehen, hat er aufgrund seiner Heterogenität keinerlei Ähnlichkeit mit irgendeinem der vorstädtischen Erschließungsgebiete, die ich bisher gesehen habe. Auch von der künstlich-pittoresken Atmosphäre eines *Club Med* ist hier nichts zu spüren. Statt dessen fühle ich mich an die Barackensiedlungen erinnert, die ich in den Außenbezirken von Städten der Dritten Welt besuchte. Dieser Vergleich ist durchaus nicht kritisch gemeint. Was jenen sandigen, in Eigenarbeit errichteten Siedlungen an Urbanität und visuellem Zusammenhalt fehlt, machen sie durch ihre Lebendigkeit wett. Darin spiegelt sich die Findigkeit der Bewohner, die mit den bescheidensten Mitteln um ein Fleckchen kämpfen, das ihnen ganz allein gehört. Es ist derselbe Wunsch und derselbe Unternehmungsgeist, der sich auch in den improvisierten Behausungen des Campingplatzes in Quebec findet.

Der holländische Architekt John Habraken hat als erster auf die Ähnlichkeit zwischen Barackensiedlungen und Campingplätzen hingewiesen. Er beobachtete, daß es in beiden Siedlungstypen vor allem um die ungehinderte Entfaltung privater, familiärer Räume geht, während die Sphäre der Öffentlichkeit und der Gemeinschaft sekundär ist und gleichsam nur aus «Resten» besteht. Laut Habraken ist dies fast das genaue Gegenteil dessen, was in den meisten Wohnsiedlungen geschieht, denn dort sind die Möglichkeiten persönlicher Entscheidung drastisch eingeschränkt, und der einzelne Hausbesitzer wird durch Gebietsverordnungen, Bauvorschriften und andere Bestimmungen dazu genötigt, sich und seine Behausung an die Bedürfnisse der Gemeinschaft anzupassen.

Der *Canne de Bois* unterscheidet sich noch in anderer und bedeutsamer Weise von den meisten herkömmlichen Gemeinschaften. Während des langen kanadischen Winters sind die Wohnwagen und Hütten leer und schneebedeckt; der Teich ist zugefroren, und die kahlen Bäume lassen die erstaunliche Ausdehnung der Siedlung erkennen, die sich von der Straße aus mehr als 800 Meter weit erstreckt. Gegen Ende des Frühlings, der ganz plötzlich kommt und lediglich eine kurze Überleitung zum hochsommerlichen Wetter ist, erscheinen die «Camper». Sie entfernen die Sperrholzplatten vor den Fenstern, füllen ihre Propangasflaschen auf und holen die Gartenmöbel heraus. Vor den Häusern sprießen Vordächer und bunte Sonnenschirme wie Pilze aus dem Boden, die Zufahrtswege füllen sich mit Autos, und der Teich wird belebt von Schwimmern und Tretbooten. Der zuvor dunkle Platz ist von Straßenlampen und Windlichtern erleuchtet. Einige haben Girlanden mit Weihnachtslämpchen an ihren Hütten angebracht, und die Siedlung gewinnt das festliche Flair eines Vergnügungsparks.

Zwischen Mai und September beherbergt der *Canne de Bois* 320 Familien, doch erstaunlicherweise beeinflussen diese vorübergehenden Bewohner das Dorfleben kaum. Die meisten kommen am späten Freitagabend und reisen am Sonntagabend wieder ab, und die Zeit dazwischen verbringen sie im allgemeinen auf dem Campingplatz. Manchmal begegne ich ihnen am Samstagvormittag im Supermarkt, wo sie einige Kisten Bier fürs Wochenende kaufen, oder sie holen sich ihre Zeitung im Lädchen um die Ecke. Man erkennt sie an ihrer bunten Kleidung, an den Bermudashorts und den Sandalen (die örtlichen Landwirte bevorzugen grüne Arbeitskluft und Baseballmützen) und nicht zuletzt an ihrem lautstarken, unbeschwerten Auftreten. Man kann ihnen diese Fröhlichkeit nicht verdenken – schließlich sind sie im Urlaub.

Wie die Kleidung und das veränderte Verhalten die Wochenendausflügler von den seßhaften Bewohnern unterscheiden, so sind auch die Hütten und die Wohnwagen von völlig anderem Charakter. Manche der Parzellen betritt man durch ein Tor mit romantischem Gitterwerk, und in den Gärten finden sich viele der üblichen rustikalen Symbole – dekorative Umzäunungen, provisorische «Ausblicke» und Nachbildungen von Brunnen. Und für den Fall, daß über die Bedeutung dieser architektonischen Elemente noch Unklarheit besteht, hat einer der Camper ein handgeschnitztes Schild an seinem umgebauten Wohnwagen befestigt: *Royaume des biches* steht darauf, «Königreich der Hirschkühe».

Die Benennung ländlicher Refugien hat eine lange Tradition. Vor fast 2000 Jahren hat Plinius der Jüngere seine berühmte Villa «Laurentum» genannt. Mit dem lateinischen Wort «Villa» bezeichneten die Römer der Antike die Landsitze, die sie in der näheren Umgebung der Städte unterhielten. Im Sommer war es dort weniger heiß, und zu anderen Jahreszeiten konnte man die heitere, ländliche Atmosphäre genießen. Plinius, der im ersten Jahrhundert n. Chr. lebte, beschreibt in einem seiner zahlreichen Briefe seine Villa in der Region Latium, an der Küste des Tyrrhenischen Meeres gelegen, nahe Ostia Antica, dem Hafen von Rom.

Bescheiden schildert Plinius das Landhaus Laurentum als «für seine Zwecke geräumig, der Unterhalt nicht kostspielig». Nach heutigen Maßstäben jedoch handelte es sich um einen weitläufigen Gebäudekomplex. Plinius war ein erfolgreicher Anwalt und Verwaltungsbeamter, der bereits in jungen Jahren zum Konsul ernannt wurde, das heißt zum höchsten Beamten der Republik. Seine Villa spiegelte diesen Status und den damit einhergehenden Wohlstand wider. Der ausgedehnte Landsitz hatte einen Gymnastikraum, ein geheiztes Schwimmbecken mit Blick aufs Meer, eine Ballspielhalle, mehrere repräsentative Räume, einen

Speisesaal, ein Eßzimmer, Wohnräume für Plinius selbst und für Gäste sowie Unterkünfte für die Sklaven.

Auf der einen Seite der Anlage lag eine «von Veilchen duftende Blumenterrasse«, von der aus man das Meer überblicken konnte. Unmittelbar daneben führte eine Wandelhalle zu einem kleinen Gebäude mit der privaten Suite des Plinius. Auf diese Räume war er besonders stolz, da er sie selbst erbaut hatte (man hat den Eindruck, daß die übrigen Gebäudeteile von einem früheren Besitzer errichtet wurden). *«...amores mei, re vera amores»*, schreibt er darüber, «meine stille Liebe, ja, wirklich Liebe!» Dieser in sich geschlossene Pavillon war in drei Räume unterteilt: ein Schlafzimmer, einen sogenannten *heliocaminus* (ein Raum für Sonnenbäder, windgeschützt und ohne Dach) sowie ein Wohnzimmer. Von seinem Sofa aus hatte Plinius Ausblicke nach drei verschiedenen Richtungen: benachbarte Landhäuser, angrenzende Wälder und das Meer. Hier blieb er ungestört von der Geschäftigkeit seines Haushalts, hierher konnte er sich zurückziehen, um zu lesen und zu schreiben oder, wie er einmal sagt, um sich jenem «trägen, aber angenehmen Zustand des Nichtstuns» zu überlassen.

Außer diesem schriftlichen Zeugnis ist von der Villa des Plinius nichts geblieben, doch ist die Umgebung von Rom übersät mit Ruinen derartiger Landhäuser, darunter als bekannteste die Hadriansvilla bei Tivoli. Die praktisch veranlagten Römer erbauten diese Landsitze jedoch nicht allein zu ihrem Vergnügen. Gewöhnlich waren die Villen verbunden mit großen Bauernhöfen, die von Pächtern geführt wurden. Deren Pachtzins war für die wohlhabenden Grundbesitzer eine wichtige Einkommensquelle. Plinius, den man heute zu den Millionären zählen würde, besaß ein weitläufiges Landgut in Tifernum im heutigen Umbrien, etwa 170 Kilometer nördlich von Rom. Die Villa Laurentum jedoch, an die kein Hof angegliedert war, bezeichnete er als seinen Lieblingslandsitz. «Denn dort schreibe ich am meisten und beackere nicht ein Feld, das ich dort nicht habe, sondern mich selbst durch meine Studien, und schon kann ich Dir, wie anderswo eine volle Scheuer, so dort einen vollen Schrank zeigen.»

Anders als bei den meisten Villen lagen um Laurentum weder Felder noch Weingärten. Wenn Plinius auf seiner Terrasse saß, überblickte er nicht seine Besitztümer, sondern das Meer. Ganz der pragmatische Römer, bemerkt er, es sei «nicht eben reich an kostbaren Fischen». Spazieren ging er nicht zwischen seinen Feldern, sondern am Strand. Laurentum war eine höchst ungewöhnliche Villa, denn sie verkörperte die absolut moderne Vorstellung einer Zufluchtsstätte für den Stadtbewohner: unbelastet von praktischen Zwecken, ruhig, entspannt und natürlich.

Zur Zeit der Renaissance gab es eine klare Unterscheidung zwischen Bauernhöfen und Landsitzen. Leon Battista Alberti, ein Architekt des 15. Jahrhunderts, behandelt das Landhaus in zwei Kapiteln seiner *Zehn Bücher über die Baukunst*. Er unterscheidet zwischen Landhäusern, die für Bauern bestimmt sind, und Villen für Leute von Stand. Während die Bauern Häuser benötigen, die nach praktischen Zwecken gestaltet sind, geht es bei den Herrschaften ums Vergnügen. Wobei hier mit dem Begriff «Vergnügen» die üblichen ländlichen Zerstreuungen gemeint sind, wie etwa Angeln, Jagen, Reiten, Schwimmen, Spazierengehen, Lesen sowie «die Freuden des Gartens» – mit anderen Worten, genau diejenigen Arten von Zeitvertreib, an die man noch heute bei einem Wochenende auf dem Lande denkt.

Natürlich gab es weder für den florentinischen Patrizier, den Alberti im Sinn hatte, noch für einen römischen Bürger wie Plinius ein Wochenende; doch dürften beide ihre Villen eher wie Wochenendhäuser als wie Urlaubshäuser genutzt haben. Im allgemeinen wurden die Villen nahe der Stadt errichtet; und tatsächlich erwuchsen aus den Villengebieten um Rom – wie etwa Praeneste oder Tusculum, wo Cicero ein Sommerhaus hatte – zu späterer Zeit die ersten Vorstädte. Laurentum gehörte nicht zu diesen vornehmen Orten. Es lag etwas weiter von Rom entfernt – etwa 25 Kilometer –, doch es führten gute Straßen dorthin, was die Reise etwas kürzer und angenehmer machte als die des Mr. Knightley in *Emma*. Plinius verbrachte den Sommer größtenteils auf seinem Landsitz in Umbrien; während der Wintermonate dagegen fuhr er häufig nach Laurentum. Er nennt die Reise «für ein Pferdegespann etwas beschwerlich und lang, zu Pferd kurz und angenehm», und zwar so kurz, «daß man nach Erledigung der notwendigen Dinge, wenn die Tagesgeschäfte bereits vollständig abgeschlossen sind, dort verweilen kann». In ähnlicher Tonart schreibt Alberti: «Gut wird es auch sein, wenn es nicht weit vom Stadttor, sondern ganz in dessen Nähe ist, damit man desto bequemer und rascher, ohne sich erst besonders anziehen zu müssen und ohne beim Volk Aufmerksamkeit zu erregen, mit Frau und Kindern Stadt- und Landhaus häufig nach Belieben aufsuchen kann.» Das Pendeln zum Wochenendhäuschen hat offenbar eine lange Geschichte.

Auch die Wochenendausflügler vom *Canne de Bois* suchen ihre selbstgebauten Villen regelmäßig auf. Sie kommen aus der Stadt, das heißt aus Montreal, das weniger als eine Autostunde entfernt ist – eine kürzere Anfahrt als die des Plinius. Der Teich ersetzt das smaragdgrüne Tyrrhenische Meer, anstelle von Ballspielen auf Marmor werden hier Hufeisen geworfen, und der Campingtisch steht für den Speisesaal. Die Gärten sind nicht mit griechischen Statuen geschmückt, sondern mit Plastikvasen und mit Vogelbecken aus Zement. Die Umgebung ist eine andere, doch es sind ähnliche Empfindungen. Die kleinen Hütten sind freilich nicht ganz so elegant, und doch haben sie etwas von Plinius' privatem Pavillon: Auch sie sind selbstgebaute, gemütliche kleine Refugien.

Der hauptsächliche Unterschied ist der des Vermögens. Wie die meisten Arbeiterfamilien aus Montreal wohnen auch die Leute vom *Canne de Bois* in jenen hohen und schmalen Reihenhäusern ohne Fahrstuhl, in denen sich die Mehrzahl der Stadtwohnungen befindet und die einigen älteren Gegenden von Montreal das Aussehen einer europäischen Stadt des 19. Jahrhunderts verleihen. Die meisten von ihnen leben zur Miete; daher handelt es sich bei den Wohnwagen und Häuschen vom *Canne de Bois* auch nicht um «Zweitwohnungen», sondern – im Sinne des Eigentums – um Erstwohnungen.* Und das ist nichts

* Die Parzellen auf dem *Canne de Bois* muß man mieten, doch die darauf

Ungewöhnliches. Für Leute mit bescheidenen Mitteln ist das Cottage häufig die einzige Möglichkeit, eigenen Wohnraum zu besitzen. Und da die Preise für Stadtwohnungen in neue, unerreichbare Höhen schnellen, dürfte für viele das Wochenendhäuschen wohl das einzige «Gut» bleiben, das ihnen jemals gehören wird. Auf dem Land sind die Bodenpreise niedrig, und da es hier keine komplizierten oder sogar überhaupt keine Bauvorschriften gibt, kann man langsam, unfachmännisch und daher eben billig bauen. In diesem Sinne kommt solchen Sommerkolonien wie dem *Canne de Bois* größere Bedeutung zu, als es zunächst den Anschein hat. Was nach zusammengebastelten Spielzeughäuschen aussieht, hat in Wahrheit einen ernsten Hintergrund; denn obwohl diese Häuschen nicht ständig bewohnt sind, verkörpern sie doch zumindest für ihre Besitzer so etwas wie Zugehörigkeit und Dauer.

Die Vorstellung, ein «Haus auf dem Land» zu haben, kam den Menschen wahrscheinlich unmittelbar in den Sinn, als sie begannen, in Städten zu leben. Sie reagierten damit auf die von Regeln und Vorschriften erzeugten Zwänge, die das Alltagsverhalten in der städtischen Gesellschaft beherrschten – ein Versuch, das Korsett wenigstens zeitweilig abzustreifen, das einem das Stadtleben unvermeidlich aufzwingt. In Italien wurden auch während der Renaissance noch Villen erbaut, und häufig errichteten die Patrizierfamilien sie an denselben Orten wie schon ihre römischen Vorfahren. Jedoch blieb das Landhaus keineswegs der Oberschicht vorbehalten. In seinem 1598 veröffentlichten Werk *The Survey of London* berichtet John Stow von direkt vor den Mauern der Stadt erbauten «Sommerhäusern», die von Gärten umgeben waren. Wahrscheinlich gehörten diese Gebäude Kaufleuten oder wohlhabenden Ladeninhabern.

Stow stand diesen Sommerhäusern kritisch gegenüber. Sie wa-

stehenden Bauten sind Privatbesitz. Zieht einer der Besitzer weg, so wird das Gebäude an einen anderen «Mieter» verkauft. Wurde es vergrößert oder in der Ausstattung verbessert, so zahlt sich die Investition für den Besitzer aus.

ren geschmückt mit malerischen Türmchen und kuriosen Schornsteinen, und er beklagte, sie hätten überhaupt keine Funktion außer «Jux und Angeberei». Damit hatte er allerdings das Wesentliche nicht begriffen. Diese frühen Versionen des Wochenendhauses waren gar nicht «ernst» gemeint, und die Tatsache, daß sie sich über alle architektonischen Gepflogenheiten hinwegsetzten, war keineswegs, wie Stow meinte, ein Zeichen der «Eitelkeit des menschlichen Geistes», sondern spiegelte vielmehr eine zeitweilige Entfesselung ihrer Besitzer wider. In diesen verspielten Häuschen konnten sie sich benehmen, wie sie wollten, sie konnten tun und lassen, was sie wollten und wann sie es wollten. Sie konnten die Uniformität der Stadt ablegen – in der Architektur wie in der Kleidung.*

Die Ausdruckskraft und die phantasievolle Gestaltung der Villa oder des Sommerhauses findet man bei städtischen Wohngebäuden gewöhnlich nicht. Gleich, ob es sich um die witzig bemalten Wohnwagen auf dem *Canne de Bois* handelt oder um die extravaganten (und euphemistisch als *camps* bezeichneten) Holzkonstruktionen, die William West Durant für reiche New Yorker in den Adirondack Mountains errichtete – derartige Zufluchtsstätten auf dem Land boten schon immer die Gelegenheit, sich von den architektonischen Zwängen der Stadt loszumachen.

Plinius liebte die ländliche Umgebung seiner Villa und das einfache Leben, das er in Laurentum führte. Das Gebäude war jedoch genauso elegant wie sein Haus in der Stadt und bot alle Annehmlichkeiten, die sich ein kultivierter Römer nur wünschen konnte. Die Idee, auch dem Landhaus selbst eine rustikale Atmosphäre zu verleihen, kam erst mit der Romantik am Ende des 18. Jahrhunderts auf. In Architektur, Malerei und Literatur förderte die Romantik ein Landschaftsbewußtsein und die Kenntnis traditioneller bäuerlicher Baustile. Daraus ergab sich unter anderem das sogenannte *cottage orné* («verziertes Landhaus»), das in England nach 1810 in Mode kam und später zum Vorbild für die

* Sowohl Plinius als auch Alberti erwähnen die zwanglose Kleidung als besonderen Vorzug des Aufenthalts in der Villa.

Ferienhäuser des Mittelstands wurde. Das *cottage orné* war verschachtelt, malerisch und vor allem rustikal, und damit bot es jedem, der ein Heilmittel gegen das Stadtleben suchte, eine geeignete architektonische Metapher.

Die Suche nach dem Malerischen führte häufig zu bizarren, exotischen Einfällen, und die Villen der Reichen nahmen immer exzentrischere Formen an, über die sich Plinius wahrscheinlich entsetzt hätte: Schweizer Chalets, normannische Türme, mittelalterliche Burgen, chinesische Pagoden, gotische Ruinen, maurische Moscheen und sogar Hindu-Paläste wie der Royal Pavilion in Brighton. Coleridge etwa war von der offenkundig fingierten Rustikalität des *cottage orné* überhaupt nicht begeistert; er verspottete das «Landhaus von Adel» als Zeichen eines «Hochmuts, der Bescheidenheit nachäfft». Das hört sich an wie Stows Klage über die «Eitelkeit des menschlichen Geistes». Allerdings wurde bei einigen dieser Landhäuser tatsächlich ein wenig übertrieben: mit unbehauenen Baumstämmen als Säulen unter Verandadächern und mit kunstvollem Dekor unter Reetdächern und hinter Wänden aus Strohlehm.

Das wahrscheinlich früheste *cottage orné*, oder besser *village orné*, ist der berühmte, für Marie-Antoinette um 1783 erbaute *Hameau* (Weiler) in Versailles. Einige Jahre zuvor hatte Ludwig XVI. der Königin das als «Kleines Trianon» bezeichnete Sommerhaus überlassen, das sein Vater ein Jahrzehnt früher erbaut hatte. Marie-Antoinette umgab das außerordentliche Gebäude mit Gärten im damals modischen «englischen» Stil, der die natürliche Landschaft nachzuahmen suchte. Zweimal jährlich, im Frühling und im Sommer, unternahm sie «Ausflüge» zu diesem Ort, um der Öffentlichkeit des Palastlebens zu entfliehen.

Das Kleine Trianon wurde als Sommerhaus genutzt, obwohl es sich eigentlich um ein kleines Schlößchen handelte. Die Königin wünschte sich eine etwas natürlichere Umgebung – «zurück zur Natur», wie Rousseau lehrte –, und so ließ sie in unmittelbarer Nähe die Nachahmung eines normannischen Dorfs mit romantischen, strohgedeckten Häusern errichten. Unter den von dem Architekten Richard Mique entworfenen und in eine liebliche, naturalistische Landschaft versetzten Gebäuden befand sich eine Mühle, eine Molkerei und ein Taubenschlag. Trotz ihrer Bezeichnungen dienten diese Gebäude jedoch ausschließlich Unterhaltungszwecken: Dort konnte man zwanglos essen, Billard und Backgammon spielen oder tanzen.

Es ist leicht, sich über eine Königin lustig zu machen, die das Landmädchen spielt, die sich an Marmortischen in der «Molkerei» Eiscreme servieren läßt, die im Garten Blumen pflückt oder mit einer Angelrute am Saum eines künstlichen Teichs steht. Doch sind diese Affektiertheiten wirklich so verschieden von dem, was heutzutage unzählige Stadtbewohner an ihrem Wochenende veranstalten? Da gibt es Börsenmakler, die in alten Klamotten Traktor fahren; Büroangestellte, die karierte Hemden tragen und neben ihrem Cottage Holz hacken; Busfahrer, die in tarnfarbener Kleidung auf die Jagd gehen; und Apotheker mit Südwester auf dem Kopf, die mit Booten herumgondeln. Das *Hameau* der Marie-Antoinette war eine Scheinwelt – doch dies gilt für *jede* Art von Landsitz.

Würde man die Bewohner des *Canne de Bois* fragen, warum sie jedes Wochenende hierherkommen, so würden sie antworten: «Um aus der Stadt herauszukommen, natürlich.» Plinius hätte wahrscheinlich dasselbe erwidert, und aus eben den Gründen, die er in einem Brief aus Laurentum gegenüber einem Freund bekannte: «Du solltest die erste Gelegenheit ergreifen, um diesem Lärm zu entgehen, diesem geschäftigen und nutzlosen Treiben in der Stadt.» An den Verlockungen des Landlebens hat sich wenig geändert: Ruhe und Frieden, Abgeschiedenheit und Erholung.

Zu keiner Zeit waren der Lärm und die Geschäftigkeit der Stadt größer als im 19. Jahrhundert. Industrialisierung hieß vor allem Verstädterung, und das Wachstum der europäischen und amerikanischen Großstädte verlief geradezu explosiv, ähnlich wie heute in der Dritten Welt. Die Bevölkerungszahlen wuchsen – in Großbritannien etwa um das Doppelte zwischen 1800 und 1850 –, und so waren zahlreiche Landbewohner dazu gezwungen, in Städte überzusiedeln, deren expandierende Industrie ihnen die einzige Chance auf eine Erwerbstätigkeit bot. Zu Anfang des Jahrhunderts war London mit einer Million Einwohnern bereits die größte Stadt der Welt und um ein Mehrfaches größer als Wien oder Paris; gegen Ende des Jahrhunderts lebten dort fast fünf Millionen Menschen. Die vergleichsweise jüngeren amerikanischen Städte waren kleiner, doch verlief ihr Wachstum ähnlich steil. Das lag zum einen am Rückgang der Landwirtschaft,* zum anderen am Zustrom europäischer Einwanderer. Zwischen 1835 und 1870 stieg die Zahl der Einwohner von New York von unter 200000 auf über eine Million. Die Einwohnerzahl von Chicago verdreifachte sich.

Die rasche Expansion der Industriestädte des 19. Jahrhunderts wurde teuer erkauft. Die Zerstörung und Chaotisierung der Städte zwischen 1820 und 1900 hat Lewis Mumford mit einem Schlachtfeld verglichen. Ältere städtische Strukturen wurden rücksichtslos von Eisenbahnlinien durchschnitten, Wohnviertel waren von qualmenden Fabriken umgeben und diese wiederum von unmenschlichen Slums. Da die Gebäude immer höher wuchsen und immer dichter zusammenrückten, wurden die Straßen allmählich übervölkert. Die überkommene Wasserversorgung und Müllbeseitigung erwies sich als unzureichend; zwar wurden diese Probleme schließlich durch Aquädukte, Abwasserkanäle und eine organisierte Müllabfuhr gelöst, doch das brauchte seine Zeit. (Der erste unterirdische Abwasserkanal wurde in den fünfziger Jahren in Brooklyn gebaut; die meisten Städte hatten jedoch bis gegen Ende des Jahrhunderts keine wirkliche Abwasserentsorgung.) In der Zwischenzeit wurde die Stadt zu einem schmutzigen, lauten, überfüllten, unsicheren und ungesunden Ort.

Montreal war da keine Ausnahme. Ab Mitte des Jahrhunderts kam es zur ersten einer ganzen Reihe spektakulärer Wachstumsphasen. Nirgendwo vollzog sich der Wandel in derart drastischer

* Gemeint ist hier der Osten der Vereinigten Staaten, der mit dem billigen Getreide aus dem Westen nicht mehr konkurrieren konnte (A. d. Ü.).

Weise wie hier; denn als hundert Jahre zuvor die Briten die französische Kolonie eroberten, war Montreal kaum mehr als ein Stützpunkt für den Pelzhandel mit noch nicht einmal 9000 Einwohnern. Durch britische Einwanderer und durch den Zustrom von Loyalisten nach dem Unabhängigkeitskrieg wuchs die Einwohnerzahl auf 22000 im Jahr 1825. Die Einführung des Dampfschiffs machte Montreal zum größten Seehafen Kanadas und bald zum größten Hafen Nordamerikas überhaupt. Der 1825 erbaute Lachinekanal verband den Überseeverkehr mit der Binnenschiffahrt auf den Großen Seen. Eisenbahnlinien führten von diesem Hafen zu den bedeutendsten Städten der Ostküste, zunächst nach New York, später auch nach Portland und Boston. Dank dieser Vorteile, die zahlreichen Emigranten Arbeitsplätze verschafften, verdoppelte sich die Zahl der Einwohner im Verlauf der nächsten beiden Jahrzehnte. 1910 beherbergte die Stadt bereits ein halbe Million Menschen, 1930 war die volle Million erreicht.

Die neureichen Kaufmannsfamilien von Montreal begannen während dieser Zeit – wie ihre Standesgenossen auf der ganzen Welt –, sich Zweitwohnsitze zuzulegen, um der zunehmend überfüllten Metropole zu entkommen. Einige errichteten große Blockhäuser in den nördlich gelegenen Laurentischen Bergen; dabei handelte es sich allerdings um wirklich kunstvoll gebaute Jagd- und Fischhütten, nicht um Wochenendhäuser. In den Vorstädten, im äußersten Westen der Insel von Montreal, schossen herrschaftliche Sommervillen aus dem Boden, die man mit der Kutsche in ein bis zwei Stunden erreichen konnte.

Einigen war dies jedoch nicht weit genug. Mit jedem Jahrzehnt urbanen Wachstums ergaben sich neue Stadtgrenzen, und unbarmherzig schob sich die Peripherie immer weiter in die umgebende Landschaft vor – ein für die Großstadt des 19. Jahrhunderts typischer Vorgang. Allein die physische Ausdehnung war von bestimmendem Einfluß auf das Leben in der Stadt. Wir vergessen leicht die wesentlich kleinere Fläche der vorindustriellen Städte. Zum Beispiel erstreckte sich das London der elisabethanischen Epoche über kaum mehr als eineinhalb Kilometer entlang der Themse. Das «Land» erreichte man damals auf einem kurzen Spaziergang. Zweihundert Jahre später war das Wien Mozarts noch immer eine von Mauern umgebene Stadt mit etwa 200000 Einwohnern auf einer Fläche von ebenfalls kaum mehr als zwei Quadratkilometern. Das bedeutet, daß man zu Fuß in nur zehn Minuten an die Befestigungsanlagen gelangte, hinter denen sich das flache Land erstreckte. Die Londoner Innenstadt und der 1. Bezirk von Wien waren dicht bebaute Labyrinthe von schmalen Sträßchen und verwinkelten Gassen, die von hohen und eng beieinanderstehenden Häusern gesäumt waren. Doch wenn die Bewohner dieser kleinen, gedrängten Wohnungen einmal in freier Landschaft Luft schöpfen wollten, so genügte dazu ein kurzer Bummel. Damit war es im 19. Jahrhundert vorbei, oder jedenfalls beinahe, denn der Zutritt zu der jetzt weit entfernten Natur war zu einem Luxus geworden.

Es gab auch praktische Gründe, die den Wunsch aufkommen ließen, der überfüllten viktorianischen Großstadt zu entkommen. Diejenigen, die sich dies leisten konnten, hatten jedoch ein anderes Motiv: Sie wollten die Schönheit der Natur erfahren, vor allem in ihrem ursprünglichen und unverfälschten Zustand. Diese Vorliebe für die Wildnis war ebenfalls ein neues Phänomen. John Ruskin erblickte die Alpen erstmals 1833, als er vierzehn Jahre alt war – und er war überwältigt. Als er später dieses Erlebnis beschrieb, stellte er fest, daß seine damaligen Gefühle «der Epoche entsprachen: nur wenige Jahre zuvor – noch innerhalb dieses Jahrhunderts – hätte kein Kind geboren werden können, das sich für Berge interessierte». Diese Erkenntnis Ruskins ist von Bedeutung. Durch die Romantik wurden nicht nur ästhetische Prinzipien, sondern auch die Empfindungsweise der Menschen verändert. Bergpanoramen und weite Ausblicke am Meer, die man zuvor ignoriert hatte, wurden nun als lohnende ästhetische Erfahrungen aufgesucht.

Montreal ist eine Stadt im Landesinneren, doch immerhin gibt es dort einen bedeutenden Fluß. In der Umgebung von Montreal fließt der Sankt-Lorenz-Strom durch wenig anziehendes landwirtschaftlich genutztes Flachland, doch unterhalb von Quebec, wo der Fluß breiter wird, bevor er sich in den Golf ergießt, verändert sich die Szenerie: Hier bieten hohe, zerklüftete Felsen ein Naturschauspiel von überwältigender Schönheit. Eine zusätzliche Attraktion – vor allem zu einer Zeit, da es noch keine Klimaanlagen gab – bietet hier das erfrischend kühle Sommerklima. Während die reichen New Yorker die Ufer des Hudson River sowie Newport, Rhode Island als Standorte ihrer großen Sommervillen wählten, verlegten sich die wohlhabenden Bürger von Montreal auf den unteren Sankt-Lorenz-Strom als ihr privates Urlaubsgebiet. Ihnen schlossen sich zahlreiche Besucher aus den Staaten an, die nun bequem mit dem Zug nach Montreal und Quebec gelangten, darunter auch Präsident Taft (1909–1913), der am Saguenay River ein Sommerhaus besaß. Auch Sir John A. MacDonald, seit 1867 der erste Premierminister Kanadas, verbrachte den Sommer in dieser Gegend. An den malerischsten Flecken entlang des Nordufers des Sankt-Lorenz-Stroms wurden Hotels errichtet, so etwa in Murray Bay oder Tadoussac, der ältesten Niederlassung des kanadischen Pelzhandels. Der Zauber eines Ferienaufenthalts «in der Wildnis» (in nichtsdestoweniger bequemen und gut ausgestatteten Unterkünften) wurde noch durch die Art der Reise erhöht: Deren letztes Teilstück legte man nämlich auf einem gemächlichen Raddampfer zurück.

Die von Montreal aus am leichtesten zu erreichende Meeresküste ist die von Neubraunschweig, an der Bay of Fundy. Seit 1889 gab es eine Eisenbahnverbindung von Montreal nach Halifax, und es waren Eisenbahnmagnaten – angeführt von Sir William Van Horne, dem Erbauer der transkanadischen Eisenbahn –, die das hübsche, an der Grenze nach Maine gelegene Küstenstädtchen Saint Andrews zu einem beliebten Aufenthalt sowohl der Bostoner als auch der Montrealer machten. Doch selbst mit dem Zug war die Entfernung von Montreal einfach zu groß, um nur für eine Stippvisite dorthin zu fahren. Die meisten Leute übersiedelten nach «Saint Andrews by the Sea», wie der Ort später genannt wurde, zu Beginn des Sommers und blieben dann die ganze Saison über.

Auf halber Strecke, ungefähr 600 Kilometer von Montreal entfernt, führt die Eisenbahnlinie durch Metis Beach, einen kleinen Urlaubsort am Südufer des Sankt-Lorenz-Stroms. In der Kette der Sommerrefugien entlang des Flusses war dies der am weitesten vorgeschobene Posten. Schotten hatten diesen Ort begründet, der seit den fünfziger Jahren die Sommerurlauber von Montreal anzog. Sie kamen, um die schöne Landschaft zu genießen, um Boot zu fahren, zu angeln und die frische Luft zu atmen – Metis Beach warb mit dem höchsten Ozongehalt des ganzen Kontinents.

Die ersten Urlauber fuhren auf der Straße oder kamen mit dem Raddampfer, doch erst die Eisenbahn sorgte dafür, daß der Ort zu einer Sommerkolonie heranwuchs, denn sie machte das Reisen schneller und bequemer. Der Zug in Richtung Montreal hielt um zehn Uhr abends in Metis Beach und erreichte die Stadt am nächsten Morgen. Jeden Samstagabend wurden am Bahnhof Freunde und Verwandte verabschiedet – ein allwöchentliches Ritual. In seinen besten Tagen während der dreißiger Jahre gehörten zu Metis Beach 400 private Ferienhäuser und Villen, neun große Hotels, zwei Golfplätze und Tennisclubs, vier protestantische Kirchen und eine Bibliothek. Wie der *Canne de Bois* stand auch diese Siedlung während des Winters nahezu leer; von den 3000 Bewohnern im Sommer blieben dann nur noch 200 seßhafte Einwohner.

In den Jahren nach 1900 kamen immer mehr Menschen mit dem Auto nach Metis Beach. Das schien zunächst nur ein zusätzlicher Komfort zu sein, doch in Wirklichkeit bedeutete das Auto das Ende der privilegierten Stellung derartiger Luxus-Ferienorte wie Metis Beach und Saint Andrews. Mit dem Auto gelangten die Leute an wesentlich mehr Orte als mit der Bahn oder mit dem Raddampfer. Als New Yorker zum Beispiel konnten sie bis an die Spitze von Long Island fahren oder in die Catskill-Berge. Von Montreal aus gelangte man ohne weiteres in die Laurentischen Berge oder zu den schönen Seen der östlichen Provinzen.

Wäre es die einzige Funktion des Autos gewesen, den Reichen etwas Abwechslung bei ihren Erholungsurlauben zu verschaffen, so wäre es in der Geschichte der ländlichen Refugien lediglich eine Marginalie geblieben. Es war jedoch nicht so sehr das Auto selbst, das zu einer Veränderung der Freizeitgewohnheiten führte, sondern seine massenhafte Verbreitung. Die ersten Autos waren teuer und nur für Reiche erschwinglich; nach 1914, als Henry Ford mit der Produktion in großen Stückzahlen begann, konnte sich eigentlich jeder ein Auto kaufen, und so kam es auch. Im Jahr 1939 kam in den Vereinigten Staaten auf jeweils vier Einwohner ein Auto – die weltweit höchste Rate (drei Viertel aller Autos der Welt gehörten Amerikanern). Kanada folgte dichtauf: Hier kam ein Auto auf jeweils acht Einwohner.* Weit zurück lagen die führenden europäischen Länder wie England und Frankreich (ein Auto auf je 18 Einwohner) und erst recht das Dritte Reich, wo nur einer von 42 ein Auto besaß.

«Von allen Annehmlichkeiten ist das Auto die wunderbarste», schreibt der Historiker John Lukacs, «nicht so sehr seiner Bequemlichkeit wegen, die selbst in den luxuriösesten Autos ihre Grenzen hat, und auch nicht so sehr wegen der Verminderung aller Entfernungen, sondern deswegen, weil es seinen Besitzer mehr noch zum Herrn seiner Zeit als des Raumes macht. Er kann abreisen, wann er will, und er kann zurückkehren, wann er will. Er ist unabhängig von den Fahrplänen der öffentlichen Verkehrsmittel.» Genau diese Art von Freiheit ist es, die das Auto zum wichtigsten Instrument unserer Freizeit gemacht hat.

Nun, da immer mehr erwerbstätige Menschen sich ein Auto angeschafft hatten, blieb ihnen auch mehr freie Zeit, um etwas damit anzufangen. Genau dies war ja die Überlegung von Henry Ford gewesen, als er in seinen Fabriken die Arbeitswoche verkürzte. Es dauerte länger, als er erwartet hatte, ehe die Fünftagewoche sich allgemein durchsetzte, doch ein Auto zu besitzen war deshalb nicht weniger verlockend. Zuerst und vor allem war das Auto ein Spielzeug – zum Transportmittel wurde es erst später. Und die Kombination des Autos mit dem zweitägigen

* Auch die anderen damals führenden Autonationen waren ehemalige britische Kolonien: Neuseeland (ein Auto auf je sechs Einwohner) und Australien (1:9).

Wochenende erwies sich schließlich als unwiderstehlich. Häufig wird das Auto für das rasche Wachstum der Vorstädte verantwortlich gemacht; doch die ersten Vorstadtsiedlungen in Amerika, wie etwa Riverside, Illinois (1869) und Bronxville, New York (1890), wurden geplant, lange bevor es billige Autos gab, und sie waren mit Chicago bzw. New York durch Eisenbahnlinien verbunden. Zweifellos kam es jedoch durch das Auto zu einer andersgearteten und weniger ins Auge fallenden Ausdehnung der modernen Großstadt, die eine neue und unerwartete Gestalt annahm: auf der einen Seite die eigentliche Stadt und viele Kilometer davon entfernt ihr ländliches Gegenstück – die Provinz der Wochenendhäuser.

Heute ist jede amerikanische und kanadische Stadt von einem üppigen Flickenmuster von Wochenendsiedlungen umgeben – ein ländliches Spiegelbild ihrer selbst. Vielleicht sind die beiden Gläser einer Sanduhr ein noch besseres Bild: Alle fünf Tage wird die Uhr herumgedreht, der Sand strömt von einem Glas ins andere; nach zwei Tagen wird erneut gewendet, und der Sand fließt zurück. An jedem Freitagabend und aus den Städten des gesamten Kontinents fahren Hunderttausende von Familien zu ihren ländlichen Behausungen; sie fahren in die Berge, an Flüsse, Seen und Meeresküsten, und weil es dort allmählich eng wird, auch an weniger malerische Flecken wie den *Canne de Bois*. Anders als die Erholungsorte, die man im 19. Jahrhundert mit der Bahn erreichte, erstreckt sich die Provinz der Ferienhäuschen über die gesamte Landschaft, und längst ist sie nicht mehr nur den Reichen vorbehalten.

Dieses Land der Wochenendhäuser sollte man nicht mit dem eigentlichen *Land* verwechseln, denn auf das bäuerliche Leben hat das Wochenende weit weniger Einfluß. Selbst in dem Augenblick, da ich dies schreibe, an einem sommerlichen Samstagmorgen, muß mein Nachbar hart arbeiten. Er besprüht seine Obstplantage, und angesichts des Wetters – es sieht nach Regen aus – kann er damit nicht warten. Auch die Kühe meines anderen Nachbarn machen am Wochenende keinen Urlaub; man muß sich an sieben Tagen in der Woche um sie kümmern. Wann die

Landwirte sich einmal erholen können, ist hier noch immer durch die Jahreszeiten vorgegeben – viele von ihnen fahren im Winter nach Florida –, und einen freien Tag nimmt man sich gewöhnlich dann, wenn es regnet; nur anläßlich einer Hochzeit oder einer Beerdigung wird alle Arbeit unterbrochen. Das Wochenende ist eben, genau wie das Wochenendhaus, eine urbane Gewohnheit, und beides entwickelte sich Hand in Hand als eine Folge städtischen Lebens – eine Zeit zur Flucht, ein Ort als Zuflucht.

8

Zeitvertreib

Eine neuere japanische Untersuchung, die erwerbstätige Männer und Frauen in Tokio, New York und Los Angeles verglich, fand folgendes heraus: Die Zeit, die nach getaner Arbeit zur häuslichen Entspannung durchschnittlich zur Verfügung steht, variiert zwischen drei (Tokio), vier (Los Angeles) und fünf Stunden (New York). Dennoch nannten die Bewohner aller drei Städte dieselbe Tätigkeit, nämlich Fernsehen. Ähnlich eine landesweite Erhebung von 1989: Hier gaben drei Viertel der erwachsenen Kanadier an, ihre hauptsächliche Freizeitbeschäftigung sei Fernsehen – im Durchschnitt 3,1 Stunden täglich.

Ob das nun ein «kaltes» oder ein «heißes» Medium ist* und wie anspruchslos sein Inhalt auch immer sein mag – das Fernsehen hat eine Eigenschaft, die so offensichtlich ist, daß sie häufig gar nicht wahrgenommen wird: es ist unersättlich. Drei Stunden täglich fernsehen, das bedeutet 21 Stunden in der Woche, eine halbe Arbeitswoche also – ein verblüffender und kaum je dagewesener Zeitaufwand für bloße Zerstreuung. Wenige Gesellschaften haben jemals so viel Zeit auf eine einzige Art der Unterhaltung verwendet – nicht die Römer mit ihren Spielen im Amphitheater (die gewöhnlich nur achtmal im Jahr stattfanden), nicht die Menschen des Mittelalters mit ihren Feiertagen und Volksfesten und nicht einmal die Briten mit Tierhatz, Preisboxen und Pferderennen.

Im 18. Jahrhundert gab es allerdings eine Freizeitbetätigung,

* Von dem Medientheoretiker Marshall McLuhan eingeführte Begriffe, die sich auf die Dichte des Informationsflusses beziehen (A. d. Ü.).

die wahrscheinlich genauso viel Zeit in Anspruch nahm wie das Fernsehen, und zwar das Lesen. Was das Fernsehen für die zweite Hälfte des 20. Jahrhunderts ist – nämlich Ursache eines grundlegenden Wandels der Muße –, das war das Lesen von Büchern für das 18. Jahrhundert. Das gedruckte Buch gab es damals schon seit zwei Jahrhunderten, doch erst nach 1700 ließen billigeres Papier und schnellere Druckpressen – technische Neuerungen, die auch die Zeitung und die Zeitschrift hervorbrachten – die Druckkosten so weit absinken, daß Bücher auch für ein breiteres Publikum zugänglich wurden.

Doch genaugenommen war es nicht die Technik, die für die weite Verbreitung der Bücher verantwortlich war. Bis zum 16. Jahrhundert waren die meisten gedruckten Bücher in lateinischer Sprache verfaßt, der internationalen Sprache sowohl des Klerus als auch der Gelehrten. Von da an erschienen auch Übersetzungen in verschiedenen europäischen Sprachen, und dies bedeutete, daß das Lesen von Büchern in breiteren Schichten üblich wurde. Offensichtlich war dies ein Publikum, das zuvor schon lesen konnte. Im Norden und Nordwesten Europas, der kulturell fortgeschrittener war als der übrige Kontinent, stieg die Alphabetisierungsrate zwischen 1500 und 1800 steil an. Man schätzt, daß in einigen Ländern – etwa in Schottland, Schweden und Dänemark – um die Mitte des 18. Jahrhunderts schon nahezu jeder Erwachsene lesen konnte (wenn auch nicht unbedingt schreiben). Dabei spielte zweifellos die Reformation eine Rolle, denn der Protestantismus legte der persönlichen Lektüre der Heiligen Schrift große Bedeutung bei. Auch das Wachstum der Städte wirkte dabei mit, denn dort waren schon immer mehr Menschen mit dem Alphabet vertraut als auf dem Land; und schließlich war auch die zunehmende Verbreitung des Schulunterrichts für Kinder ein wichtiger Faktor.

Die Entwicklung des Buchs vom Luxusgut zum erschwinglichen Gebrauchsgegenstand hatte freilich auch Auswirkungen auf seinen Inhalt. Da Drucker und Buchhändler um des Profits willen arbeiteten, spiegelte der Inhalt der Bücher – anders als bei den von Hand kopierten Manuskripten – unmittelbar die Vorlieben des Publikums wider. Die ersten Bücher waren hauptsächlich religiöse Traktate – was kaum überrascht, denn die meisten Buchkäufer und -leser waren Geistliche. Darüber hinaus gab es Werke über mittelalterliche Philosophie und Theologie sowie juristische Texte, für die sich unter Gelehrten und Juristen ein kleinerer Markt eröffnete.

Im 16. Jahrhundert begann man um des reinen Vergnügens willen zu lesen anstatt aus religiösem Eifer oder scholastischer Gelehrsamkeit. Beliebt waren historische Stoffe, vor allem die klassische Geschichtsschreibung von Livius, Plutarch und Cäsar. «Dasselbe breite Publikum», schreibt der französische Historiker Lucien Febvre, «das einen unstillbaren Appetit auf Geschichte hatte, das häufig lieber Legenden als objektive Berichte las und das zum Beispiel ein so großes Interesse an den Sagen um Troja entwickelte – dieses Publikum war genauso fasziniert von fiktiver Literatur.» Diese Gier nach erdichteten Stoffen sorgte dafür, daß die Ritterromane des Mittelalters populär blieben, wie zum Beispiel die Artusromane oder der *Roman de la Rose*. Aber auch neue Werke wurden dadurch veranlaßt, wie etwa der Ritterroman *Amadís de Gaula*, der im 16. Jahrhundert in mehr als sechzig spanischen Ausgaben verbreitet war und der in ganz Europa zum Bestseller wurde. Der in spanischer Sprache verfaßte Schäferroman *Die sieben Bücher der Diana* von Jorge de Montemayor und die burlesken Geschichten von François Rabelais schufen schließlich die Voraussetzungen für den modernen Roman. Ich habe bereits erwähnt, daß mit dem Roman eine neue Art von Freizeitbetätigung aufkam – eine individuelle, introvertierte und private Tätigkeit. Nicht nur die Zugänglichkeit und die Art des Lesestoffs veränderte sich, sondern auch die Art und Weise, wie Bücher gelesen wurden.

Zwischen dem 16. und dem 18. Jahrhundert erlernten immer mehr Menschen eine neue Fähigkeit, nämlich zu lesen, ohne die gelesenen Worte gleichzeitig auszusprechen. Als Bücher noch selten waren, lasen die meisten Leute laut, und viele dieser Leser, die nicht schreiben konnten, mußten sich mühsam einen Weg durch die ihnen ungewohnten Texte bahnen. Und nicht zuletzt auch durch die ungewohnte Orthographie, denn diese war noch nicht vereinheitlicht und häufig dem Belieben des Schriftsetzers überlassen. Außerdem war es üblich, laut zu lesen, denn als die Kenntnis des Alphabets noch nicht so weit verbreitet war, wurden Bücher häufiger *vor*gelesen als gelesen. Das Lesen war damals eine öffentliche, soziale Tätigkeit.

Nachdem die Menschen erst einmal gelernt hatten, leise zu lesen, wurde das Lesen zu einem Akt der Stille und der Abgeschiedenheit. Dadurch konnte der Leser das, was er las, unmittelbar verinnerlichen. Und es wurde zu einer außerordentlich intimen Tätigkeit, was sich darin widerspiegelt, daß es in den Büchern nun zunehmend um das Innenleben von Individuen ging. Durch das stille Lesen entfernte man sich aus der umgebenden Welt – eine geistige Trennung, die schließlich zu einer körperlichen wurde. Während des 15. und 16. Jahrhunderts besaßen nur wenige eine private Bibliothek, zumeist Kirchenleute und Juristen. Gegen Ende des 17. Jahrhunderts war es für Personen aus dem Bürgertum – wie etwa Samuel Pepys – nicht mehr ungewöhnlich, eine beträchtliche Sammlung von Büchern zu besitzen und sie zu Hause in einem besonderen, privaten Raum aufzubewahren, wo man ganz für sich lesen und schreiben konnte.*

Etwas zu «studieren» bedeutete im 18. Jahrhundert, trotz des Begriffs, weniger ein wirkliches Studium als vielmehr private Entspannung. Die einzelne Figur mit dem Buch in der Hand war schon seit langem ein beliebtes Sujet der Malerei gewesen; während jedoch die Künstler des Mittelalters lesende Gelehrte oder Einsiedler zeigten, porträtierten Maler wie etwa Chardin bürgerliche Männer – und noch häufiger Frauen – in einer Atmosphäre des Müßiggangs und des Friedens anstelle des Studiereifers.

Man hat die Privatisierung des Lesens als eine der wesentlichen kulturellen Entwicklungen der frühen Moderne bezeichnet. Ebenso war sie jedoch ein Meilenstein in der Geschichte der Muße. Das Lesen in Abgeschiedenheit ist das ideale Medium in-

* Das lautlose, private Lesen hat sein Gegenstück im privaten Schreiben: Auch Tagebücher, Journale und Memoiren kamen im 17. Jahrhundert auf.

dividueller Muße. Der Leser kann etwas tun – oder er tut eben nichts. Er kann dieses oder jenes Buch zur Hand nehmen. Er bestimmt das Tempo, indem er entweder flüssig von vorn nach hinten liest oder aber in dem Buch herumblättert und dabei seiner Phantasie freien Lauf läßt. Lesen erfordert viel Zeit und Ruhe: Geht man von gemächlichen 200 Wörtern pro Minute aus, so benötigt man ungefähr fünfzehn Stunden, um einen durchschnittlich langen Roman zu lesen. Auch Reflexion, Kontemplation, Alleinsein und Abgeschiedenheit werden mit dem Lesen von Büchern assoziiert – und nicht zuletzt Rückzug: ein Rückzug sowohl aus der Welt, die einen umgibt, als auch aus den Sorgen des Alltags, ein Rückzug ins eigene Innere.

Nirgendwo war im 18. Jahrhundert die Privatisierung des Lesens so weit fortgeschritten wie in den Vereinigten Staaten; hier war die Fähigkeit zu lesen weit verbreitet und die öffentliche Nachfrage nach Büchern entsprechend groß. Thomas Paines antimonarchistische Schrift *Common Sense*, die 1776 erschien, wurde innerhalb von zwei Monaten mehr als 100000mal verkauft. (Gewöhnlich betrug die Auflage eines Buchs nicht mehr als 2000 Exemplare.) Insgesamt wurden von Paines Buch schließlich etwa 400000 Exemplare gedruckt, und das in einem Land mit nur drei Millionen Einwohnern. Heute müßte man vergleichsweise 24 Millionen Exemplare verkaufen. «Es gibt nur ein Medienereignis», bemerkt Neil Postman wehmütig, «das im heutigen Amerika eine derartig allgemeine Aufmerksamkeit finden könnte – die ‹Superbowl›, das Endspiel in der Football-Meisterschaft.»

Es gibt heute Zigmillionen von Menschen, die keine Bücher lesen oder nicht lesen *können*.* Die große Zahl von Büchern, die jedes Jahr erscheinen (allein in den Vereinigten Staaten 50000 Titel), verschleiert nur die Tatsache, daß es sich bei den Buchkäu-

* Man schätzt, daß etwa ein Drittel der Kanadier und Amerikaner «funktionelle Analphabeten» sind. Weniger augenfällig, doch ebenso beunruhigend ist die große Zahl von Menschen, die nicht lesen, obwohl sie es könnten.

fern um eine recht kleine Gruppe handelt, die vielleicht nur zehn Prozent der Bevölkerung umfaßt. In der kanadischen Studie, die ich zu Beginn dieses Kapitels erwähnte, gaben nur 18 Prozent der Befragten an, eine Tageszeitung zu lesen, und nur 16 Prozent verbrachten einen Teil ihrer Freizeit mit der Lektüre einer Zeitschrift oder eines Buchs.

Es ist schon häufig kritisch bemerkt worden, daß Fernsehen etwas völlig Passives sei. Das ist richtig, wenn man es mit aktiven Arten der Entspannung vergleicht wie etwa Jogging oder Tennis. Doch ist Fernsehen keineswegs passiver als eine Landschaft zu betrachten, Musik zu hören oder ein Buch zu lesen. Genau wie die Buchlektüre ist auch das Fernsehen ein Sichzurückziehen, wenn auch von anderer Art. Das Fernsehen erzählt eine Geschichte so, daß keinerlei Einbildungskraft erforderlich ist: Bild und Ton liefern alles, was wir brauchen, und es gibt nichts, was wir uns ausmalen müßten. Das Fernsehen müßte eigentlich «Fernglotzen» heißen, denn es beschäftigt Auge und Ohr gleichzeitig, pausenlos und unbarmherzig. Für Tagträume bleibt keinerlei Raum, und dies ist es, was das Fernsehen zu einer derart minderwertigen Spielart von Muße macht – nicht seine Passivität, sondern die Tatsache, daß es so wenig Gelegenheit zu Reflexion und Kontemplation gibt.

Wenn wir am Strand liegen, ein Buch lesen oder Vivaldi hören, gleitet unsere Aufmerksamkeit vom Sehen zum Riechen und vom Riechen zum Hören – ganz nach Lust und Laune. Unser Bewußtsein schweift durch die Szenerie und zieht sich wieder daraus zurück. Durch die physischen Reize werden Gedanken, Erinnerungen und Reflexionen angeregt. Diese Störungen sind ein integraler Bestandteil jeder Erfahrung von Entspannung. Fernsehen dagegen ist ein konzentrierter, strukturierter und geplanter Vorgang. Werbespots erscheinen in vorbestimmtem Rhythmus. Wird die Aufmerksamkeit abgelenkt, so ist der Faden der Geschichte verloren, denn es ist unmöglich, sich nach Belieben hineinzuversetzen und wieder zurückzuziehen. Es fehlt an Freiheit, einem wesentlichen Bestandteil von Muße. Ein wenig Spielraum bleibt dem Zuschauer durch die Fernbedienung und mehr noch durch den Videorecorder, der ihm ermöglicht, über den Zeitplan selbst zu entscheiden, und mit dem er das Geschehen beschleunigen, verlangsamen oder zum Stillstand bringen kann. Doch sind dies primitive Techniken, primitiver noch als das erneute Lesen eines Satzes in einem Buch oder das Unterbrechen der Lektüre, um über das Gelesene nachzudenken. Verglichen mit der Lektüre eines Buchs ist das Fernsehen – obgleich eine unterhaltsame Zerstreuung – letzten Endes eine ziemlich dürftige Form von Muße.

Es gibt noch einen weiteren wichtigen Unterschied zwischen dem Fernsehen und der Buchlektüre. Passionierte Leser lesen fast täglich – zum einen aus Gewohnheit, zum anderen, weil die Tätigkeit selbst dies erfordert. Um zum Beispiel einem Roman des 19. Jahrhunderts zu folgen, in dem Dutzende von Figuren auftreten und dessen Handlungsverläufe recht verschlungen sind, bedarf es gespannter Aufmerksamkeit. Man darf ihn nicht allzulange beiseite legen, sonst läuft man Gefahr, den Faden zu verlieren. Das gleiche gilt für jedes ernsthafte Sachbuch, dessen strukturierte Ausführungen man im Kopf behalten muß, bis man die Lektüre wiederaufnimmt. Freilich sind Bücher nicht dazu bestimmt, in einer einzigen Sitzung gelesen zu werden – geeignete Punkte, um die Lektüre zu unterbrechen, liefert ja die Unterteilung in Kapitel.

Um ein Buch lesen zu können, braucht man zunächst einmal kurze, jedoch häufige Phasen freier Zeit. Die reduzierte Freizeit an Werktagen macht es für viele Leute schwierig, Zeit für regelmäßige Lektüre zu finden, und die Wochenenden können daran auch nichts ändern, da sie zu weit auseinanderliegen. Genauer gesagt: das Wochenende bringt wenig für die Lektüre von *Büchern*; das Überhandnehmen einer periodischen Wochenendlektüre erklärt vielleicht die seit kurzem explosionsartig zunehmende Zahl von Zeitschriften – *fast food*, mit Büchern verglichen. Die Popularität von sogenannten Sommerhits, das heißt von Romanen, die man mit in den Urlaub nimmt und am Strand konsumiert, läßt vermuten, daß Bücher ihre Anziehungskraft noch nicht völlig eingebüßt haben. Nur der modernen Struktur von Freizeit sind sie nicht mehr angemessen.

Das Zeitmuster des Fernsehens ist dem Rhythmus des modernen Lebens besser angepaßt. Vom «Frühstücksfernsehen» einmal abgesehen, folgt die auf Spannung angelegte Programmplanung einem Siebentagezyklus. Einmal wöchentlich wird ein eingeführtes Ensemble von Personen in einer selbständigen Handlung gezeigt, analog einer Kurzgeschichte. Selbst wenn sich die Geschichte von einer Woche zur nächsten fortsetzt – wie es bei bestimmten Serien der Fall ist –, beginnt jede Folge mit Rückblenden und einer Zusammenfassung, um das Vorangegangene wieder ins Gedächtnis zu rufen. Der Zuschauer braucht auch gar nicht die ganze Serie zu verfolgen, denn anders als bei den Kapiteln eines Buchs sind die einzelnen Segmente häufig in sich abgeschlossen, so daß sie jeweils für sich Unterhaltung bieten.

Die überfüllten Terminkalender der meisten Leute verlangen nach einer Form von Muße, die man im Laufe der Woche innerhalb unregelmäßiger Zeitintervalle unterbringen kann oder die man verschieben kann, bis am Wochenende wieder Zeit zur Verfügung steht. Dem Lesen von Büchern ist dies nicht gerade zuträglich, doch gibt es außer dem Fernsehen noch andere Freizeitbetätigungen, denen man mit Unterbrechungen nachgehen kann. Musik hören zum Beispiel – *Die vier Jahreszeiten* dauern insgesamt nur etwa vierzig Minuten. Auch anderen Arten von Zeitvertreib – wie etwa Briefmarken sammeln, Schiffsmodelle bauen oder Maurerarbeiten – kann man sich je nach Gelegenheit und unterschiedlich lange genußvoll hingeben.

Briefmarken sammeln und Modellbau bezeichnet man gewöhnlich als «Hobbys» – ein merkwürdiges englisches Wort, zu dem es in anderen europäischen Sprachen keine Entsprechung gibt. Es geht auf das mittelalterliche «hobbin» zurück, mit dem man als Kosename treue Arbeitspferde bezeichnete. «Hobby« bedeutete ursprünglich ein kleines Pferd oder ein Pony. Das Wort *hobbyhorse* («Steckenpferd») bezog sich auch auf die Pferdeattrappen, die sich Pantomimen und Moriskentänzer um die Taille banden. Wegen dieser Assoziation zum Spiel wurde der Begriff auch für jene hölzernen Spielzeugpferde verwendet, von denen manche Kufen zum Schaukeln hatten, während andere nur aus einem Pferdekopf auf einem Stecken bestanden.* Bereits im 17. Jahrhundert bezog sich der Ausdruck «ein Steckenpferd reiten» nicht mehr auf Kinder, die mit Phantasiepferden spielen, sondern auf Erwachsene, die sich einem von außen betrachtet trivialen Zeitvertreib hingeben. Im 19. Jahrhundert schließlich wurde das Substantiv *hobby* mehr und mehr für eine spezielle Art von Freizeitbetätigung verwendet.

Das prototypische Steckenpferd des 19. Jahrhunderts war das Sammeln. Sich mit dem Sammeln bestimmter Dinge – und vor allem alter Dinge – die Zeit zu vertreiben war eine Leidenschaft des Viktorianischen Zeitalters; auch das Museum war ja eine Erfindung des frühen 19. Jahrhunderts. Wohlhabende Männer und Frauen häuften umfangreiche Sammlungen auf, vor allem von orientalischem Porzellan, japanischen Drucken und anderen Exotica. Wer über bescheidenere Mittel verfügte, sammelte gepreßte Blumen, Streichholzschachteln und vor allem Briefmarken.

Die erste aufklebbare Briefmarke war die berühmte, 1840 geprägte *Penny Black*, die das Porträt der Königin Victoria trug. Gegen Ende des Jahrzehnts hatten die meisten größeren Staaten damit begonnen, Briefmarken auszugeben, und die Leute fingen an, sie zu sammeln. Der erste Hinweis auf das Sammeln von Briefmarken findet sich in einer Anzeige aus dem Jahr 1841, die in der *Times* erschien: «Eine junge Dame, die begierig darauf ist, ihr Ankleidezimmer mit entwerteten Postwertzeichen zu bedekken, ist in diesem Wunsch von privaten Freunden so weit unterstützt worden, daß es ihr gelungen ist, 16000 Stück zu sammeln. Da dies jedoch noch nicht hinreicht, wäre sie sehr dankbar, wenn eine freundliche Person, die über diese (sonst nutzlosen) kleinen

* *Hobbyhorse* nannte man in England auch den Vorläufer des Fahrrads, die Draisine. Sie bestand lediglich aus zwei Rädern, die durch eine Querstange verbunden waren. Auf dieser saß der Fahrer, der vorwärts kam, indem er sich mit den Füßen vom Boden abstieß. Zu Beginn des 19. Jahrhunderts war die Draisine eine verbreitete, jedoch kurzlebige Mode in Europa wie in Amerika.

Artikel verfügt, ihr bei ihrem wunderlichen Vorhaben behilflich wäre.» Bald gab es eine genügende Vielfalt von Briefmarken, um sie zu Interessanterem zu verwenden als zum Tapezieren. In den frühen sechziger Jahren kam das Briefmarkensammeln international in Mode. Zwischen 1860 und 1863 wurden die ersten Briefmarkenkataloge herausgegeben (in Belgien, Großbritannien, Frankreich und den USA); in mehreren Ländern erschienen Fachzeitschriften für Briefmarkensammler; ein Franzose brachte das erste Briefmarkenalbum heraus, und ein weiterer Franzose erfand für diesen populären Zeitvertreib den Begriff «Philatelie», der an die Stelle der älteren «Timbromanie» trat.

Vor dem 19. Jahrhundert war diese Art von privatisierter Muße noch die Ausnahme, danach jedoch wurde sie zunehmend üblich. Der Ausdruck «ein Steckenpferd reiten» hatte noch einen Anflug von Spott, denn er bedeutete, daß jemand einen «Fimmel» hatte. Das «Hobby» dagegen war eine solide Sache. George Santayana charakterisierte einmal England als «das Paradies der Individualität, der Exzentrizität, der Häresie, der Anomalien, der Hobbys und Verrücktheiten». Damit rückte er das Hobby in den richtigen Zusammenhang, denn es unterscheidet sich von anderen Arten der Entspannung ja gerade dadurch, daß die Intensität, mit der man dieser privaten Leidenschaft frönt, in keinem Verhältnis zu ihrer tatsächlichen Bedeutung steht. Man tut etwas und tut doch eigentlich auch nichts.

An dieser Stelle ein persönliches Wort: Ich hatte als Junge mehrere Hobbys – eine Modelleisenbahn, eine Briefmarkensammlung und ein Marionettentheater –, und auch meine jugendliche Laufbahn als Schlagzeuger muß man wohl als Hobby bezeichnen. Doch wenn man mich heute nach meinen Hobbys fragt, so bringt mich das immer in Verlegenheit. Bücher und Musik sind viel zu sehr ein Teil meines Alltags, als daß ich sie als Hobbys bezeichnen könnte. Es macht mir Freude zu tischlern, doch würde ich mir genausogern ein Bücherregal kaufen, wie es selbst zu bauen. Vor einigen Jahren habe ich versucht, meine Sammlung kanadischer Briefmarken wiederaufleben zu lassen, doch hatte ich das Gefühl, daß sie ihren Zauber verloren haben;

sie erinnerten mich bloß an den trostlosen Zustand der kanadischen Post. Als ich mir zum erstenmal einen Computer anschaffte, glaubte ich, daß Computerspiele zu einem Hobby werden könnten; einige Stunden «Raumpiraten» und *Adventure*-Spiele belehrten mich eines Besseren.

Noch am ehesten als Hobby betreibe ich das Rudern, denn das ist tatsächlich eine Erholung fürs Wochenende. Boote faszinieren mich, und der für das 19. Jahrhundert typische Zeitvertreib ermöglicht es mir, diesem Interesse mit einem Minimum an Aufwand und Hektik nachzugehen. Im Gegensatz zum Skullen ist das Rudern eine entspannende Tätigkeit, denn es erfordert nur eine geringe körperliche Anstrengung – eben genug, um einen Ausgleich für meine sitzende Lebensweise zu schaffen. Mein Einmannboot ist die Nachbildung eines Typs, der in den zwanziger Jahren zum Forellenfischen auf den Finger Lakes südlich des Ontariosees gebaut wurde. Wenn man keine großen Touren macht, ist es ein Vergnügen, damit zu fahren; es ist nicht so laut wie ein Motorboot und weitaus weniger schwierig zu handhaben als ein Segelboot. Und man kann damit erfahren, was Paul Theroux «das Geheimnis des Bootfahrens» genannt hat: den absoluten Unterschied zwischen dem Aufenthalt auf dem Wasser und auf dem Land, die Entdeckung einer anderen Welt – und das ist es ja, wie ich vermute, worum es beim Hobby eigentlich geht.

Was ist «die reinste aller menschlichen Freuden... die größte Erfrischung für den Geist des Menschen»? Nach Francis Bacon, der diese Worte im Jahr 1625 schrieb, ein Jahr vor seinem Tod, lautet die Antwort nicht «ein Buch lesen» oder «Musik hören», und auch die entspannende Ruderpartie ist nicht gemeint. Wovon der berühmte Philosoph hier spricht, ist die Gartenarbeit.

Das Anlegen von Gärten ist ein uralter Luxus. Das älteste erhaltene literarische Werk, das Gilgamesch-Epos, erwähnt einen Landschaftsgarten, und sämtliche großen Zivilisationen des Altertums – die Mesopotamier, die Ägypter, die Perser, die Römer – entwarfen Palastgärten von großer Schönheit und Perfektion. Gewöhnlich waren dies große Gärten, die Parks ähnelten. Die bekanntesten unter ihnen, wie etwa die um die Hadriansvilla bei Tivoli gelegenen Gärten, waren geradezu riesig und spiegelten den Reichtum ihrer Besitzer wider. Selbst die Landschaftsgärtnerei eines kleineren Landsitzes wie das des Plinius bedurfte zahlreicher Arbeitskräfte, und dasselbe gilt für den «fürstlichen» Garten mit einer Fläche von zwölf Hektar, den Bacon in seinem Essay entwirft.

Im Gegensatz zu den großen Gärten der Aristokratie ist die Geschichte des kleinen Hausgartens erst noch zu schreiben. Das wäre allerdings eine Aufgabe, die durch das Fehlen greifbarer Beweisstücke erschwert würde. Denn während die gefeierten Gärten von Isfahan, die Alhambra sowie Vaux-le-Vicomte noch fast in ihrer ursprünglichen Form existieren, kennt man die Gärten der gewöhnlichen Leute früherer Zeiten nur aus zweiter Hand, von Gemälden oder aus Beschreibungen.

Zweifellos gab es auch in der Antike bescheidenere Gärten, denn im Innern jedes griechischen und römischen Hauses lag ein Hof, der von einem Säulengang umgeben war. Von sämtlichen Zimmern des Hauses blickte man auf diesen Innenraum, wo eingetopfte Blumen und Bäume standen und wo sich häufig auch ein Wasserbecken befand. Dieses Haus mit Innengarten blieb ein Prototyp orientalischer Architektur (man findet es auch im Mittleren Osten und in Indien), doch in Europa wurde es im Mittelalter durch das schmale Reihenhaus ersetzt, das einen Garten an der Rückseite hatte. Das Vorbild des kleinen, mittelalterlichen Gartens war der geschlossene, von Mauern umgebene Garten, der ursprünglich klösterlichen Gebäuden angegliedert war – ein Muster, das wiederum auf byzantinische Kirchen zurückging. Wie schon ihre persischen Vorläufer bezeichnete man auch diese Klostergärten als «Paradiese», denn sie symbolisierten die Heilige Jungfrau, die Jungfräulichkeit als solche und das verlorene Paradies. Die von Mauern umgebenen Obstgärten (im Mittelalter war man ebenso sicherheitsbewußt wie heute) hatten überdies etwas Romantisches, denn man assoziierte sie mit dem Stelldichein von Liebenden.

Schließlich gehörte der abgeschlossene Garten zum Inventar jedes Haushalts. Der von Mauern umgrenzte Garten hinterm

Haus war ein beinahe verschwiegener, magischer Ort – nicht zuletzt deshalb, weil er so etwas wie Privatheit ermöglichte. Bevor die Wohnungen in Räume mit jeweils besonderen Funktionen unterteilt wurden, waren die Gärten bereits «Refugien der Intimität», wie das der Historiker Orest Ranum hübsch formuliert hat. Sie boten Gelegenheit zur einsamen Betrachtung der Natur und vor allem der Blumen. Rosen waren besonders beliebt, daneben auch, wie zu Plinius' Zeiten, der Duft der Veilchen. Der Blumengarten (daneben gab es meist noch woanders einen Küchengarten) war zur Muße bestimmt – bezeichnenderweise nannte man ihn ja auch «Lustgarten» –, und tatsächlich war es der vollkommene Ort, um «nichts zu tun». Gewöhnlich stand dort eine Bank, häufig in einer Laube, und für private Gespräche und romantische Begegnungen war dies ein ausgesprochen angenehmer Ort.

Nach Edward Hyams, dem englischen Verfasser der *History of Gardens and Gardening*, waren die Holländer des 17. Jahrhunderts die ersten, die den kleinen Vorstadtgarten einführten. Diese architektonischen Gärten waren Miniaturausgaben des französischen Gartens, mit gestutzten Buchsbaumhecken und verschwenderischem, kunstvoll beschnittenem Baumwerk. Auf dem Boden verliefen häufig schneckenförmige Verzierungen aus gefärbter Erde, Muscheln und Steinen. Im Frühling wuchsen selbstverständlich Tulpen, doch war der holländische Garten alles andere als natürlich: dafür sorgten weißgestrichene Baumstämme, verschiedenes Glitzerzeug und lebensecht bemalte Figuren (auch dies eine französische Mode und zugleich Ursprung der Wichtelmänner und Flamingos, die noch heute so manchen Vorstadtrasen zieren). Diese Gärten waren nicht zum Faulenzen, sondern zum Vorzeigen bestimmt und lagen daher an der Vorderseite der Häuser. Dies ist auch der Grund dafür, warum holländische Maler familiäre häusliche Szenen meist innerhalb des Hauses zeigen und nur selten im Garten.

Jeder Garten ist ein Versuch, zu einem glücklichen und sinnvollen Gleichgewicht zwischen Mensch und Natur zu gelangen. «In der gesamten Geschichte der Menschheit», schreibt Charles

Moore in *Die Poetik der Gärten*, «scheint es überhaupt nur zwei Grundideen zu geben, wie dies zu bewerkstelligen ist.» Die erste Idee ist der von Mauern umgebene Paradiesgarten, der die Außenwelt auf Distanz hält und in seinem Innern ein vollkommenes, geordnetes Paradies neu erschafft. In Persien war das Ideal des traditionellen ummauerten Gartens ein Quadrat, das zunächst in vier kleinere Quadrate und weiterhin durch Pfade und Wasserläufe unterteilt war. Von diesem Modell, das unendlich viele Varianten ermöglicht, stammen die bedeutenden Gärten des islamischen Spanien und des von Mogulen beherrschten Indien ab. In veränderter, doch noch immer geometrischer Gestalt erscheint der Paradiesgarten erneut im Italien der Renaissance sowie im 17. Jahrhundert auch in Frankreich und Holland.

Die zweite, ebenfalls aus dem Altertum stammende Idee ist die eines Gartens, der nicht nach geometrischen Gesichtspunkten, sondern entsprechend der natürlichen Welt strukturiert ist – das heißt asymmetrisch, krumm, vielgestaltig und malerisch. Derartige Gärten gab es zuerst in China und Japan, und daß sie auch ins europäische Bewußtsein gelangten, ist den englischen Gartengestaltern des 18. Jahrhunderts zu verdanken. Sie schufen Meisterwerke wie den Garten von Rousham (Oxfordshire), den William Kent ab den dreißiger Jahren anlegte. Kent, dem Horace Walpole die Begründung des neuen Gartenstils zuschreibt, war außerdem Architekt; seine Vorstellungen über Gartengestaltung waren jedoch von seiner Kenntnis der Malerei beeinflußt. Seine Gärten waren als eine sorgfältig komponierte Abfolge von Aussichten und Aussichtspunkten angelegt – nicht nur auf Bäume und Wasser, sondern auch auf zahlreiche klassische Objekte wie Tempel, Brücken und Statuen. Die symbolische Geometrie des architektonischen Gartens kann man verstandesmäßig und mit einen Blick erfassen; dagegen verlangt der englische Naturgarten, daß man in ihm umhergeht und ihn dabei betrachtet, und zwar nicht nur einmal, sondern zu verschiedenen Tages- und Jahreszeiten.

Kent und seine berühmten Nachfolger Capability Brown und Humphry Repton waren professionelle Landschaftsarchitekten;

Walpole hat allerdings die Auffassung vertreten, daß es besser sei, die Gartengestaltung Amateuren zu überlassen, da der Besitzer eines Gartens «seine Situation zu allen Jahres- und Tageszeiten vor Augen hat. Er kennt die Orte, wo Schönheit und Bequemlichkeit nicht in Widerspruch geraten, und während stiller Spaziergänge oder gelegentlicher Ausfahrten nimmt er tausend Hinweise wahr, die jemandem zwangsläufig entgehen müssen, der in einigen wenigen Tagen ein hübsches Bild entwirft, jedoch nicht die Muße hat, die Details und Beziehungen jedes Teils näher zu betrachten.»

Das 18. Jahrhundert war eine Epoche des Dilettantismus; Walpole selbst (1717–1797) war ein bekannter Amateurarchitekt, dessen Neugestaltung seiner eigenen Villa Strawberry Hill (Middlesex) den *Gothic style* zu einer Mode in ganz Europa machte – und nirgendwo war dies deutlicher zu erkennen als bei der Gartengestaltung. Der Politiker John Aislabie, der in den *South Sea Bubble** verwickelt war und sich daraufhin nach Yorkshire zurückzog, verbrachte seine letzten Lebensjahre damit, bei Studley Royal (North Yorkshire) einen ungewöhnlichen Wassergarten anzulegen. Der Dichter William Shenstone, Autor der *Unconnected Thoughts on Gardening* («Unzusammenhängende Gedanken über Gartenkunst»), zog sich aus gesundheitlichen Gründen auf den Landsitz seiner Familie zurück und schuf dort einen schönen Landschaftsgarten, den er als *«ornamented farm»* bezeichnete. Der berühmteste Amateurgärtner der Zeit war jedoch weder Dichter noch Aristokrat, sondern Bankier. Der Vater von Henry Hoare hatte eine Villa in palladianischem Stil erbaut, doch er starb, bevor die dazugehörige Parkanlage

* Die 1711 gegründete halbstaatliche Südseekompanie hatte spanische Handelsprivilegien im Südatlantik erworben, wovon sich zahlreiche Geldanleger das Geschäft des Jahrhunderts erhofften. Die Kompanie erlitt jedoch völligen Schiffbruch; einige wenige Finanzleute, darunter hochrangige Tory-Politiker, zogen sich rechtzeitig mit hohen Gewinnen zurück, während die Kleinaktionäre zwei Drittel ihres Kapitals einbüßten. Diese Spekulationskrise der Jahre 1720–22 ging als South Sea Bubble in die Geschichte ein (A. d. Ü.).

fertiggestellt war. Dreißig Jahre verbrachte Hoare damit, Stourhead anzulegen, eine großartige Komposition um einen künstlichen See von acht Hektar Fläche, die viele für den bedeutendsten aller englischen Gärten des 18. Jahrhunderts halten.

Nur wenige Amateurgärtner hatten die Mittel, um Anlagen in der Größenordnung von Stourhead zu erschaffen. Doch war die Gartenarbeit unter anderem auch deswegen beliebt, weil sie an sich keines großen Aufwands bedurfte. Jeder konnte einen Garten besitzen, nicht nur Prinzen und reiche Bankiers. Das kommt auch in dem ersten englischen Gartenhandbuch deutlich zum Ausdruck, das 1677 unter dem Titel *Systema Horticulturae, or Art of Gardening* erschien. Darin beschreibt John Worlidge den kleinen, privaten Garten jener Tage: «Es gibt im südlichen England wohl kaum ein Haus, zu dem nicht ein entsprechend großer Garten gehört. Die meisten finden daran das allergrößte Vergnügen; denn sie erfreuen sich nicht nur am Wachstum der Blumen, Kräuter und Bäume, sondern versorgen auch sich und ihre Nachbarn bei außergewöhnlichen Gelegenheiten wie Hochzeiten, Festtagen und Beerdigungen mit den Erzeugnissen ihrer Gärten.» Der 1766 veröffentlichte Gartenratgeber von John Abercrombie war ausdrücklich für den kleinen Haushalt bestimmt; sein Titel lautete *Every Man His Own Gardener* («Jeder sein eigener Gärtner»).

Heute wie damals verbinden Kleingärten das Praktische mit dem Schönen – also Gemüse mit Blumen. Chesterton schrieb einmal, sein Küchengarten sei ihm lieb, weil er Sachen enthalte, die man essen kann. Eine Kartoffel auszugraben oder eine Mohrrübe aus dem Boden zu ziehen hat etwas zeitlos Befriedigendes, und zweifellos gehört es wesentlich zur Lust an der Gartenarbeit, daß man dabei die eigene Nahrung anbaut. Auf dem Land blieb diese Art von Kleingarten allgemein üblich; die Stadtbewohner jedoch mußten warten, bis gegen Ende des 19. Jahrhunderts der Schrebergarten aufkam. Diese Bewegung ging von Deutschland aus, verbreitete sich rasch über den ganzen Kontinent und erreichte auch England. Das veranlaßte kommunale Behörden dazu, Ödland in den Randbezirken der Städte und entlang von

Eisenbahnlinien zu erwerben und sie, in kleine Parzellen unterteilt, der arbeitenden Bevölkerung zugänglich zu machen, die keine eigenen Gärten besaß. Das ursprüngliche Ziel der Bewegung war es, Gelegenheit für gesunden Bewegungssport unter freiem Himmel zu schaffen, doch gleichzeitig mit dem Schrebergarten kam auch der freie Samstagnachmittag auf, und so dienten die Kleingärten am Stadtrand vor allem dazu, die Freizeit am Wochenende zu verbringen. Allmählich wurden die Gärten zu regelrechten Zufluchtsorten; es entstanden Häuschen und Hütten, die wie Puppenhäuser aussahen: die ersten Wochenendhäuser. In den dreißiger Jahren unseres Jahrhunderts gab es in Großbritannien mehr als eine halbe Million derartiger Gärten, und aufgrund der *«Dig-for-Victory»*-Kampagne («Grabt für den Sieg») stieg diese Zahl während des Zweiten Weltkriegs noch weiter an.*

Ein Wiederaufleben des Schrebergartens ist in letzter Zeit in Polen zu beobachten; man schätzt, daß dort mehr als eine Million städtischer Haushalte einen Schrebergarten bebauen, während weitere eineinhalb Millionen auf Wartelisten stehen. Die Popularität dieser Gärten, die oft mehrere Kilometer außerhalb der Stadt liegen, resultiert aus der plötzlich verfügbaren freien Zeit an Samstagen und aus dem Mangel an anderen Möglichkeiten der Zerstreuung. Der Anbau von Obst und Gemüse hat ja auch wirtschaftliche Vorteile, zumal in Polen, wo es immer wieder zu Engpässen bei der Lebensmittelversorgung kommt. Doch die Parzellen bieten den Leuten auch die Möglichkeit, in Eigenregie kleine Hütten zu errichten, die die Gärten in Erholungsorte fürs Wochenende verwandeln. «Es hat sich eingebürgert, das Wochenende mit der Kultivierung der Gärten zu verbringen»,

* Zum Vergleich: In Deutschland hatte der «Reichsverband der Kleingartenvereine» Ende der zwanziger Jahre etwa 390000 Mitglieder. Während der Weltwirtschaftskrise und in den Kriegsjahren stieg diese Zahl schubweise an und überschritt schließlich eine Million. Zum Zeitpunkt der Wiedervereinigung gab es in der Bundesrepublik erneut mehr als eine Million Schrebergärten sowie etwa 200000 Bewerbungen auf Wartelisten (A.d.Ü.).

schreibt die polnische Soziologin Anna Olszewska, «und außerdem sind sie zu Orten sozialer und familiärer Gemeinschaft geworden.»

In Nordamerika hielt sich die Zahl der Schrebergärten in Grenzen, weil nach dem Krieg in den Vorstädten zahlreiche Einfamilienhäuser auf jeweils eigenem Grundstück gebaut wurden. Jetzt konnte wirklich jeder sein eigener Gärtner werden. Im Jahr 1952 gaben die Amerikaner mehr als eine Milliarde Dollar für Blumen, Samen, Topfpflanzen und Gartenwerkzeuge aus, ein Aufwand, der in den vergangenen zwei Jahrzehnten noch beständig angewachsen ist. Das ist fast doppelt soviel, wie für Bücher ausgegeben wird. Die Volksbefragung von 1980 hat ergeben, daß mehr als 100 Millionen Amerikaner, also über 40 Prozent der Bevölkerung, in Vorstädten leben. Und von diesen besitzt die weitaus überwiegende Mehrheit einen Garten.

In anderen Ländern beobachten wir ähnliche Muster. In Großbritannien, wo mittlerweile zwei Drittel aller Wohnungen von ihren Eigentümern bewohnt werden, hat die Gartenarbeit (wie andere häusliche Hobbys auch) beständig an Beliebtheit gewonnen. Eine neuere Untersuchung über Arbeiter in Ungarn läßt darauf schließen, daß zwar das Fernsehen zur wichtigsten Form der Unterhaltung geworden ist, daß jedoch die Gartenarbeit die am meisten verbreitete Freizeitbetätigung außer Haus geblieben ist. Eine Studie von 1978, die den Erholungswert der Vorstadtgärten im australischen Adelaide untersuchte, ergab, daß zusätzlich zur Gartenarbeit die Gärten durchschnittlich an weiteren 22 Stunden pro Woche genutzt wurden, um anderen erholsamen Tätigkeiten nachzugehen. Man schloß daraus, daß private Gärten intensiver und flexibler genutzt werden als jede andere städtische Freizeiteinrichtung unter freiem Himmel.

Ein eigenes Fleckchen Land zu bebauen wird noch für lange Zeit eine beliebte Freizeitbeschäftigung bleiben. Die Gartenarbeit ist leicht mit dem Fünf-und-zwei-Tage-Schema zu vereinbaren. Wer sich um einen Garten kümmert, braucht dazu keinen rigiden Stundenplan; es ist genau die Art von Betätigung, die man am Wochenende in irgendeinem ländlichen Winkel genießen kann. Da die Großstädte immer dichter bevölkert sind und immer mehr Menschen in Appartements leben, wird der Schauplatz der Gartenarbeit auch weiterhin jenes Fleckchen auf dem Land sein – und sei es noch so klein. Selbst auf den Parzellen des *Canne de Bois* gibt es winzige abgegrenzte Gärten mit Gruppen von Rosenbüschen und dekorativen Blumenbeeten.

Gartenarbeit macht man freiwillig und zum eigenen Vergnügen; sie erfüllt die drei von Johan Huizinga genannten Kriterien wirklichen «Spiels»: Sie repräsentiert Freiheit, sie steht außerhalb des Alltags, und sie folgt ihrer eigenen Logik aufgrund der ihr eigenen Bedeutung (die durchaus ernst sein kann, wie bei fast jedem Spiel). Doch es ist eine besondere Art von Spiel. Im Gegensatz zum Zuschauersport, zu den meisten Spielen und zu Freizeitaktivitäten wie etwa dem Tanzen ist die Gartenarbeit keine soziale Tätigkeit; gewöhnlich findet sie in privatem Rahmen statt. Der Gärtner ist eine einsame Figur, der sich ähnlich wie der Buchleser aus der realen in eine selbstgeschaffene Welt zurückzieht.

Die Fähigkeit, allein zu sein, ist eine wertvolle Charaktereigenschaft, die man häufig bei schöpferischen Individuen findet. Doch dürfte diese Fähigkeit von noch umfassenderer Bedeutung sein. Nach Ansicht des Psychiaters Anthony Storr, der die Bedeutung der Einsamkeit bei der Entwicklung von Kreativität untersucht hat, wird jeder einigermaßen ausgeglichene Mensch den Sinn seines Lebens nicht allein in seinen zwischenmenschlichen Beziehungen zur Familie oder zu Freunden finden, sondern ebenso in der einsamen Beschäftigung mit seinen persönlichen Interessen. Um die von Plinius angeführte Analogie aufzunehmen: Vielleicht ist das Kultivieren eines Gartens tatsächlich eine Möglichkeit, sich selbst zu kultivieren.

Gartenarbeit ist einsam, doch bedeutet sie auch körperliche Betätigung im Freien – umgraben, pflanzen, beschneiden –, und das macht sie zu einem wirksamen Gegengift gegen die mechanisierte (und mechanische) Büroarbeit, von der die meisten modernen Berufe geprägt sind. In diesem Sinne bietet der Garten die Möglichkeit sowohl zu entspannendem Tun (im Garten *arbeiten*) wie auch zur Muße (im Garten *sitzen*).

Wer sofortigen Genuß erwartet, für den ist Gartenarbeit freilich wenig geeignet – ein guter Garten entsteht nicht von heute auf morgen. Abgesehen davon, daß Rasenmäher, Kultivatoren und Saatgut Geld kosten, ist die Pflege eines Gartens nicht vorrangig eine Form von Konsum; daß diese Tätigkeit überdauert hat, ist ein Zeichen für die Widerständigkeit traditioneller Muße gegenüber modernen Einflüssen. Kritiker, die eine von Freizeitgütern immer mehr besessene Gesellschaft prophezeiten, haben dabei die Gartenarbeit regelmäßig übergangen; auf Veblens Liste des «demonstrativen Konsums» findet sie sich zum Beispiel nicht. Auch in Christopher Laschs Werk *The Culture of Narcissism* kommt die Gartenarbeit nicht vor; Lasch behauptet hier, die Muße sei in unserer Zeit lediglich eine Erweiterung der Warenproduktion, ein Anhängsel der Industrie. Es ist gut möglich, daß die Gartenkultur beide Autoren widerlegt.

9

Das Problem der Muße

Im Jahr 1919 veröffentlichte der ungarische Psychoanalytiker Sándor Ferenczi einen kurzen Aufsatz mit dem Titel «Sonntagsneurosen». Darin berichtet er, in seiner Praxis seien ihm mehrfach Neurotiker begegnet, deren Symptome in regelmäßigen zeitlichen Abständen auftraten. Nun kommt es zwar bei verdrängten Erinnerungen häufig vor, daß sie zu eben der Zeit innerhalb des Jahres wiederkehren, an dem auch das ursprüngliche Erlebnis stattgefunden hatte; die Symptome jedoch, die Ferenczi beschreibt, traten jede Woche auf. Und was noch ungewöhnlicher war: Sie zeigten sich überwiegend an einem ganz bestimmten Tag, nämlich am Sonntag. Nachdem Ferenczi mögliche somatische Faktoren ausgeschlossen hatte, die mit dem Sonntag in Zusammenhang stehen – wie etwa längerer Schlaf, besonderes oder zu reichliches Essen –, kam er zu der Auffassung, daß die hysterischen Symptome seiner Patienten durch den Festtagscharakter des Sonntags selber verursacht wurden. Offenbar entstand diese Hypothese anläßlich eines besonderen Falls – es ging dabei um einen jüdischen Jungen, dessen Symptome stets am Freitagabend auftraten, also zu Beginn des Sabbats. Ferenczi vermutete, daß die Kopfschmerzen und die Übelkeit, die bei diesen Sonntagsneurotikern auftreten, eine Reaktion auf die Freiheiten sind, die der wöchentliche arbeitsfreie Tag bietet. Am Sonntag sind alle möglichen Formen ungezwungenen Verhaltens erlaubt: geräuschvolle Spiele in der Familie, ausgelassene Picknicks und saloppe Kleidung. Ferenczi kam zu dem Schluß, daß sich Menschen mit neurotischer Disposition möglicherweise unbehaglich fühlen, wenn sie «ihren festlichen Übermut austoben» sollen, sei es, daß sie gefährliche Impulse unter Kontrolle halten müssen, sei es, daß sie Schuldgefühle haben, wenn sie ihre Hemmungen ablegen.

Ferenczi beschreibt den Sonntag als einen Tag, an dem wir «unsere eigenen Herren sind und uns von allen Fesseln, die uns die Pflichten und der Zwang von außen auferlegen, befreit fühlen; es geht in uns – damit parallel – auch eine Art innerliche Befreiung vor sich». Zwar wurde der Begriff «Sonntagsneurose» hier im klinischen Sinne gebraucht; doch die Vorstellung einer Entfesselung unterdrückter Instinkte, verbunden mit einem Zuwachs an verfügbarer Freizeit, beschwor das drohende Bild einer ganzen Gesellschaft herauf, die Amok läuft. Sowohl in Europa als auch in Amerika erschienen in den zwanziger Jahren Dutzende von allgemeiner gehaltenen Artikeln und Büchern, die von Psychiatern, Psychologen und Sozialwissenschaftlern verfaßt waren und von den Risiken der sogenannten «neuen Muße» handelten. Das Gefühl war weit verbreitet, die Arbeiterklasse würde mit ihrer neugewonnenen Freizeit nichts Rechtes anzufangen wissen.

Dahinter verbarg sich ein altes Thema: Weniger Arbeit bedeutet mehr Muße, mehr Muße führt zu Müßiggang, und Müßiggang – das weiß schließlich jeder – ist aller Laster Anfang. Genau dies war das Argument, das die Befürworter der Prohibition vorbrachten: Sie behaupteten, die Arbeiter würden die durch die Verkürzung der Arbeitszeit gewonnene Freizeit ohnehin nur mit Trinken vertun. Was immer der sachliche Gehalt dieses Arguments gewesen sein mag – und zweifellos war ja das Trinken weit verbreitet –, so spürt man doch, daß sich hinter solchen und ähnlichen «Besorgnissen» der Widerwille dagegen verbarg, die persönliche Freiheit anzuerkennen, die mit Muße einhergeht. Es gab schon immer einen tiefgreifenden Pessimismus von Sozialreformern und Intellektuellen hinsichtlich der Fähigkeit des einfachen Volks, sich zu amüsieren; und das gilt erst recht, wenn populäre Formen der Unterhaltung mit der herrschenden Meinung darüber, wie man es sich gutgehen läßt, nicht übereinstimmen.

Wie Benjamin K. Hunnicutt in seinem Buch *Work Without End* schildert, bestärkte diese Denkweise beträchtlich den Widerstand der amerikanischen Unternehmer gegen den freien Samstag in den Jahren vor der Wirtschaftskrise. Die Verkürzung des Arbeitstags wurde letzten Endes – wenn auch häufig widerstrebend – von den Arbeitgebern hingenommen; Grund dafür waren unter anderem Untersuchungen, die gezeigt hatten, daß die Produktivität stieg, wenn die Arbeiter längere Arbeitspausen hatten und daher weniger ermüdet waren. Auf das Wochenende traf dies jedoch nicht zu. «Man nahm an, der freie Samstag werde dem Arbeiter Muße verschaffen», schreibt Hunnicutt, «und damit auch die Gelegenheit, sich von seinem Job zunehmend frei zu machen für andere Dinge.» Und wenn diese «anderen Dinge» nicht gut für ihn waren, dann war es nur richtig, ihn am Arbeitsplatz zu halten und ihn damit vor Unannehmlichkeiten zu bewahren.

Während der Wirtschaftskrise wurde dieser paternalistische Widerstand aufgegeben oder zumindest modifiziert. Obwohl sich die Arbeitgeber wie auch die Administration unter Roosevelt gegen die 30-Stunden-Woche wandten, die von der Arbeiterschaft als Maßnahme zur besseren Verteilung der Arbeit vorgeschlagen worden war und die letztlich ein zwei- bis dreitägiges Wochenende bedeutet hätte, wurde 1933 ein entsprechendes Gesetz im Kongreß erörtert. Die Idee wurde schließlich durch den *National Industrial Recovery Act* verwässert, doch der Druck in Richtung einer Verteilung der Arbeit war derart stark, daß man ihn kaum ignorieren konnte. In zahlreichen Industriezweigen wurde der Arbeitstag verkürzt und die Länge der Arbeitswoche von sechs auf fünf Tage reduziert.

Es gab verschiedene Ansichten darüber, was die Menschen mit dieser neuerlangten Freiheit anfangen sollten. Einige Volkswirtschaftler hofften, die zusätzliche Freizeit werde den Verbrauch von Konsumgütern anheizen und damit die stagnierende Wirtschaft beleben. Bürgerliche Sozialreformer sahen die Chance für ein landesweites Programm körperlicher und geistiger Ertüchtigung. Das war auch die Botschaft eines Buchs mit dem Titel *A Guide to Civilized Loafing* («Leitfaden des zivilisierten Faulenzens»), das H. A. Overstreet im Jahr 1934 veröffentlichte. Trotz des Titels, der in späteren Auflagen durch eine etwas gemessenere Formulierung ersetzt wurde (*A Guide to Civilized Leisure*, «Leitfaden der zivilisierten Muße»), vertrat der Autor die Ansicht, man müsse Freizeit als günstige Gelegenheit auffassen – und so beschrieb er in seinem Buch eine geradezu beängstigende Vielzahl von Freizeitaktivitäten, von der Laienschauspielerei bis zum freiwilligen Arbeitsdienst. Mit einigen seiner Empfehlungen zeigte sich Overstreet durchaus prophetisch, zum Beispiel beim Radfahren und Wandern; andere seiner Leidenschaften, wie etwa das Gongspielen, warten noch auf ihren Durchbruch. Wenn diese Vorschläge zum «Faulenzen» manchmal etwas zwanghaft erscheinen, so rührt dies von den vielen freien Stunden, die nun plötzlich ausgefüllt werden mußten. Wie schon frühere Reformer hatte Overstreet eine recht bornierte Vorstellung von Muße; so kommen zum Beispiel Jagen und Fischen bei ihm überhaupt nicht vor, obwohl dies in Amerika bevorzugte Sportarten sind, und auch das gesellige Trinken erwähnt er nicht, obgleich die Prohibition bereits aufgehoben war.

Die beiden Ziele, auf die sich das Ausfüllen von Freizeit richten kann – das ökonomische und das kulturelle –, erscheinen vielen als unvereinbar. In der Zeitschrift *Woman's Home Companion* erschien 1930 ein Artikel von Walter Lippmann mit dem Titel *Free Time and Extra Money*. Darin bringt er «das Problem der Muße» zur Sprache: Die Freizeit, so warnt er, eröffne dem Individuum verschiedene Möglichkeiten der Wahl, auf die ihn eine arbeitsorientierte Gesellschaft wie die amerikanische nicht vorbereitet habe.* Wenn die Menschen von ihrer Freizeit keinen

* Mehr als ein Vierteljahrhundert später gelangt Hannah Arendt in ihrem Werk *Vita activa* zu einer entsprechenden Auffassung: «Womit wir konfrontiert sind, ist die Aussicht auf eine Gesellschaft von Arbeitern ohne Arbeit, das heißt ohne die Tätigkeit, die ihnen als einzige verblieben ist. Schlimmer könnte es wohl kaum kommen.»

kreativen Gebrauch machten – so Lippmanns Sorge –, dann würde sie mit Massenunterhaltung und kommerziellem Amüsement vergeudet. Dieser Auffassung verdanken sich zahlreiche populärwissenschaftliche Bücher und Aufsätze mit Titeln wie «Die Herausforderung der Muße», «Die Gefahr der Muße» und sogar «Muße als Bedrohung».

Derartige Ängste beruhten zum großen Teil auf der weitverbreiteten Annahme, das Maß an verfügbarer Freizeit sei größer denn je, und «das Problem der Muße» sei so noch nie dagewesen. Ein Amerikaner, der vor der Wirtschaftskrise vierzig Stunden in der Woche arbeitete, verbrachte weniger als die Hälfte der jährlich 5840 Stunden, in denen er nicht schlief, an seinem Arbeitsplatz – der Rest war Freizeit. Hundert Jahre zuvor hatte die Arbeit noch vergleichsweise zwei Drittel dieser Zeit eingenommen. Doch dies ist eine Vereinfachung, die in die Irre führt, wie Hannah Arendt bemerkt hat; denn damit vergleicht man zwangsläufig die Moderne mit der industriellen Revolution, während der die Zahl der Arbeitsstunden einen absoluten Höchststand erreichte. Der Vergleich mit früheren Epochen der Geschichte führt zu einem anderen Schluß. So verbrachten zum Beispiel die Römer des vierten Jahrhunderts mit ihren 175 öffentlichen Feiertagen weniger als ein Drittel ihrer Wachzeit bei der Arbeit. Im Europa des Mittelalters reduzierten die religiösen Festtage das Arbeitsjahr deutlich unter den heutigen Stand von 2000 Stunden. Bis zum 18. Jahrhundert hatten Europäer wie Amerikaner in Wahrheit *mehr* Freizeit als heute. Der amerikanische Arbeiter der dreißiger Jahre holte also lediglich auf.

Die meisten Kritiker blickten jedoch lieber in die Zukunft. Und was sie dort sahen, war weitere Mechanisierung und Automatisierung, die fortwährende Steigerungen der Effizienz und der Produktivität am Arbeitsplatz versprach. «Das Zeitalter der grausamen Plackerei geht vorüber, und wir ergreifen jetzt Besitz von einer neuen Freiheit für uns selbst... wir leben in einer Epoche des Überflusses, und vor uns liegen immer weiter anwachsende Zeitabschnitte, die allein uns gehören.» Overstreet formulierte diese Sätze ein Jahr nach der Debatte um das 30-Stunden-Gesetz. Wie viele andere hatte auch er den Eindruck, die Verkürzung des Arbeitstags sei ein Trend, der sich noch einige Zeit fortsetzen werde. «Das wäre ein schlechter Prophet, der die Möglichkeit leugnete, daß noch diese Generation den Zweistundentag erleben wird.»

Ein großer Irrtum, wie sich zeigen sollte. Während der Wirtschaftskrise erreichte die Zahl der Arbeitsstunden ihr Minimum, danach wuchs sie erneut an. Die Politik des *New Deal* zielte nicht auf die Verteilung der Arbeit, sondern auf die Schaffung neuer Arbeitsplätze. 1938 wurde ein Arbeitsgesetz verabschiedet, das nicht dreißig, sondern vierzig Stunden pro Woche vorsah. Dies markierte das Ende einer Entwicklung, die sich im Verlauf eines ganzen Jahrhunderts vollzogen hatte. Und wenn man sich die letzten fünfzig Jahre ansieht, so deutet alles darauf hin, daß der Trend nicht nur gestoppt, sondern geradezu umgedreht wurde. 1948 arbeiteten 13 Prozent aller ganztags beschäftigen Amerikaner mehr als 49 Stunden pro Woche; im Jahr 1979 hatte sich diese Rate auf 18 Prozent erhöht. Weitere zehn Jahre später schätzte das Amt für Arbeitsstatistik, daß von den 88 Millionen ganztags beschäftigten Amerikanern sage und schreibe 24 Prozent mehr als 49 Stunden pro Woche arbeiteten.

Fragt man irgend jemanden, wie lange er arbeitet, so wird er präzise Auskunft geben können. Schwieriger ist es, sich über die Zeit der Muße einen Überblick zu verschaffen; denn zum einen findet sie unregelmäßig statt, zum anderen nimmt sie bei jedem Menschen eine andere Gestalt an. Für den einen ist das Rasenmähen eine Last, für den anderen ein angenehmer Zeitvertreib. Die Fahrt ins Einkaufszentrum kann man als gelegentlichen Samstagsausflug betrachten oder aber als unangenehme Verpflichtung. Die meisten würden wohl Fernsehen zur Muße zählen, aber wie steht es mit dem sonntäglichen Brunch? Es gibt auch Tätigkeiten – zum Beispiel den Hund ausführen –, die manchmal ein Vergnügen sind, manchmal nicht, je nach Wetter. Und schließlich hängt es auch – wie alles andere – von der jeweiligen Stimmung ab, ob eine bestimmte Betätigung Teil unserer Muße ist oder nicht.

Untersuchungen zum Freizeitverhalten zeigen häufig völlig unterschiedliche Resultate. Zwei neuere Studien, die an den Universitäten von Maryland und Michigan erarbeitet wurden, besagen, daß die Amerikaner durchschnittlich 39 Stunden Freizeit pro Woche haben. Eine Untersuchung des *National Research Center of the Arts* kommt dagegen zu einem völlig anderen Schluß; danach «geben die Amerikaner eine mittlere wöchentliche Freizeit von 16,6 Stunden an». Vermutlich liegt die Wahrheit irgendwo dazwischen.

Weniger überraschend – wenn man die Zahl der Menschen bedenkt, die länger als 49 Stunden pro Woche arbeiten – war das Ergebnis der letztgenannten Studie, daß die Amerikaner innerhalb der letzten 15 Jahre eine Einbuße von wöchentlich 9,6 Stunden Freizeit hinnehmen mußten. Die Aktivisten des 19. Jahrhunderts, die mit solchem Einsatz für eine Verkürzung der Arbeitswoche und für mehr Freizeit kämpften, wären angesichts dieser Statistiken sprachlos – was ist mit den «acht Stunden für uns» passiert?

Zweifellos gibt es auch Leute, die aus persönlichem Ehrgeiz Überstunden machen, weil sie familiären Problemen aus dem Weg gehen wollen oder aus innerem Zwang. Der Begriff *workaholic* ist neueren Datums, er kam nach dem Krieg in den USA auf; doch die Sucht nach Arbeit ist durchaus nichts Neues. So war zum Beispiel Thomas Jefferson ein zwanghafter Arbeiter, und G. K. Chesterton nicht minder. Nichts spricht dafür, daß es heute mehr solcher Leute gibt als früher. Freilich gibt es viele, die nicht aus freien Stücken Überstunden machen: Sie müssen einfach mehr arbeiten, um leben zu können. Das gilt vor allem für die Zeit seit den siebziger Jahren, als die Armut in den USA zuzunehmen begann. Doch da der Rückgang der Freizeit bereits in den blühenden Sechzigern einsetzte, kann der wirtschaftliche Druck nicht die alleinige Erklärung liefern.

Vor mehr als zwanzig Jahren veröffentlichte der schwedische Soziologe Staffan Linder ein Buch über die paradoxe Situation, daß in den Vereinigten Staaten der Wohlstand wächst und die Freizeit zugleich abnimmt. In der Nachfolge Lippmanns beobachtete Linder, daß in dieser prosperierenden Konsumgesellschaft ein Konflikt herrscht zwischen den Luxusgütern, die der Markt anbietet, und der individuell verfügbaren Freizeit. In jenen Jahren, da die Arbeitszeit reduziert wurde, waren der breiten Masse nur wenige Luxusartikel zugänglich, und die gewonnene freie Zeit wurde daher vor allem der Muße gewidmet. Mit dem Anwachsen der sogenannten «Vergnügungsindustrie» standen die Menschen vor einer Wahl: entweder mehr Freizeit oder mehr Geld ausgeben. Nur die Reichen konnten beides haben. Wenn jedoch der Durchschnittsbürger aufwendige Sportarten wie Skifahren und Segeln betreiben oder teure Unterhaltungsartikel kaufen wollte, so mußte er dafür mehr arbeiten, das heißt seine Freizeit gegen Überstunden und Nebenjobs eintauschen. Sei es aufgrund der Wirksamkeit der Werbung, sei es aufgrund schlichter Besitzgier – die meisten wollten lieber mehr Geld als Freizeit.

Linders These lautet, daß wirtschaftliches Wachstum zu einem zunehmenden Mangel an Zeit führt und daß Statistiken, die wachsende individuelle Einkommen ausweisen, nicht unbedingt ein Zeichen wachsenden Wohlstands sind. Die Leute verdienen mehr, weil sie mehr arbeiten. Ein großer Anteil von Freizeit wird in «Konsumzeit» umgesetzt, wie Linder dies nennt, und darin spiegelt sich ein Übergang von «zeitintensiver» zu «güterintensiver» Muße wider. Dem *U.S. News & World Report* zufolge geben die Amerikaner jährlich 13 Milliarden Dollar für Sportbekleidung aus. Anders gesagt: Etwa 1,3 Milliarden Stunden potentieller Freizeit werden für Freizeitbekleidung eingetauscht – für immer aufwendigere Laufschuhe, für Wandershorts mit Garantie und für Trainingsanzüge mit Monogramm. Um diese Luxusgüter bezahlen zu können, hatten 1989 über 6 Prozent aller Erwerbstätigen einen Nebenjob – mehr als je zuvor.

Die wohl nachhaltigste Veränderung war der massenhafte Eintritt von Frauen ins Berufsleben. Im Jahr 1950 arbeiteten nur 30 Prozent aller amerikanischen Frauen außer Haus, und dies vor allem aus wirtschaftlicher Notwendigkeit. Ab den sechziger Jahren begannen auch Frauen aus der Mittelschicht, nach bezahlter Beschäftigung Ausschau zu halten. Sie waren unzufrieden mit dem isolierten Leben in der Vorstadt und darum bereit, zumindest einen Teil ihrer Freizeit gegen Kaufkraft einzutauschen. Im Jahr 1986 arbeitete die Hälfte aller erwachsenen Frauen außer Haus, einschließlich der verheirateten Frauen mit Kindern. Und ein Abflauen dieses Trends ist nicht in Sicht; allein zwischen 1980 und 1988 erhöhte sich die Zahl der Familien mit zwei oder mehr Lohnempfängern von 19 auf 21 Millionen.

Man muß, um die Situation zu erfassen, tatsächlich von «Arbeit außer Haus» sprechen; denn nach wie vor ist ja auch noch die Hausarbeit zu erledigen, und das braucht drei bis vier Stunden am Tag. Ganz gleich, ob diese Arbeit nun geteilt wird oder ob sie, wie üblich, gleichsam als «zweite Schicht» an den Frauen hängenbleibt – in jedem Fall wird die Freizeit eines oder beider Partner dadurch drastisch eingeschränkt. Dazu kommt, daß seit dem Krieg die Wohnungen noch niemals so groß waren wie heute; größere Häuser aber bedeuten auch größeren Zeitaufwand für Putzen, Aufräumen und Instandhalten.*

Entschließt man sich dazu, zu Hause zu bleiben und dafür den Konsum einzuschränken, so gibt es wieder andere Dinge, die einem die Zeit stehlen. Nicht nur die Fahrt zur Arbeit dauert länger als früher, auch das Einkaufen: Die allwöchentliche Fahrt zum Einkaufszentrum ist zeitaufwendiger als der Spaziergang zum Laden an der nächsten Ecke. Das dezentralisierte Leben in den Vorstädten – also die für Amerika typische Lebensform – hängt völlig vom Auto ab. Eltern werden zu Chauffeuren, die ihre Kinder zu Tanzschulen, Hockeyspielen und Schwimmbädern fahren und von dort auch wieder abholen. Zu

* In den fünfziger Jahren betrug die Durchschnittsgröße einer amerikanischen Neubauwohnung (einschließlich Wohnungen in Einfamilienhäusern) etwa 90 m^2; 1983 waren es 160 m^2, und bereits drei Jahre später waren weitere 10 m^2 dazugekommen.

Hause muß man Anrufbeantworter abhören und den Stand der Haushaltskasse in den Computer eingeben; dann ist der Rasenmäher aus der Reparatur abzuholen, und das Auto – oder *die* Autos – müssen zum Kundendienst. All diese praktischen und zeitsparenden Erfindungen fressen unbarmherzig unsere eigentliche Freizeit. Für viele leitende Angestellte und Beamte sowie für Geschäftsleute reduziert sich die Freizeit noch weiter dadurch, daß mit der neuen Bürotechnologie die Arbeit Einzug in die private Wohnung hält. Seit es Faxgeräte, Funkrufempfänger und tragbare Computer gibt, ist es kein Problem mehr, Arbeit mit nach Hause zu nehmen – und man hat auch gar nicht mehr die Wahl. Selbst die Ruhe während der morgendlichen Fahrt zur Arbeit wird nun durch die Gegenwart des Autotelefons gestört.

Zwischen den Untersuchungen, die eine Trendwende und eine Abnahme der Freizeit erkennen lassen, und der Behauptung, daß das Wochenende unsere Muße beherrscht, besteht ein nur scheinbarer Widerspruch. Die längere Arbeitszeit und die häufigeren Überstunden beschneiden vor allem die Freizeit während der Woche. Dasselbe gilt für den Pendelverkehr zur Arbeit, das Chauffieren der Kinder und den Großeinkauf am Freitagabend. Erst am Wochenende können wir uns entspannen – das heißt, während der Zeit, die vom Wochenende übrig ist, nachdem wir am Samstag den Haushalt erledigt haben.

Doch zwingt das Wochenende unserer Freizeit einen rigiden Zeitplan auf, und daraus kann ein innerer Druck entstehen («bald ist Montag»), der mit wirklicher Entspannung unvereinbar ist. Die allwöchentliche gehetzte Fahrt zum Wochenendhaus dürfte kaum erholsam sein, und das Vollstopfen der beiden arbeitsfreien Tage mit allen möglichen sportlichen Aktivitäten wohl auch nicht. Genau wie Chesterton vorhergesagt hat, ist die Freiheit, etwas zu tun, zu einer *Verpflichtung* geworden, etwas zu tun. Es gibt eine ganze Liste von Freizeitbetätigungen, denen man «pflichtgemäß» nachgeht, darunter anstrengende Übungen zur körperlichen Stärkung (Gymnastik, Jogging, Radfahren), wettkampfmäßig betriebene Sportarten (Tennis, Golf) sowie Aktivitäten, bei denen es auf bestimmte Fertigkeiten ankommt (Segeln, Skifahren).

Sportarten wie Tennis oder Segeln sind natürlich nicht neu, doch bevor es das Wochenende gab, waren das Aktivitäten, denen die meisten nur zu einer bestimmten Jahreszeit nachgingen. Einmal im Jahr, wenn der Urlaub nahte, wurden Tennisschläger aus dem Kleiderschrank hervorgekramt, Mottenkugeln aus den Badesachen entfernt und Skier entstaubt. Es ging weniger um die Technik als ums Vergnügen – etwa so, wie man im Urlaub Scrabble spielt: Kein Mensch erinnert sich an sämtliche Regeln, und doch hat jeder Spaß an diesem Spiel. Die Tatsache, daß heutzutage an jedem Wochenende freie Zeit verfügbar ist, hat dieses zwanglose Verhalten verändert. Die Häufigkeit, mit der Wochenendsport betrieben wird, ermöglicht ständige Teilnahme und ständige Verbesserung; es entwickeln sich Geschicklichkeit und ein hohes Leistungsniveau.

Derartige Fertigkeiten sind auch notwendig, denn die modernen Sportarten zeichnen sich durch besondere Schwierigkeit aus. Die meisten der im 19. Jahrhundert üblichen Vergnügungen, wie zum Beispiel das Rudern, waren nicht besonders kompliziert, und man brauchte dazu nur ein paar wenige Anweisungen. Um jedoch das Windsurfen zu beherrschen, bedarf es langer Übung und großer Geschicklichkeit – was ja gerade zur Attraktivität dieses Sports gehört. Selbst relativ einfache Spiele werden kompliziert, wenn man das Bedürfnis entwickelt, andere zu übertreffen. Von daher die Betonung der Professionalität, die in dem Wunsch nach der «richtigen» Ausrüstung und Bekleidung zum Ausdruck kommt (die richtigen Schuhe vor allem). Dieser Wunsch nach Perfektion ist keineswegs auf Tätigkeiten beschränkt, die man im Freien ausübt; es gibt ihn auch bei schwierigen Hobbys wie etwa dem Tischlern, der Elektrobastelei oder dem Restaurieren von Autos. All dies vermittelt den Eindruck, daß das moderne Wochenende typischerweise nicht nur dazu verpflichtet, *etwas* zu tun, sondern auch, es *gut* zu tun.

In dem Wunsch, etwas möglichst gut zu machen – sei es nun Segelboot zu fahren oder das Boot selbst zu bauen – spiegelt sich ein Bedürfnis, das man zuvor nur vom Arbeitsplatz kannte. Im Beruf zeigte man Kompetenz, im Urlaub durfte man herummurksen. Heutzutage ist es gerade umgekehrt. Bei den meisten Tätigkeiten wird Können durch Technik ersetzt, so zum Beispiel am Fließband, wo kaum Übung oder Erfahrung verlangt wird, also auch keine besonderen Fertigkeiten. Dasselbe gilt für viele Dienstleistungsberufe (Angestellte im Kaufhaus, Personal in Fast-food-Restaurants), bei denen man keine andere Begabung braucht als die, zu lächeln und «Schönen Tag noch» zu sagen. Selbst bei Tätigkeiten, bei denen es auf handwerkliches Können ankommt, geht die Entwicklung immer mehr in diese Richtung; so zum Beispiel beim Hausbau, wo die meisten Materialien als Fertigteile aus der Fabrik kommen, um dann vom Zimmermann nur noch montiert zu werden; oder bei der Autoreparatur, die weitgehend darin besteht, daß man ein Wegwerfteil durch ein anderes ersetzt. Dieser Verfall beruflicher Fertigkeiten ist auch keineswegs auf den Bereich der Handarbeit begrenzt. Für den Büroangestellten war es einst Voraussetzung, ein gutes Gedächtnis zu haben; das ist heute durch den Computer überflüssig geworden. Lehrer mußten einmal die Fähigkeit besitzen, etwas spannend darzustellen; heute sind sie auf mechanische Hilfen angewiesen wie etwa Diaprojektoren und Videorecorder. In der Politik wurde die Kunst der Beredsamkeit abgelöst durch das 30-Sekunden-Statement.

Von daher die unerwartete Entwicklung in der Geschichte der Muße. Mittlerweile bedeutet für viele Menschen die freie Zeit am Wochenende nicht mehr die Chance, der Arbeit zu entkommen, sondern vielmehr die Möglichkeit, sich sinnvollere Arbeit zu schaffen und damit zu jener persönlichen Befriedigung zu gelangen, die der Arbeitsplatz nicht mehr zu bieten vermag.

Es gibt kaum ein anderes Wort unserer Sprache, das derart mißverstanden wurde wie der Begriff «Muße». Häufig benutzen wir die Worte «Muße» und «Erholung» so, als seien sie gegeneinander austauschbar, doch tatsächlich verkörpern sich in ihnen unterschiedliche Vorstellungen. Bei der Erholung gibt es stets auch ein Moment von Notwendigkeit und Zweckgerichtetheit. Wie wohltuend dieses Gegengift zur Arbeit auch immer sein mag, so ist es doch eine Form aktiver Betätigung, bei der man ein bestimmtes Ziel im Auge hat – eine Erfrischung des Geistes, des Körpers oder beides. Mit dieser Idee der Erneuerung – bei der es sich gewöhnlich um organisierte Erneuerung handelt – geht die Vorstellung einher, die Erholung sei sowohl notwendige Folge der Arbeit als auch Vorbereitung zu weiterer Arbeit.

Muße ist etwas anderes, und darauf wollte auch Lippmann hinaus, als er kommerzielle Formen der Erholung einer individuellen Muße gegenüberstellte. Muße ist nicht in derselben Weise an Arbeit gebunden wie Erholung, sie ist vielmehr etwas in sich Geschlossenes. Das englische Wort *leisure* geht auf das lateinische *licere* zurück, das soviel wie «erlaubt sein» bedeutet, und schon dies legt die Vermutung nahe, daß es bei der Muße um Freiheit geht. Doch Freiheit wozu? Aus Chestertons heiterer Perspektive bietet Muße vor allem die Chance, überhaupt nichts zu tun. Doch wenn er vom «Nichtstun» spricht, so meint er damit nicht einen Zustand der Leere, sondern die Möglichkeit zu Reflexion und Kontemplation, eine Gelegenheit, mehr nach innen als nach außen zu schauen und – wie Voltaire es formulierte – sich wieder einmal um den eigenen Garten zu kümmern. Darum bezeichnete Chesterton diese Art von Muße als «das Kostbarste, das Tröstlichste, das Reinste und Heiligste».

In seinem Essay *Lob des Müßiggangs* rückte Bertrand Russell die Muße in einen größeren, historischen Zusammenhang. «Muße ist wesentlich für die zivilisatorische Entwicklung», schrieb er, «und in früherer Zeit wurde die Muße weniger nur möglich durch die Arbeit vieler. Aber ihre Leistungen waren wertvoll, nicht weil Arbeit an sich, sondern weil Muße etwas Gutes ist.» Russell, der selbst aus der Aristokratie stammte, wies darauf hin, daß es nicht Arbeiter, sondern Mitglieder der Oberschicht gewesen waren, die Bücher verfaßten, philosophische Systeme schufen, Naturwissenschaften hervorbrachten und sich den Künsten widmeten. Doch trat er keineswegs für den Fortbestand dieses Klassensystems ein; im Gegenteil, er schlug vor, die

Muße, die bislang nur wenigen vorbehalten war, vielen zugänglich zu machen. Das war ein offener Angriff auf die Arbeitsethik, die er für einen Trick hielt, um die Leute dazu zu bringen, ein Leben ohne Muße hinzunehmen. Seiner Ansicht nach war dieser Trick fehlgeschlagen, denn die arbeitenden Menschen haben hinsichtlich ihrer Arbeit keinerlei Illusionen: Sie begreifen durchaus, daß es dabei um nichts als die Notwendigkeit geht, den eigenen Lebensunterhalt zu sichern.

Im Hintergrund steht bei Russell die Forderung, wir sollten uns von den Schuldgefühlen befreien, die uns die moderne Gesellschaft hinsichtlich der Muße auferlegt hat. Von daher sein Gebrauch von Begriffen wie «Müßiggang» oder «Nichtstun»: Das sind Provokationen gegenüber einer Gesellschaft, die den größten Wert darauf legt, ständig «zu tun zu haben». Sowohl Russell als auch Chesterton stimmen mit Aristoteles darin überein, daß Muße das eigentliche Lebensziel ist. «Wir arbeiten, um Muße zu haben», heißt es bei ihm.

Lob des Müßiggangs wurde 1932 verfaßt, also auf dem Höhepunkt der Weltwirtschaftskrise, und Russells Vorschlag eines vierstündigen Arbeitstags scheint uns heute hoffnungslos utopisch. Doch die neue Popularität des Wochenendes, die später in zahlreichen Gesellschaften so unvermittelt zutage trat, deutet darauf hin, daß die Muße zu einem Comeback antritt, wenn auch nicht auf so breiter Front, wie Russell das wollte, und auch nicht in so entspannter Weise, wie sich Chesterton das gewünscht hätte. Ich werde den Verdacht nicht los, daß noch etwas anderes als reine Funktionalität für die weitverbreitete Beliebtheit des Wochenendes verantwortlich ist. Erklärt sich diese allgemeine Anziehung vielleicht daraus, daß hier uralte und tief in der menschlichen Psyche verankerte Neigungen mitschwingen? Angesichts der mythologischen Wurzeln der planetarischen Woche und angesichts der Tatsache, daß Sonntag wie Sabbat eigentlich Tage der Andacht sind, muß man wohl auf frühe religiöse Einstellungen zurückgehen, um zu einer Antwort zu gelangen.

Der Religionshistoriker Mircea Eliade hat die traditionellen, vormodernen Gesellschaften dadurch charakterisiert, daß sie die Welt nach zwei völlig verschiedenen Mustern erleben, denen zwei voneinander unabhängige Seinsweisen entsprechen: das Heilige und das Profane. Nach Eliade manifestierte sich das Heilige auf verschiedenste Weise, so zum Beispiel darin, wie räumliche Ausdehnung wahrgenommen wurde. Die profane, chaotische und von Bedrohungen erfüllte Welt erlangte dadurch Sinn und Struktur, daß es genau definierte Orte gab, die heilig waren und eine bestimmte Bedeutung hatten. Solche heiligen Stätten konnten mitten in der Landschaft liegen, neben heiligen Bäumen oder auf bestimmten Bergen; es konnten aber auch von Menschen erschaffene Orte sein. Von daher auch die komplizierten Rituale, die im Altertum immer dann vollzogen wurden, wenn Ansiedlungen begründet oder Gebäude errichtet wurden. Diese Rituale hatten nicht nur den Zweck, das künftige Dorf oder Gebäude zu schützen, sondern auch, einen geheiligten Ort zu definieren.

Die wichtigste heilige Räumlichkeit war die eigene Behausung; denn Häuser bedeuteten nicht nur Obdach, vielmehr waren sie zugleich geweihte Orte, deren Gestaltung eine kosmische Symbolik verkörperte. So versicherten zum Beispiel die Navajo-Indianer, ihre Hütten, die sogenannten *hogans*, gingen auf einen göttlichen Prototyp zurück. Die konische Form des *hogan* ähnelte einem Berg in New Mexico, den die Navajo als das «Herz der Erde» bezeichneten. Sie glaubten, Gott habe den ersten *hogan* erschaffen, wobei er Pfähle aus Perlmutt, Türkis, Abalonen und Obsidian verwendete. Wurde ein neuer *hogan* errichtet, so wurden Stücke dieser vier Materialien unter den tragenden Pfosten vergraben, die ihrerseits wieder den vier Windrichtungen entsprachen. So durchbrachen die Erbauer die Kontinuität der Alltagswelt, indem sie einen davon abgetrennten magischen Raum schufen.

Wenn jemand die Wüstensonne hinter sich ließ und das dunkle, kühle Innere eines *hogan* betrat, so kam er damit in einen Raum, der zur vorzeitlichen Vergangenheit gehörte; er betrat demnach nicht nur einen geheiligten Raum, sondern auch eine geheiligte Zeit. Eliade zufolge war die profane Zeit gleichbedeutend mit der gewöhnlichen, zeitlichen Dauer; heilige Zeit jedoch – also auch die Zeit der religiösen Festtage – war etwas Mythisches und Uranfängliches, das nicht zum Alltagsleben gehörte. Während der geheiligten Zeit hielt die Uhr nicht nur an, sondern sie wurde gleichsam zurückgedreht. Diese Vergangenheit in die Gegenwart neu zu integrieren war genau der Zweck religiöser Riten. Auf diese Weise wurde die geheiligte Zeit Teil eines eigenen, in sich geschlossenen Kontinuums, «einer ewigen mythischen Gegenwart».

Eliade charakterisiert die moderne westliche Gesellschaft als «nichtreligiös», denn sie hat die Welt entheiligt und entmythologisiert. Für Menschen ohne Religion gibt es nur profanen Raum und profane Zeit. Doch er weist auch darauf hin, daß die Wurzeln dieser Gesellschaft in jene religiöse Vergangenheit zurückreichen und daß sie sich daher von vorzeitlichen Überzeugungen niemals völlig freimachen kann. Überbleibsel davon existieren weiter, wenn auch in maskierter Gestalt. So operieren zum Beispiel Kinofilme mit mythischen Motiven: der Kampf zwischen Held und Monster, der Abstieg in eine Unterwelt oder das reinigende Martyrium. Selbst aus unseren Behausungen, die keine derart umfassende kosmische Symbolik mehr enthalten wie die Hütten der Navajo, sind Rituale nicht völlig verschwunden. Man weiht ein neues Haus mit einem Richtfest ein, man trägt die Braut über die Türschwelle, man empfängt wichtige Gäste ausschließlich durch den Haupteingang, und zu festlichen Zeiten des Jahres wird das Äußere des Hauses geschmückt – all dies erinnert daran, daß wir zwar unsere Häuser wie Gebrauchsgegenstände benutzen, daß sie aber dennoch besondere Räume geblieben sind, abseits der Welt der praktischen Zwecke.

Ist die Erwägung wirklich so abwegig, ob nicht der ewige Kreislauf von Woche und Wochenende die moderne Paraphrase des vorzeitlichen Gegensatzes von profaner und heiliger Zeit ist? Freilich ist das Wochenende kein historisches Überbleibsel im buchstäblichen Sinn, denn vor dem 19. Jahrhundert existierte es nicht, und daß es schließlich in Erscheinung trat, war eine Reaktion auf bestimmte soziale und ökonomische Umstände. Ich will auch gar nicht behaupten, das profane Wochenende sei ein Ersatz für religiöse Feste, obwohl es doch offenkundig mit religiösem Brauchtum zu tun hat. Doch es gibt einige verblüffende Parallelen.

Während der Woche verläuft die Zeit linear, genau wie die profane Zeit. Sie repräsentiert das unumkehrbare Fortschreiten von Tag zu Tag, von Montag bis Freitag, Jahr für Jahr. Während der Woche ist vergangene Zeit gleichbedeutend mit verlorener Zeit. Nach den Schultagen kommen die Arbeitstage, auf den ersten Job folgt der zweite und dritte. Niemals mehr kann ich Schuljunge oder Student sein, auch nicht der junge Architekt, der unruhig auf seinen ersten Kunden wartet.* Und nicht nur verläuft diese Zeit, wie die profane Zeit auch, in linearer Weise – sie umfaßt auch das, was man nicht voraussagen kann. Während der Woche geschehen unvorhergesehene Dinge. Leute werden befördert, und ihnen wird gekündigt. Die Börsenkurse schnellen in die Höhe oder stürzen ab. Politiker werden gewählt oder abgewählt. Man hat den Eindruck, daß sich die Geschichte an Werktagen abspielt.**

Das Wochenende dagegen ist, wie Platon sagt, eine Gelegenheit, Atem zu schöpfen – eine Zeit fern aller nüchternen Probleme und Sorgen, fern der Welt des Geldverdienens. Am Wochenende bleibt die Zeit stehen, und nicht nur deshalb, weil wir die Armbanduhr beiseite legen. Vieles, was wir am Wochenende

* Vor einigen Jahren nahm ich an einem Klassentreffen teil, das man als den Versuch hätte beschreiben können, Alltagszeit wiederzuentdecken. Bezeichnenderweise sprachen wir jedoch über Sport und andere Aktivitäten außerhalb des Unterrichts, nicht über das, was wir im Klassenzimmer gemacht hatten.

** Eine bemerkenswerte Ausnahme ist der Krieg, der häufig am Wochenende ausbricht, also dann, wenn man es am wenigsten erwartet. Der deutsche Luftkrieg gegen England im Jahr 1940 begann an einem Samstagmorgen; der japanische Angriff auf Pearl Harbor fand an einem Sonntag statt; die Ägypter begannen den Jom-Kippur-Krieg am Sabbat.

tun, entspricht dem, was wir schon früher am Wochenende taten – etwa so, wie auch Urlaubstage am Strand Gelegenheit bieten, die eigene Kindheit wiedererstehen zu lassen: Man baut Sandburgen mit den Kindern, paddelt in der Brandung umher, man liegt im Sand und holt sich einen Sonnenbrand. Dieses Gefühl einer Neuinszenierung von Vergangenem hat die Wochenendzeit mit der heiligen Zeit gemeinsam. Und wie für die heilige Zeit Rituale charakteristisch sind, so ist auch das Wochenende, obwohl es doch Raum für persönliche Freiheit bietet, von bestimmten Konventionen beherrscht: Blätter zusammenrechen, Steaks im Garten grillen, ins Kino gehen, am Samstagabend ausgehen, das Sonntagsblatt lesen, Brunch, am Nachmittag die Oper im Radio, Wochenendausflüge und -besuche. Gerade daß der Verlauf des Wochenendes so voraussehbar ist, gehört zu seinen Annehmlichkeiten.

Eliade schildert Beispiele geheiligter Zeit aus den verschiedensten Gesellschaften und historischen Epochen, wobei die spezifischen Rituale stark voneinander abweichen. Ein bestimmtes Ereignis konnte in der einen Gesellschaft heilig sein und in der anderen völlig bedeutungslos. Ein Feiertag, den man für einen Unglückstag hielt, konnte mit einem Tabu belegt sein, während man diesen Tag andernorts aus genau dem entgegengesetzten Grund feierte. Die Mythen und heiligen Geschichten grenzten die Gesellschaften voneinander ab.

Auch die Konventionen des freien Wochenendes sind von Ort zu Ort verschieden. In Europa zum Beispiel werden im Norden mehr Bücher gelesen als im Süden, Deutsche und Dänen verbringen mehr Zeit als alle anderen mit dem Spielen von Musikinstrumenten, die Briten sind die größten Spieler, die Italiener die größten Kinogänger, und alle mögen Tennis, nur die Franzosen nicht. Kanada und die Vereinigten Staaten – zwei Länder, die viele Ähnlichkeiten aufweisen – unterscheiden sich in ihrer Haltung zur Muße: Untersuchungen haben durchweg ergeben, daß die Amerikaner eine strengere Arbeitsmoral vertreten als die Kanadier. Wahrscheinlich ist dies auch der Grund dafür, warum die Kanadier der individuellen Muße eine höhere Bedeutung beimessen und warum es viel länger dauert, ehe sie bereit sind, Störungen kommerzieller Art hinzunehmen, wie etwa geöffnete Geschäfte am Sonntag.

Es ist interessant, daß die Einstellung zur Muße in den verschiedenen Ländern unterschiedlich geblieben ist, denn immerhin leben wir in einer Welt, in der die Struktur der Arbeit immer mehr internationalisiert wird. Was an Werktagen zwischen neun und fünf Uhr geschieht, wird immer mehr standardisiert, und zwar in allen Ländern, auf dem ganzen Planeten. Wegen der internationalen Konkurrenz und der transnationalen Eigentumsverhältnisse innerhalb der Firmen erfolgt der Technologietransfer von einem Land ins andere nahezu ohne Verzögerung. In sämtlichen Büros stehen die gleichen Telefone, Kopierer, Computer und Faxgeräte. Die Japaner bauen Automobilwerke in den Vereinigten Staaten und in Kanada, die Amerikaner bauen Fabriken in Osteuropa, die Europäer wiederum in Südamerika. Die Industrie wird zunehmend beherrscht von einer immer geringeren Zahl riesiger und untereinander ähnlicher Konzerne. Die an kapitalistischen Richtlinien orientierte Neugestaltung der Arbeitsplätze in kommunistischen und ehemals kommunistischen Ländern ist ein weiterer Schritt in Richtung einer Standardisierung der Arbeit. Und wenn diese Standardisierung und Internationalisierung sich noch weiter fortsetzt, so darf man erwarten, daß im Gegensatz dazu die Muße noch landesspezifischer, regionaler und vielfältiger werden wird.

Von jeher war Muße nicht zuletzt eine Zuflucht vor der Arbeit. Das gilt in anderer Form auch für das Wochenende, das angesichts des Abstrakten und Allgemeinen die Zuflucht des Lokalen und Besonderen bietet. In diesem Sinne wird wahrscheinlich die Muße die Grundlage aller Kultur bleiben, wie schon Josef Pieper behauptete. Jede Kultur entwickelt hinsichtlich Arbeit und Muße ihre eigenen Strukturen, und indem sie dies tut, macht sie zugleich eine gewichtige Aussage über sich selbst. Sie erfindet bestimmte Muster, oder sie übernimmt alte und kombiniert sie in neuer Weise; von daher die lange Liste von Tagen, die der Muße gewidmet sind: öffentliche Feiertage, Familienfeste, Markttage, tabuisierte Tage, Unglückstage, heilige Tage, religiöse Festtage, blaue Montage und Dienstage, Gedenktage, Sommerurlaub – und Wochenenden.

Das Wochenende ist unser eigener Beitrag, es ist ein neuer Weg, mit jener alten Dualität umzugehen. Zugleich spiegeln sich in dieser Institution die zahlreichen ungelösten Widersprüche, welche die moderne Haltung gegenüber der Muße charakterisieren. Wir wollen alles zugleich. Wir wollen die Freiheit, es uns gemütlich zu machen, aber wir wollen diese Freiheit regelmäßig, einmal pro Woche und pünktlich wie die Uhr. Der Reiz des blauen Montags bestand darin, daß man an diesem Tag eben «angeln ging», wenn man wollte. Die Regelmäßigkeit des Wochenendes dagegen widerspricht der Vorstellung persönlicher Freiheit und Spontaneität. Diese Pendelbewegung hat etwas Mechanisches, und daraus erwächst ein Gefühl der Verpflichtung, das die Muße beeinträchtigt. Es ist sicher tröstlich, daß das Wochenende immer wiederkehrt – das hat es mit der heiligen Zeit gemeinsam –, doch die Schablonenhaftigkeit des arbeitsfreien Wochenendes mit seinen typischen Hobbys und Zerstreuungen macht häufig einen restriktiven Eindruck. «Was haben Sie am Wochenende gemacht?» – «Das übliche», antworten wir, und darin mischen sich Schrecken und Erleichterung.

Wir haben das Wochenende erfunden, doch auf den freien Tagen lastet noch immer der Schatten uralter Tabus, und die Verknüpfung des Profanen mit dem Heiligen schafft uns Unbehagen. Das Gefühl von Schuld, weil man nicht arbeitet, kennen noch immer viele, und durch jene Spannung wird es nur noch gesteigert. Sie verschafft uns das bohrende Gefühl, daß wir unsere freie Zeit eigentlich zu höheren Zwecken nutzen sollten als nur zu unserem Vergnügen. Wir wollen Muße, doch wir fürchten sie auch.

Arbeiten wir tatsächlich, um Muße zu haben, oder ist es eher umgekehrt? Wir sind uns nicht sicher, und darum halten wir beides säuberlich auseinander. Hätte nicht C. P. Snow diesen Begriff schon in anderem Zusammenhang verwendet, so wäre es verlockend, von «zwei Kulturen» zu sprechen. Einmal wöchentlich gleiten wir von der einen in die andere – von der gemeinsamen, sachlich-nüchternen, zunehmend unpersönlichen, zunehmend fordernden, zunehmend bürokratischen Welt der Arbeit zur privaten, besinnlichen, überschaubaren und tröstlichen Welt der Muße. Darauf warten wir die ganze Woche – aufs Wochenende, das unser ist, und doch nicht unser.

Hinweise zu den Quellen

Mit diesem Buch wollte ich nicht die Resultate eigener Forschung, sondern eher einen breit angelegten Essay vorlegen. Dennoch habe ich mich auf die Arbeiten zahlreicher Gelehrter gestützt, und es scheint daher nur fair, wenn ich mich dankbar zu meinen wichtigsten Quellen bekenne.

1 Freizeit

Die Informationen zu Vivaldi stammen aus der Monographie von Marc Pincherle (*Vivaldi*, Paris 1955). Hintergründe zur Geschichte der Sonntagszeitungen finden sich bei Sidney Kobre, *Development of American Journalism* (Dubuque, Iowa 1969). Der Essay ‹On Leisure› von G. K. Chesterton ist enthalten in *Generally Speaking* (London 1928). Churchills Tätigkeit als Maurer ist beschrieben bei William Manchester, *The Last Lion. Winston Spencer Churchill, Visions of Glory, 1874–1932* (Boston 1983; dt.: *Winston Churchill. Der Traum vom Ruhm 1874–1932*, München 1989). Lewis Mumfords Ansichten über sinnvolle Arbeit kann man nachlesen in *The Pentagon of Power* (New York 1964). Wer an der Beziehung zwischen Arbeit und Muße interessiert ist, sollte die Werke von Josef Pieper lesen, vor allem *Muße und Kult* (München, 2. Aufl. 1949) und *Zustimmung zur Welt. Eine Theorie des Festes* (München, 2. Aufl. 1964).

2 Woche für Woche

Die Angaben zum Ursprung der Siebentagewoche stammen überwiegend aus F. H. Colsons wunderbarem Werk *The Week. An Essay on the Origin and Development of the Seven-Day Cycle* (Cambridge 1926) sowie aus dem Klassiker von Hutton Webster, *Rest Days* (New York 1916); ferner aus den Werken von Eviatar Zerubavel: *Hidden Rhythms. Schedules and Calendars in Social Life* (Chicago 1981) und *The Seven Day Cycle* (New York 1985). Zu den antiken Kalendern zog ich die folgenden Bücher zu Rate: Benjamin D. Meritt, *The Athenian Year* (Berkeley/Los Angeles 1961); Agnes Kirsopp Michels, *The Calendar of the Roman Republic* (Princeton 1967); W. M. O'Neil, *Time and the Calendars* (Sydney 1978); David S. Landes, *Revolution in Time.*

Clocks and the Making of the Modern World (Cambridge, Mass. 1983); sowie Daniel J. Boorstin *The Discoverers* (New York 1983; dt.: *Die Entdecker. Das Abenteuer des Menschen, sich und die Welt zu erkennen*, Basel/Boston/Stuttgart 1985). Den französischen Revolutionskalender beschreibt Simon Schama in *Citizens: A Chronicle of the French Revolution* (New York 1989; dt.: *Der zaudernde Citoyen. Rückschritt und Fortschritt in der Französischen Revolution*, Stuttgart/München 1989). Einzelheiten über die sowjetischen Versuche einer Neuorganisation der Woche stammen von Leonard E. Hubbard, *Soviet Labour and Industry* (London 1942). Neuere Entdeckungen der Chronobiologie hat Jeremy Campbell skizziert: *Winston Churchill's Afternoon Nap. A Wide-Awake Inquiry into the Human Nature of Time* (New York 1986).

3 Ein Tag von Bedeutung

Hannah Arendts Bemerkungen zum Problem der Arbeit finden sich in *The Human Condition* (Chicago 1958; dt.: *Vita activa oder vom tätigen Leben*, Stuttgart 1960). Die Angaben über die Anzahl arbeitsfreier Tage in den verschiedenen Kulturen stammen hauptsächlich von Hutton Webster; über die Ergebnisse einer Studie zur Urlaubszeit der Einwohner von Tokio berichtete die *Montreal Gazette* vom 31. Juli 1989: ‹Tokyoties more tired, stressed than residents of N. Y. or L. A.›. Die Untersuchung zur verlängerten Arbeitszeit während des Ersten Weltkriegs findet sich bei S. Howard Bartley und Eloise Chute, *Fatigue and Impairment in Man* (New York 1947). Zum Problem der Ermüdung siehe Angelo Mosso, *La fatica* (Milano, 4. Aufl. 1892; dt.: *Die Ermüdung*, Leipzig 1892), sowie die neuere Arbeit von Ernst Simonson und Philip C. Weiser (Hg.), *Psychological Aspects and Physiological Correlates of Work and Fatigue* (Springfield, Ill. 1976). Den Produktionsrückgang gegen Ende der Woche beobachtete der britische Autor Donald Scott, *The Psychology of Work* (London 1970). Zur Frage der tabuisierten Tage habe ich mich erneut auf Hutton Webster gestützt; bei dem Buch von Thorstein Veblen handelt es sich natürlich um *The Theory of the Leisure Class* (New York 1979; dt.: *Theorie der feinen Leute*, Köln/Berlin 1957). Angaben zu den verschiedenen Traditionen des Wochenmarkts fand ich hauptsächlich bei Martin P. Nilsson, *Primitive Time-Reckoning* (Lund 1920), ferner bei F. E. Forbes, *Dahomey and the Dahomans* (London 1851), und Clements R. Markham, *First Part of the Royal Commentaries of the Yncas* (London 1871). Die Bewegung der Sabbatarier unter den amerikanischen Siedlern beschreibt Winton U. Solberg in *Redeem the Time. The Puritan Sabbath in Early America* (Cambridge, Mass. 1977). Die Diskussion über die Einhaltung des Sonntags in Quebec referiert David Rome in zwei Monographien: *The Jewish Archival Record of 1936* (Montreal 1978) und *On Sunday Observance, 1906* (Montreal

1979). Auch W. D. K. Kernaghan nimmt darauf Bezug in seiner unveröffentlichten Dissertation *Freedom of Religion in the Province of Quebec, with Particular Reference to the Jews, Jehovah's Witnesses and Church-State Relations 1930–1960* (Duke University 1966).

4 Sonntags im Park

Zu Seurat gibt es zahlreiche Quellen; zu Rate gezogen habe ich John Russells Buch *Seurat* (London 1965; dt.: München/Zürich 1968) sowie *Seurat* von Richard Thomson (Oxford 1985), von dessen Analyse der ‹Grand Jatte› ich Gebrauch machte. Beschreibungen des zeitgenössischen Lebens in Paris fand ich in dem großartigen Werk von Eugen Weber, *France. Fin de Siècle* (Cambridge, Mass. 1986). Die wissenschaftliche Forschung zur Muße im England des 18. Jahrhunderts ist recht ergiebig; ich beziehe mich vor allem auf Hugh Cunningham, *Leisure in the Industrial Revolution* (New York 1980), und zahlreiche Einzelheiten habe ich den beiden hervorragenden Aufsätzen von J. H. Plumb entnommen: ‹The Public, Literature, and the Arts in the Eighteenth Century› (in: *The Emergence of Leisure*, hg. von Michael R. Marrus, New York 1974) und ‹The Commerzialisation of Leisure in Eighteenth-century England› (in: *The Birth of a Consumer Society*, hg. von Neil McKendrick u. a., Bloomington, Ind. 1982). Die Geschichte des Zirkus schildert Ruth Manning-Sanders, *The English Circus* (London 1952). Über Eß- und Trinkgewohnheiten: J. C. Drummond und Anne Wilbraham, *The Englishman's Food. A History of Five Centuries of English Diet* (London 1939), sowie Fernand Braudel, *Les structures du quotidien. Le possible et l'impossible* (Paris 1967; dt.: *Sozialgeschichte des 15.–18. Jahrhunderts*, Bd. 1: *Der Alltag*, München 1985).

5 Der blaue Montag

Das historische Material in diesem Kapitel stammt größtenteils aus Douglas A. Reids Aufsatz ‹The Decline of Saint Monday 1766–1876› (in: *Past and Present*, 71, 1976). Weitere Quellen zur Tradition des blauen Montags und zur Muße im 18. Jahrhundert sind E. P. Thompsons Aufsatz ‹Time, Work-Discipline, and Industrial Capitalism› (in: *Past and Present*, 38, 1967) sowie die ‹Einleitung› von Michael R. Marrus zu dem von ihm herausgegebenen Band *The Emergence of Leisure* (New York 1974). Eine zeitgenössische Darstellung gibt Thomas Wright, *Some Habits and Customs of the Working Class by a Journeyman Engineer* (London 1867). Die Early Closing Association behandelt Wilfried B. Whitaker, *Victorian and Edwardian Shopworkers. The Struggle to Obtain Better Conditions and a Half-Holiday* (Newton Abbot 1973); zur Freizeit im Viktorianischen Zeitalter vergleiche die Werke von Peter Bailey, *Leisure and Class in Victorian England* (London 1978), Ralph Dutton,

The Victorian Home (London 1954), sowie das bezaubernde Buch von Colin MacInnes, *Sweet Saturday Night* (London 1967), dem auch der Liedtext entnommen ist.

6 Eine Welt von Wochenenden

Zum Thema der Verkürzung der Arbeitszeit in den Vereinigten Staaten stütze ich mich auf die folgenden Quellen: Joseph S. Zeisel, ‹The Workweek in American Industry 1850–1956› (in: *Monthly Labor Review*, 81, Januar 1958); Daniel T. Rodgers, *The Work Ethic in Industrial America 1850–1920* (Chicago 1974); David R. Roediger und Philip S. Foner, *Our Own Time. A History of American Labor and the Working Day* (New York 1989); Roy Rosenzweig, *Eight Hours for What We Will. Workers and Leasure in an Industrial City, 1870–1920* (Cambridge 1983); sowie Marion Cotter Cahill *Shorter Hours. A Study of the Movement Since the Civil War* (New York 1932). Die Sozialstudie über Westchester County findet sich bei George A. Lundberg, Mirra Komarovsky und Mary Alice McInery, *Leisure. A Suburban Study* (New York 1934). Zur Frühgeschichte des Films vergleiche Lary May, *Screening Out the Past. The Birth of Mass Culture and the Motion Picture Industry* (New York 1980). Die wertvolle Studie von Benjamin Kline Hunnicutt, *Work Without End. Abandoning Shorter Hours for the Right to Work* (Philadelphia 1988), liefert einen Überblick über die Jahre zwischen 1920 und 1940. Hinsichtlich des faschistisch organisierten Samstags bin ich der faszinierenden Studie von Victoria de Grazia verpflichtet: *The Culture of Consent. Mass Organization of Leisure in Fascist Italy* (Cambridge 1981). Einzelheiten über das Leben in Deutschland fand ich in den Werken von L. Hamburger, *How Nazi Germany Has Mobilized and Controlled Labor* (Washington D. C. 1940), Richard Grunberger, *The 12-Year Reich. A Social History of Nazi Germany 1933–1945* (New York 1971; dt.: *Das zwölfjährige Reich. Der deutsche Alltag unter Hitler*, Wien / München / Zürich 1972), sowie Wallace R. Deuel, *People under Hitler* (New York 1942). Beim Problem der Freizeitgestaltung in Europa stütze ich mich auf Anthony Edwards, *Leisure Spending in the European Community. Forecasts to 1990* (London 1981); das französische Wochenende behandelt Joffre Dumazedier, *Sociology of Leisure* (Amsterdam 1974); über Israel schreiben Elihu Katz und Michael Gurevitch, *The Secularization of Leisure. Culture and Communication in Israel* (London 1976). Die Erscheinungsformen des Wochenendes in Polen beschreiben Neal Ascherson, *The Polish August: The Self-Limiting Revolution* (New York 1981), und Anna Olszewska, ‹Poland: The Impact of the Crisis on Leisure Patterns› (in: *Leisure and Lifestyle. A Comparative Analysis of Free Time*, hg. von Anna Olszewska und K. Roberts, London 1989). Diese Anthologie enthält auch einen nützlichen Aufsatz über das Freizeitverhalten in Japan: Sampei Koseki, ‹Japan: Homo

Ludens Japonicus›. Leider konnte ich Japan nicht selbst besuchen; meine Informationen über dieses Land habe ich daher aus einer Reihe weiterer Arbeiten bezogen: Herman Kahn und Thomas Pepper, *The Japanese Challenge. The Success and Failure of Economic Success* (New York 1980); Ezra F. Vogel, *Japan's New Middle Class. The Salary Man and His Family in a Tokyo Suburb* (Berkeley, Calif. 1963); Jared Taylor, *Shadows of the Rising Sun. A Critical View of the «Japanese Miracle»* (New York 1983); James Allen Dator, ‹The «Protestant Ethic» in Japan› (in: *Selected Readings on Modern Japanese Society*, hg. von George K. Yamamoto und Tsuyoshi Ishida, Berkeley, Calif. 1971); ‹Protection Racket› (in: *The New Republic*, 202, 18, 30. April 1990); schließlich der aufschlußreiche Artikel von James Fallow, ‹The Hard Life› (in: *Atlantic*, 263, 3, März 1989).

7 Zufluchtsorte

Die Parallele zwischen Barackensiedlungen und Campingplätzen stammt von John Habraken, ‹Aap Noot Mies Huis/Three R's for Housing› (in: *Forum*, XX, 1. Dezember 1966). Die Beschreibung von Plinius' Villa findet sich im Zweiten Buch, Brief 17 seiner *Briefe* (lat./dt., übers. und hg. von Helmut Kasten, München 1968). Leon Battista Albertis Ansichten über Landhäuser finden sich in seinem Buch *On the Art of Building in Ten Books* (Cambridge, Mass. 1988; dt.: *Zehn Bücher über die Baukunst*, Darmstadt 1988). Die Zitate von Lewis Mumford stammen aus *The City in History. Its Origins, Its Transformations, and Its Prospects* (New York 1961; dt.: *Die Stadt. Geschichte und Ausblick*, Köln/Berlin 1963). Zu den Sommerhäusern des viktorianischen Montreal vergleiche France Gagnon Pratte, *Country Houses for Montrealers 1892–1924. The Architecture of E. and W. S. Maxwell* (Montreal 1987). Das Material zu Metis Beach stammt aus einer unpublizierten Arbeit von Jessie Forbes, *Metis Beach Past and Present*, sowie von Samuel Mathewson Baylis, *Enchanting Metis* (Montreal 1928). Metis Beach gibt es auch heute noch, wenn auch in sehr reduzierter Form; die Grandhotels existieren nicht mehr, und nur noch ein paar der ursprünglich hier vertretenen Familien haben ihren Landsitz beibehalten. Die Zitate stammen aus John Lukacs' fesselndem und anregendem Buch *Outgrowing Democracy. A History of the United States in the Twentieth Century* (Garden City, N. Y. 1984).

8 Zeitvertreib

Die vergleichende Studie über japanische und amerikanische Städte wurde besprochen in dem Artikel ‹Tokyoties more tired, stressed than residents of N. Y. or L. A.› (in: *Montreal Gazette*, 31. Juli 1989); Angaben zu Kanada entnahm ich dem Artikel ‹How long does it take a Canadian to get through the day?› (in: *Montreal Gazette*, 20. März 1989). Zur Frühgeschichte des Buchs konsultierte ich das Buch von Lucien Febvre und Henri-Jean Martin, *L'Apparition du livre* (Paris 1958), sowie den von Yves Castan, François Lebrun und Roger Chartier verfaßten I. Teil des 3. Bandes der *Histoire de la vie privée* (*De la Renaissance aux Lumières*, hg. von Philippe Ariès und Georges Duby, Paris 1986; dt.: ‹Figuren der Modernität›, in: *Geschichte des privaten Lebens*, Bd. 3: *Von der Renaissance zur Aufklärung*, Frankfurt a. M. 1991). Die nachhaltige Kritik Neil Postmans an der amerikanischen Kultur ist ausgeführt in seinem Buch *Amusing Ourselves to Death. Public Discourse in the Age of Show Business* (New York 1985; dt.: *Wir amüsieren uns zu Tode. Urteilsbildung im Zeitalter der Unterhaltungsindustrie*, Frankfurt a. M. 1985). Angaben über das Briefmarkensammeln entnahm ich dem Eintrag ‹Philately› der *Encyclopaedia Britannica* (Chicago 1949). Zum Gartenbau zog ich ältere Literatur heran, darunter Francis Bacons Essay ‹Of Gardens› (dt.: *Über Gärten*, in: *Essays*, Stuttgart 1970), den *Essay on Modern Gardening* von Horace Walpole (Canton, Pa. 1904) sowie W. Carew Hazlitts *Gleanings in Old Garden Literature* (London 1887). Weiter konsultierte ich den von Danielle Régnier-Bohler verfaßten III. Teil des 2. Bandes der *Histoire de la vie privée* (*De l'Europe féodale à la Renaissance*, hg. von Georges Duby, Paris 1985; dt.: ‹Fiktionen›, in: *Geschichte des privaten Lebens*, Bd. 2: *Vom Feudalzeitalter zur Renaissance*, Frankfurt a. M. 1990) sowie das Kapitel ‹Refugien der Intimität› von Orest Ranum im 3. Band desselben Werks (a. a. O.). Über die Geschichte der Landschaftsarchitektur gibt es zahlreiche Werke, darunter Edward Hyams, *A History of Gardens and Gardening* (New York 1971), sowie *The Poetics of Gardens* (hg. von Charles W. Moore, William J. Mitchell und William Turnbull Jr., Cambridge, Mass. 1988; dt.: *Die Poetik der Gärten. Architektonische Interpretationen klassischer Gartenkunst*, Basel/Berlin/Boston 1991). Zu den nationalen Besonderheiten des Gartenbaus sind die folgenden Quellen von Bedeutung: Max Kaplan, *Leisure in America* (New York 1960); K. Roberts, ‹Great Britain: Sozioeconomic Polarization and the Implications for Leisure›, und Gyorgy Fukasz, ‹Hungary: More Work, Less Leisure› (beide in: *Leisure and Lifestyle. A Comparative Analysis of Free Time*, hg. von Anna Olszewska und K. Roberts, London 1989); sowie über Australien Ian P. B. Halkett, ‹The Recreational Use of Private Gardens› (in: *Journal of Leisure Research*, 10, 1, 1978). Ich muß an dieser Stelle auch Johan H. Huizingas *Homo Ludens* erwähnen (Haarlem 1938; dt.: *Homo ludens. Vom Ursprung der Kultur im Spiel*, Hamburg 1956), doch hat dieses Buch meine Arbeit durchgängig beeinflußt. Besonders gefallen hat mir die Studie von Anthony Storr, *Solitude. A Return to the Self* (New York 1988).

9 Das Problem der Muße

Sándor Ferenczis Aufsatz über ‹Sonntagsneurosen› ist enthalten im I. Band der *Schriften zur Psychoanalyse* (Frankfurt a. M. 1982). Der Aufsatz von Lippmann erschien in *Woman's Home Companion* (57, April 1930). Zum Problem der Muße erschienen in den dreißiger Jahren zahlreiche Bücher, darunter H. A. Overstreet, *A Guide to Civilized Loafing* (New York 1934), und Arthur Newton Pack, *The Challenge of Leisure* (New York 1934). Die statistischen Angaben über die neuerliche Verlängerung der Arbeitswoche und die Verkürzung der Freizeit habe ich zwei Artikeln aus der *New York Times* entnommen: Peter T. Kilborn, ‹Tales from the Digital Treadmill› (3. Juni 1990), und Jerome Richards, ‹Out of Time› (28. November 1988). Die Untersuchungen der University of Maryland und des Michigan's Survey Research Center werden in einem Artikel von Louis S. Richman zitiert, ‹Why the Middle Class is Anxious› (in: *Fortune*, 21. Mai 1990). Die These einer Verschiebung zur «konsumintensiven» Muße hat Staffan B. Linder in seinem Buch *The Harried Leisure Class* entwickelt (New York 1970; dt.: *Das Linder-Axiom oder Warum wir keine Zeit mehr haben*, Gütersloh 1971). Indirekt beziehe ich mich auch auf die eindringliche Studie von Arlie Russell Hochschild, *The Second Shift: Working Parents and the Revolution at Home* (New York 1989; dt.: *Der 48-Stunden-Tag. Wege aus dem Dilemma berufstätiger Eltern*, Wien/Darmstadt 1990). Der Essay von Bertrand Russell, ‹In Praise of Idleness› (‹Lob des Müßiggangs›), ist nur teilweise ironisch gemeint; enthalten ist er in dem Band *In Praise of Idleness and Other Essays* (London 1935; dt.: *Lob des Müßiggangs*, Hamburg/Wien 1957). Die Idee einer «sakralen» und einer «profanen» Zeit entwickelt Mircea Eliade in seinem klassischen Werk *Le Sacré et le profane* (Paris 1965; dt.: *Das Heilige und das Profane,* Hamburg 1957 [!]). Die Beschreibung der Navajo-Hütten ist der exemplarischen Studie von Peter Nabokov und Robert Easton entnommen: *Native American Architecture* (New York 1989). Die Hypothese, daß das Wochenende mit «heiliger» Zeit zu tun haben könnte, stammt von Anthony Aveni, *Empires of Time: Calendars, Clocks, and Cultures* (New York 1989). Zu den Freizeitgewohnheiten der Europäer vergleiche Anthony Edwards, *Leisure Spending in the European Community. Forecasts to 1990* (London 1981); zum Unterschied zwischen Kanada und den Vereinigten Staaten siehe Seymour Martin Lipset, *Continental Divide. The Values and Institutions of the United States and Canada* (New York 1990). – Schließlich bin ich meinem Freund John Lukacs für seine aufschlußreiche Überlegung zu Dank verpflichtet, ob nicht die Welt der Arbeit und die der Freizeit mittlerweile zwei verschiedene Kulturen repräsentieren: Genauso ist es.

spiel + freizeit

Harry Böseke
Spiele mit Worten *Schreib- und Sprachspiele um Texte und Begriffe*
(spiel und freizeit 8926)

H. Bücken / D. Hanneforth
Klassische Spiele ganz neu
Varianten und Verschärfungen von Dame bis Domino
(spiel + freizeit 8901)

D. Hanneforth / A. Mutschke
Ärger-Spiele *Varianten und Verschärfungen von Mensch-ärgere-dich-nicht bis Malefiz*
(spiel + freizeit 8905)

H. P. Karr
Mord! *Kriminalstoriers zum Selberlösen*
(spiel + freizeit 8908)
Das Morden geht weiter *Mehr Kriminalstories*
(spiel + freizeit 8917)

Uta Knigge
Packwahn oder Die Kunst des Einwickelns
(spiel + freizeit 8903)

Matthias Mala
Backgammon-Spiele *Neue Regeln, Varianten, Verschärfungen*
(spiel und freizeit 8918)

Uschi Neidhardt
Meditative Spiele *Die Ruhe im Auge des Taifuns*
(spiel + freizeit 8911)
Spiele, Bluffs und Knobeleien
Spaß mit Bierdeckeln, Streichhölzern und anderem Kleinkram
(spiel und freizeit 8900)

Bernhard Schön
Rallyes mit Köpfchen *Unterwegs auf rätselhaften Spuren*
(spiel + freizeit 8906)

rororo sachbuch

Horst Speichert
Kopfspiele *Das unterhaltsame Gedächtnistraining*
(spiel + freizeit 8902)

Renate Stiller
Ausgefallene Feste *Ideen und Rezepte mit Pfiff*
(spiel und freizeit 8907)

Sylvia Winnewisser
Schneiden, falten, fertig! *Mit Papier und Schere durch Himmel und Hölle*
(spiel + freizeit 8904)
Ungewöhnliche Grüße *Mit pfiffigen Ideen Eindruck machen*
(spiel + freizeit 8910)

David Wurman
Chinesisches Schach leicht gemacht
Regeln, Tricks und Taktik
(spiel + freizeit 8921)

René Zey
Gesucht wird... Berühmte Frauen in Rategeschichten
(spiel und freizeit 8919)
Manche mögen's schwer *Spiele für Kinofans*
(spiel + freizeit 8909)